Die Pflicht zum Risikomanagement im Aktienrecht

Ökonomische Analyse des Rechts
Schriftenreihe
Law and Economics

Herausgegeben von Michael Adams

Band 14

PL ACADEMIC RESEARCH

Kjell Jacobsen

Die Pflicht zum Risikomanagement im Aktienrecht

PL ACADEMIC RESEARCH

Bibliografische Information der Deutschen Nationalbibliothek
Die Deutsche Nationalbibliothek verzeichnet diese Publikation in der Deutschen Nationalbibliografie; detaillierte bibliografische Daten sind im Internet über http://dnb.d-nb.de abrufbar.

Zugl.: Hamburg, Univ., Diss., 2014

Gedruckt auf alterungsbeständigem, säurefreiem Papier.

D 18
ISSN 1619-053X
ISBN 978-3-631-65929-8 (Print)
E-ISBN 978-3-653-05326-5 (E-Book)
DOI 10.3726/978-3-653-05326-5

PL Academic Research ist ein Imprint der Peter Lang GmbH.

Peter Lang – Frankfurt am Main · Bern · Bruxelles · New York · Oxford · Warszawa · Wien

Diese Publikation wurde begutachtet.

www.peterlang.com

Meiner Familie

Vorwort

Unternehmerische Risiken sind jeder Wettbewerbsordnung immanent. Sie sind zur Steigerung des Unternehmenswerts und zur Förderung des gesellschaftlichen Wohlstands unerlässlich. Dass einzelne Vorhaben misslingen und Unternehmen insolvent gehen, ist zwar bedauerlich, jedoch notwendige Folge eines marktwirtschaftlich ausgerichteten Systems. Die Geschichte zeigt, dass selbst unternehmerische Entscheidungen, mit denen das Management die Existenz des Unternehmens aufs Spiel setzt, lohnenswert sein können und überragende positive externe Effekte hervorbringen können. Die Entwicklung des Systems 360 von IBM oder des Apple iPod sind nur einige Beispiele. Es verwundert deshalb umso mehr, dass in der juristischen Diskussion die Gefahren solcher Vorhaben in den Vordergrund gerückt werden, die enormen Potenziale aber ausgeblendet und sog. „Bet the Company Decisions" als sorgfaltswidrig eingeordnet werden. Ein Rechtssystem, das bestandsgefährdende Risiken kategorisch ablehnt und eine Differenzierung nach volkswirtschaftlichen Gesichtspunkten unterlässt, schwächt die Innovationskraft von Unternehmen und trägt zur Verstärkung der Risikoaversion bei. Eine Regulierung existenzgefährdender Risiken mag auf bestimmten Märkten, wie dem Finanzmarkt, angezeigt sein. Die Schieflage eines Instituts kann dort dazu führen, dass andere gesunde Banken in Mitleidenschaft gezogen werden und ein Liquiditätsengpass ausgelöst wird. Welche dramatischen Folgen dieses für eine Volkswirtschaft haben kann, wissen wir spätestens seit der Insolvenz der US-amerikanischen Bank Lehmann Brothers im Jahre 2008. Da in der Realwirtschaft jedoch systemische Risiken nicht drohen bzw. Konzepte zu ihrer Messung nicht vorliegen, verbietet sich eine Übertragung bereichsspezifischer Vorschriften auf das allgemeine Aktienrecht.

Mein Ziel war es die rechtliche Diskussion um eine Pflicht des Vorstands zum Risikomanagement zu beleuchten und Handlungsempfehlungen auf der Grundlage der *ökonomischen Analyse des Rechts* zu erarbeiten. Betrachtet wird die unternehmerische Entscheidung, nicht die Frage, ob bestandsgefährdende Vorhaben Beteiligungsrechte anderer Organe, wie dem Aufsichtsrat oder der Hauptversammlung, auslösen. Eine Bewertung der rechtlichen Situation mit Hilfe der ökonomischen Theorie fehlte bislang.

Großer Dank gilt meinem Doktorvater, Herrn Prof. Dr. Michael Adams, der meine Arbeit nicht nur hervorragend betreut, sondern mir auch den Zugang zur ökonomischen Analyse des Rechts eröffnet hat. Ich bedanke mich ebenfalls bei Herrn Prof. Dr. Dres. h.c. Theodor Baums für seine Unterstützung und bei Herrn Prof. Dr. Reinhard Bork für die Erstellung des Zweitgutachtens. Ferner danke ich Herrn Prof. Robert Cooter für die Aufnahme in das Visiting Researcher Programm an der Boalt Hall School of Law, University of California in Berkeley und Herrn Prof. Eric Talley für seine fruchtbaren Anregungen. Herrn Dr. Ingo Fiedler und Herrn Dr. Tobias Effertz bin ich für die Beantwortung zahlreicher ökonomischer Fragen dankbar. Beide gaben wertvolle Hinweise und halfen mir, manchen Umweg zu ersparen. Herrn Dr. Jan-Philipp Rock bin ich für viele Gespräche und Impulse dankbar.

Ich danke meiner Mutter und meiner Schwester für ihre Unterstützung. Ganz besonderen Dank gilt meinem Vater, Herrn Dr. Kay Jacobsen, der mir über all die Jahre ein geduldiger und wertvoller Gesprächspartner war, mich stets förderte und mir entscheidende Anregungen gab. Meiner Familie ist diese Arbeit gewidmet.

Hamburg, im November 2014 *Kjell Jacobsen*

Inhaltsverzeichnis

Abkürzungsverzeichnis

a.A.	andere Ansicht
a.F.	alte Fassung
ABl.	Amtsblatt
Abs.	Absatz
AcP	Archiv für die civilistische Praxis (Zeitschrift)
AG	Aktiengesellschaft oder die Aktiengesellschaft (Zeitschrift)
AGB	Allgemeine Geschäftsbedingungen
AktG	Aktiengesetz
AktG-E	Entwurf eines Gesetzes zur Änderung des Aktiengesetzes
Am. Econ. Rev.	American Economic Review (Zeitschrift)
Anm.	Anmerkung
Art.	Artikel
AT	Allgemeiner Teil
AtomG	Gesetz über die friedliche Verwendung der Kernenergie und den Schutz gegen ihre Gefahren – Atomgesetz
BaFin	Bundesanstalt für Finanzdienstleistungsaufsicht
BB	Betriebsberater (Zeitschrift)
Bd.	Band
BdB	Bundesverband deutscher Banken
Begr.	Begründung
BFuP	Betriebswirtschaftliche Forschung und Praxis (Zeitschrift)
BGB	Bürgerliches Gesetzbuch
BGBl.	Bundesgesetzblatt
BGH	Bundesgerichtshof
BilMoG	Gesetz zur Modernisierung des Bilanzrechts
BImschG	Bundesimmissionsschutzgesetz
BImSchV	Bundesimmissionsschutzverordnung
BKR	Zeitschrift für Bank- und Kapitalmarktrecht (Zeitschrift)
bzw.	beziehungsweise
Cardozo L. Rev.	Cardozo Law Review (Zeitschrift)
CCZ	Corporate Compliance Zeitschrift (Zeitschrift)
CEO	Chief Executive Officer
Col. L. Rev.	Columbia Law Review (Zeitschrift)

CoVaR	Value at Risk of the Financial System Conditional on Institutions Being in Distress
D	Privater Grenznutzen
DAV	Deutscher Anwaltsverein
DB	Der Betrieb (Zeitschrift)
DCGK	Deutscher Corporate Governance Kodex
DEC	Digital Equipment Corporation
Del. J. Corp. L.	The Delaware Journal of Corporate Law (Zeitschrift)
Ders.	Derselbe
Dies.	Dieselben
DStR	Deutsches Steuerrecht (Zeitschrift)
EAEG	Einlagensicherungs- und Anlegerentschädigungsgesetz
EBITDA	Earnings Before Interest, Taxes, Depreciation and Amortization
EBOR	The European Business Organization Law Review (Zeitschrift)
EDV	Elektronische Datenverarbeitung
EGK	Externe Grenzkosten
EU	Europäische Union
F&E	Forschung und Entwicklung
f.	Folgende
ff.	fortfolgende
Fn.	Fußnote
FS	Festschrift
GE	General Electric
Geo. L. J.	The Georgetown Law Journal (Zeitschrift)
GG	Grundgesetz
GGU	Gesellschaftlicher Grenznutzen
GK	Grenzkostenkurve
GKA	Grenzkosten der Emissionsvermeidung
GmbH	Gesellschaft mit beschränkter Haftung
GmbHG	Gesetz betreffend die Gesellschaften mit beschränkter Haftung
GmbHR	Die GmbH-Rundschau (Zeitschrift)
HaftPflG	Haftpflichtgesetz
HGB	Handelsgesetzbuch
HGB	Handelsgesetzbuch
Hofstra L. Rev.	Hofstra Law Review (Zeitschrift)
i.e.S.	im engeren Sinne
i.S.d.	im Sinne des/der
i.S.v.	im Sinne von

i.w.S.	im weiten Sinne
IBM	International Business Machine Corporation
IdW	Institut der Wirtschaftsprüfer
IFRS	International Financial Reporting Standards
inkl.	inklusive
InsO	Insolvenzordnung
InvG	Investmentgesetz
InvG	Investmentgesetz
J. Bus. & Tech. L.	Journal of Business & Technology Law (Zeitschrift)
J. Corp. L.	The Journal of Corporation Law (Zeitschrift)
J. Econ. Persp.	Journal of Economic Perspectives (Zeitschrift)
J. Fin.	The Journal of Finance (Zeitschrift)
J. Fin. Econ.	Journal of Financial Economics (Zeitschrift)
J. L. & Econ.	The Journal of Law and Economics (Zeitschrift)
J. L. Econ. & Org.	Journal of Law, Economics and Organization (Zeitschrift)
J. Pol. Econ.	Journal of Political Economy (Zeitschrift)
J. Pol. Econ.	Journal of Political Economy (Zeitschrift)
JZ	Juristenzeitung (Zeitschrift)
Kap.	Kapitel
KonTraG	Gesetz zur Kontrolle und Transparenz im Unternehmensbereich
KWG	Kreditwesengesetz
LG	Landgericht
LTCM	Long-Term-Capital-Management
M.E.	Meines Erachtens
m.w.N.	mit weiteren Nachweisen
MaH	Mindestanforderungen an das Betreiben von Handelsgeschäften
MaIR	Mindestanforderungen an die Ausgestaltung der internen Revision
MaK	Mindestanforderungen an das Kreditgeschäft
MaRisk	Mindestanforderungen an das Risikomanagement
n	Stichprobengröße
n.F.	neue Fassung
n-1	Freiheitsgrad
NJW	Neue Juristische Wochenschrift (Zeitschrift)
Nr.	Nummer
NZG	Neue Zeitschrift für Gesellschaftsrecht (Zeitschrift)

OLG	Oberlandesgericht
P^*	Effizienter Preis
PC	Personal Computer
ProdHaftG	Produkthaftungsgesetz
Q	Quartil
Q^*	Effizientes Produktionsniveau
q^*	Effizienter Sanierungsumfang
QA	Quartilsabstand
Quart. J. Econ.	The Quarterly Journal of Economics (Zeitschrift)
RegE	Regierungsentwurf
RiW	Recht der internationalen Wirtschaft (Zeitschrift)
RM	Risiko Manager (Zeitschrift)
Rn	Randnummer
s	Standardabweichung
S.	Satz oder Seite
s^2	Varianz
SGB III	Sozialgesetzbuch Drittes Buch
SLT	Solid-Logic-Technologie
sog.	sogenannte(r)
SolvV	Solvabilitätsverordnung
sp	Spannweite
StGB	Strafgesetzbuch
StVG	Straßenverkehrsgesetz
TA-Luft	Technische Anleitung zur Reinhaltung der Luft
Tz.	Textziffer
U. Chi. L. Rev.	The University of Chicago Law Review (Zeitschrift)
U. Pa. L. Rev.	University of Pennsylvania Law Review (Zeitschrift)
U. Toronto L. J.	University of Toronto Law Journal (Zeitschrift)
u.a.	unter anderem
U.S.	United States
UBGG	Gesetz über Unternehmensbeteiligungsgesellschaften
UMAG	Gesetz zur Unternehmensintegrität und Modernisierung des Anfechtungsrechts
UmweltHG	Umwelthaftungsgesetz
VAG	Versicherungsaufsichtsgesetz
Vand. L. Rev.	Vanderbilt Law Review (Zeitschrift)
VaR	Value at Risk
VersR	Versicherungsrecht (Zeitschrift)

VG	Verwaltungsgericht
vgl.	vergleiche
VÖB	Bundesverband Öffentlicher Banken
WM	Wertpapier-Mitteilungen (Zeitschrift)
WPg	Die Wirtschaftsprüfung (Zeitschrift)
z.B.	zum Beispiel
ZfB	Zeitschrift für Betriebswirtschaft (Zeitschrift)
ZfbF	Zeitschrift für betriebswirtschaftliche Forschung (Zeitschrift)
ZfgK	Zeitschrift für das gesamte Kreditwesen (Zeitschrift)
ZGR	Zeitschrift für Unternehmens- und Gesellschaftsrecht (Zeitschrift)
ZHR	Zeitschrift für das gesamte Handels- und Wirtschaftsrecht (Zeitschrift)
Ziff.	Ziffer
ZIP	Zeitschrift für Wirtschaftsrecht (Zeitschrift)
ZIS	Zeitschrift für internationale Strafrechtsdogmatik (Zeitschrift)
zit.	zitiert
ZRP	Zeitschrift für Rechtspolitik (Zeitschrift)
	Im Übrigen richten sich die Abkürzungen nach *Kirchner*, Abkürzungsverzeichnis der Rechtsprache, 7. Auflage, Berlin 2013.

Tabellenverzeichnis

Abbildungsverzeichnis

Literaturverzeichnis

Adams, Charles: Economic Justification for Corporate Reorganizations, 20 Hofstra L. Rev. 1991, 117-158.

Adams, Michael: Ökonomische Analyse der Sicherungsrechte, Athenäum, 1980.

- Der Markt für Unternehmenskontrolle und sein Missbrauch, AG 1989, 333-338.
- Höchststimmrechte, Mehrfachstimmrechte und sonstige Hindernisse auf dem Markt für Unternehmenskontrolle, AG 1990, 63-78.
- Was spricht gegen eine unbehinderte Übertragbarkeit der in Unternehmen gebundenen Ressourcen durch ihre Eigentümer, AG 1990, 243-252.
- Ökonomische Theorie des Rechts: Konzepte und Anwendungen, 2. Auflage, Frankfurt am Main 2004.
- Eigentum, Kontrolle und Beschränkte Haftung, 1. Auflage, Baden-Baden 1991.

Adler, Hans; Düring, Walther; Schmaltz, Kurt: Rechnungslegung und Prüfung der Unternehmen: Kommentar zum HGB, AktG, GmbHG, PublG, nach den Vorschriften des Bilanzrichtlinien-Gesetzes, 6. Auflage, Stuttgart 1995-2001, (zit.: Adler/Düring/Schmaltz).

Adrian, Tobias; Brunnermeier, Markus: CoVaR, Federal Reserve Bank of New York Staff Reports No. 348, September 2008, S. 1-43.

Akerlof, George: The Market for "Lemons": Quality Uncertainty and the Market Mechanism, 84 Quart. J. Econ. 1970, 488-500.

Alberth, Markus: USA: Vertraglicher Gläubigerschutz und Ausschüttungsbemessung durch Covenants als Vorbild zur Änderung des deutschen Bilanzrechts?, WPg 1997, 744-750.

Altmeppen, Holger: Die Auswirkungen des KonTraG auf die GmbH, ZGR 1999, 291-313.

- Das neue Recht der Gesellschafterdarlehen in der Praxis, NJW 2008, 3601-3607.
- Abschied vom „Durchgriff" im Kapitalgesellschaftsrecht, NJW 2007, 2657-2660.

Arnold, Arnd: Die Steuerung des Vorstandshandelns. Eine rechtsökonomische Untersuchung der Principal-Agent-Problematik in Publikumskapitalgesellschaften, München 2007.

Arrow, Kenneth J.; Debreu, Gerard: Existence of an Equilibrium for a Competitive Economy, 22 Econometrica 1954, 265-290.

Baetge, Jörg: Empirische Methoden zur Früherkennung von Unternehmenskrisen, Opladen, Wiesbaden 1998.

Baetge, Jörg; Schulze, Dennis: Möglichkeiten der Objektivierung der Lageberichterstattung über „Risiken der künftigen Entwicklung", DB 1998, 937-948.

BaFin: Rundschreiben 10/2012 (BA) vom 14.12.2012. An alle Kreditinstitute und Finanzdienstleistungsinstitute in der Bundesrepublik Deutschland. Mindestanforderungen an das Risikomanagement – MaRisk, S. 1-37.

Bainbridge, Stephen M.: Corporation Law and Economics, New York 2002.

- The Business Judgement Rule as Abstention Doctrine, 57 Vand. L. Rev. 2004, 83-130.
- Much Ado About Little? Directors' Fiduciary Duties in the Vicinity of Insolvency, 1 J. Bus. & Tech. L. 2006, 335-370.

Baird, Douglas; Jackson, Thomas: Bargaining After the Fall and the Contours of the Absolute Priority Rule, 55 U. Chi. L. Rev. 1988, 738-789.

Ballwieser, Wolfgang: Controlling und Risikomanagement, in: Hommelhoff/Hopt/v. Werder (Hrsg.): Handbuch Corporate Governance – Leitung und Überwachung börsennotierter Unternehmen in der Rechts- und Wirtschaftspraxis. 2. Auflage, Stuttgart 2009, S. 447-462.

Baums, Theodor: Risiko und Risikosteuerung im Aktienrecht, ZGR 2011, 218-274.

- Eigenkapital: Begriff, Aufgaben, Sicherung, ZHR 175 (2011), 160-209.
- Die Fremdkapitalfinanzierung der Aktiengesellschaft durch das Publikum, Institute for Law and Finance, Working Paper Series No. 48, 05/2006, S. 1-37.

Becker, Hans Paul: Investition und Finanzierung. Grundlagen der betrieblichen Finanzwirtschaft, 3. Auflage, Wiesbaden 2009.

Becker, Ralph: Gesellschaftsrechtliche Probleme der Finanzierung von Leveraged-Buy-Outs, DStR 1998, 1429-1434.

Behrens, Peter: „Corporate Governance“, in: FS für Ulrich Drobnig zum siebzigsten Geburtstag, Tübingen 1998, S. 491-506.

Benecke, Martina: Existenzvernichtender Eingriff statt qualifiziert faktischer Konzern: Die neue Rechtsprechung des BGH zur Haftung von GmbH-Gesellschaftern, BB 2003, 1190, 1194

Berg, Cai: Korruption in Unternehmen und Risikomanagement nach § 91 Abs. 2 AktG, AG 2007, 271-278.

Berger, Klaus Peter: Fremdkapitalnahe Mezzanine-Finanzierungen, Vertragsrechtliche Risiken, Rating und Finanzierungsfolgenverantwortung, ZBB 2008, 92-105

Berle, Adolf; Means, Gardiner;: The Modern Corporation & Private Property, New York 1932.

Bernoulli, Daniel: Specimen Theoriae Novae de Mensura Sortis, Commentarii Academiae Scientiarum Imperialis Petropolitanae 5 (1738), S. 175 ff.

Biermann, Bernd: Modernes Risikomanagement in Banken, in: Eller (Hrsg.), Handbuch des Risikomanagements: Analyse, Quantifizierung, und Steuerung von Markt-, Kredit- und operationellen Risiken, 2. Auflage, Stuttgart 2002, S. 103-126.

Birke, Max: Das Formalziel der Aktiengesellschaft. Eine juristische und ökonomische Analyse der Pflicht der Organe zur Berücksichtigung von Interessen von Nichtaktionären, Dissertation, Baden-Baden 2005.

Bitter, Georg: Der Anfang vom Ende des „qualifiziert faktischen GmbH-Konzerns“ – Ansätze einer allgemeinen Missbrauchshaftung in der Rechtsprechung des BGH, WM 2001, 2133-2141.

– Konzernrechtliche Durchgriffshaftung bei Personengesellschaften, Dissertation, Köln (u.a.) 2000.

Bitz, Horst: Abgrenzung des Risiko-Frühwarnsystems i.e.S. nach KonTraG zu einem umfassenden Risiko-Managementsystem im betriebswirtschaftlichen Sinn, BFuP 2000, 231-241.

Blair, Margaret; Stout, Lynn: Specific Investment and Corporate Law, EBOR 7 (2006), 473-500.

Blasche, Sebastian: Die Mindestanforderungen an ein Risikofrüherkennungs- und Überwachungssystem nach § 91 Abs. 2 AktG, CCZ 2009, 62-67.

Bofinger, Peter: Grundzüge der Volkswirtschaftslehre. Eine Einführung in die Wissenschaft von Märkten, 3. Auflage, München 2011.

Bonus, Holger: Precarious Relationships in Economics, Westfälische Wilhelms-Universität Münster, Volkswirtschaftliche Diskussionsbeiträge, 1995, Bd. 210.

Bödeker, Annette: Gelöschte masselose GmbH – Außenhaftung des Gesellschafters bei existenzvernichtendem Eingriff, GWR 2009, 10.

Boos, Karl-Heinz; Fischer, Reinfried; Schulte-Mattler, Hermann: Kreditwesengesetz, Kommentar zu KWG und Ausführungsvorschriften, 4. Auflage, München 2012, (zit.: *Bearbeiter*, in: Boos/Fischer/Schulte, KWG).

Bratton, William: Bond Covenants and Creditor Protection: Economics and Law, Theory and Practice, Substance and Process, EBOR 7 (2006), 39-87.

Braun, Herbert: Risikomanagement. Eine spezifische Controllingaufgabe, Darmstadt, 1984.

Brealey, Richard A.; Myers, Stewart C.; Allen, Franklin;: Principles of Corporate Finance, 9. Auflage, 2008.

Bühn, Andreas; Klauck, Kai-Oliver: Mit modernen Stresstests das Risikoprofil analysieren, Betriebswirtschaftliche Blätter 2007, 652-355.

Bunting, Nikolaus: Das Früherkennungssystems des § 91 Abs. 2 AktG in der Prüfungspraxis – eine kritische Betrachtung des IdW PS 340, ZIP 2012, 357-362.

Bussmann, Karl: Das betriebswirtschaftliche Risiko, Meisenheim am Glan, 1955.

Cichy, Patrick; Cziupka, Johannes; Wiersch, Rachid R.: Voraussetzungen der Strafbarkeit der Geschäftsleiter von Kreditinstituten nach § 54a KWG n.F., NZG 2013, 846-852.

Coase, Ronald H.: The Problem of Social Cost, 3 J. L. & Econ. 1960, 1-44.

– The Nature of the Firm, 4 Economica 1937, 386-405.

Coffee, John C.: The Mandatory/Enabling in Corporate Law: An Essay on the Judicial Role, 89 Col. L. Rev. 1989, 1618-1691

Commons, John R.: Institutional Economics, 21 Am. Econ. Rev. 1931, 648-657.

Cooter, Robert B.; Ulen, Thomas: Law and Economics, 4. Auflage, Boston, u.a. 2004.

Copeland, Thomas E.; Weston, J. Fred; Shastri, Kuldeep: Finanzierungstheorie und Unternehmenspolitik. Konzepte der kapitalmarktorientierten Unternehmensfinanzierung, 4. Auflage, München 2008.

Cumming, Douglas J.; Johan, Sofia A.: Venture Capital and Private Equity Contracting – An International Perspective, 1. Auflage, Oxford 2009.

DAV: Stellungnahme zum strafrechtlichen Teil des Entwurfs eines Gesetzes zur Abschirmung von Risiken und zur Planung der Sanierung und Abwicklung von Kreditinstituten und Finanzgruppen (BT-Dr 17/12601), NZG 2013, 577, 582.

Davies, Paul: Directors' Creditor-Regarding Duties in Respect of Trading Decisions Taken in the Vicinity of Insolvency, EBOR 7 (2006), 301-337.

Diem, Andreas: Akquisitionsfinanzierungen. Kredite für Unternehmenskäufe, 3. Auflage, München 2013.

Doleczik, Günter; Drewes, Michael: Risikomanagement in Sportunternehmen und dessen Prüfung: das Beispiel professioneller deutscher Fußballklubs, DB 2003, 1005-1011.

Dorndorf, Eberhard; Frank, Jürgen: Reform des Rechts der Mobiliarsicherheiten – unter besonderer Berücksichtigung der ökonomischen Analyse der Sicherungsrechte, ZIP 1985, 65-84.

Dose, Stephan: Die Rechtsstellung der Vorstandsmitglieder einer Aktiengesellschaft, 3. Auflage, Köln 1975.

Dreher, Meinrad: Die Vorstandsverantwortung im Geflecht von Risikomanagement, Compliance und interner Revision, in: Festschrift für Uwe Hüffer zum 70. Geburtstag, München 2010, S. 161-177.

– Ausstrahlungen des Aufsichtsrechts auf das Aktienrecht – Unter besonderer Berücksichtigung des Risikomanagement, ZGR 2010, 496-542.

– Das Risikomanagement nach § 64a VAG und Solvency II, VersR 2008, 998-1007.

Droste zu Vischering,; Constantin Graf: Monitoring von Schuldnern über vertragliche Formulierungen: Behindert die deutsche Rechtsprechung den disziplinierenden Einsatz von Covenants?, Diplomarbeit, 1. Auflage, 2001.

Drygala, Tim; Drygala, Anja: Wer braucht ein Frühwarnsystem? Zur Ausstrahlungswirkung des § 91 Abs. 2 AktG, ZIP 2000, 297-305.

Drygala, Tim: Die Pflicht des Managements zur Vermeidung existenzgefährdender Risiken, in: Festschrift für Klaus J. Hopt zum 70. Geburtstag, Berlin 2010, S. 541-558.

Easterbrook, Frank H.; Fischel, Daniel R.: The Corporate Contract, 89 Col. L. Rev. 1989, 1416-1448.

– The Economic Structure of Corporate Law, Cambridge, London 1991.

– Limited Liability and the Corporation, 52 U. Chi. L. Rev. 1985, 89-117.

Eggemann, Gerd; Konradt, Thomas: Risikomanagement nach KonTraG aus dem Blick des Wirtschaftsprüfers, BB 2000, 503-509.

Eidenmüller, Horst: Effizienz als Rechtsprinzip: Möglichkeiten und Grenzen der ökonomischen Analyse des Rechts, 3. Auflage, Tübingen 2005.

– Kapitalgesellschaftsrecht im Spiegel der ökonomischen Theorie, JZ 2001, 1041-1051.

Emmerich, Gerhard: Risikomanagement in Industrieunternehmen – gesetzliche Anforderungen und Umsetzung nach dem KonTraG, ZfbF 1999, 1075-1089.

Engert, Andreas: Die Haftung für drittschädigende Kreditgewährung, München 2005.

– Die ökonomische Begründung der Grundsätze ordnungsgemäßer Unternehmensfinanzierung, ZGR 2004, 813-841.

– Drohende Subordination als Schranke einer Unternehmenskontrolle durch Kreditgeber. Zugleich zum Regelungszweck der Subordination von Gesellschafterdarlehen, ZGR 2012, 835-874.

Erlei, Mathias: Institutionen, Märkte und Marktphasen – Allgemeine Transaktionskostentheorie unter spezieller Berücksichtigung der Entwicklungsphasen von Märkten, Tübingen 1998.

Fama, Eugene E.; Jensen, Michael C.: Separation of Ownership an Control, 26 J. L. & Econ. 1983, 301-325.

Ferran, Ellis: Company Law and Corporate Finance, Oxford University Press 1999

Fiege, Stefanie: Risikomanagement- und Überwachungssystem nach KonTraG – Prozess, Instrumente, Träger, Dissertation, Wiesbaden 2006.

Fischhoff, Daniel: For those condemned to study the past: Reflections on historical judgment, in: Schweder/Fiske (Hrsg.), New Directions for Methodology of Social and Behavioral Science, S. 79-93, San Francisco: Jossey-Bass (1980).

Fisher, Franklin M.; McGowan, John J.; Greenwood, Joen: Der Anti-Trust-Fall US gegen IBM, Tübingen 1985.

Fleischer, Holger: Die „Business Judgement Rule“ im Spiegel von Rechtsvergleichung und Rechtsökonomie, in: FS Wiedemann 2002, S. 827-849.

– Aktuelle Entwicklungen der Managerhaftung, NJW 2009, 2337-2343.

– Informationsasymmetrie im Vertragsrecht: eine rechtsvergleichende und interdisziplinäre Abhandlung zu Reichweite und Grenzen vertragsschlussbezogener Aufklärungspflichten, München 2001.

– Verantwortlichkeit von Bankgeschäftsleitern und Finanzmarktkrise, NJW 2010, 1504-1506.

– Grundfragen der ökonomischen Theorie im Gesellschafts- und Kapitalmarktrecht, ZGR 2001, 1-32.

– Handbuch des Vorstandsrechts, 1. Auflage, München 2006, (zit.: *Bearbeiter*, in: Fleischer, HdBVorR)

– Zur Leistungsaufgabe des Vorstands im Aktienrecht, ZIP 2003, 1-11.

– Vorstandsverantwortlichkeit und Fehlverhalten von Unternehmensangehörigen – Von der Einzelüberwachung zur Errichtung einer Compliance-Organisation, AG 2003, 291-300

– Konzernleitung und Leitungssorgfalt der Vorstandsmitglieder im Unternehmensverbund, DB 2005, 759-766.

– Unternehmensspenden und Leitungsermessen des Vorstands im Aktienrecht, AG 2001, 171-181.

– Shareholders vs Stakeholders: Aktien- und übernahmerechtliche Fragen, in: Hommelhoff/Hopt/v. Werder (Hrsg.), Handbuch Corporate Governance – Leitung und Überwachung börsennotierter Unternehmen in der Rechts- und Wirtschaftspraxis, 2. Auflage, Stuttgart 2009, S. 185-218.

Fleischer, Holger; Schmolke, Ulrich: Klumpenrisiken im Bankaufsichts-, Investment- und Aktienrecht, ZHR 173 (2009), 649-688.

– Klumpenrisiko und organschaftliche Verantwortlichkeit im schweizerischen Aktienrecht, RiW 2009, 337-342.

Forbes, Kevin F.: Limited liability and the development of the business corporation, 2 J. L. Econ. & Org. 1986, 163-178.

– Limited Liability and the Development of the Business Corporation, 2 J. L. Econ. & Org. 1986, 163-178.

Franke, Günter; Hax, Herbert: Finanzwirtschaft des Unternehmens und Kapitalmarkt, 6. Auflage, Berlin 2009.

Fritsch, Michael: Marktversagen und Wirtschaftspolitik, 8. Auflage, München 2011.

Füser, Karsten; Gleißner, Werner; Meier, Günter: Risikomanagement (KonTraG) – Erfahrungen aus der Praxis, DB 1999, 753-758.

Gehrlein, Markus: Die Existenzvernichtungshaftung im Wandel der Rechtsprechung, WM 2008, 761-769.

Gelhausen, Hans-Friedrich: IdW WP Handbuch: Wirtschaftsprüfung, Rechnungslegung Beratung, Band I, 13. Auflage, 2006.

Gernoth, Jan: Die Überwachungspflichten des Aufsichtsrats im Hinblick auf das Risiko-Management und die daraus resultierenden Haftungsfolgen für den Aufsichtsrat, DStR 2001, 299-309.

Glaum, Martin: Finanzwirtschaftliches Risikomanagement deutscher Industrie- und Handelsunternehmen, Industriestudie, Hrsg. PwC Deutsche Revision, Frankfurt am Main, 2000.

Gleißner, Werner: Grundlagen des Risikomanagements im Unternehmen: Controlling, Unternehmensstrategie und wertorientiertes Management, 1. Auflage, München 2008.

Gordon, Jeffrey N.: What Enron Means for the Management and Control of the Modern Business Corporation: Some Initial Reflections, 69 U. Chi. L. Rev. 2002, 1233-1250.

Gottwald, Peter: Insolvenzrechts-Handbuch, 4. Auflage, München 2010, (zit.: *Bearbeiter*, in: Gottwald, Insolvenzrechts-Handbuch)

Götz, Heinrich: Das Risikofrüherkennungssystem des § 91 II AktG in rechtlicher Sicht, in: NJW-Sonderheft H. Weber (Beilage zur NVwZ 2001), S. 21-22.

Großkommentar Aktiengesetz: Band 3, §§ 76-94, Hrsg. Hopt, Klaus/Wiedemann, Herbert, 4. Auflage, Berlin 2008, (zit.: *Bearbeiter*, in: Großkomm. AktG).

Habersack, Mathias,: Gesellschafterdarlehen nach MoMiG: Anwendungsbereich, Tatbestand und Rechtsfolgen der Neuregelung, ZIP 2007, 2145-2153.

Habersack, Mathias; Mülbert, Peter; Schlitt, Michael: Unternehmensfinanzierung am Kapitalmarkt, 3. Auflage, Köln 2013, (zit.: *Bearbeiter*, in: Habersack/Mülbert/Schlitt).

Halpern, Paul; Trebilcock, Michael; Turnbull, Stuart: An Economic Analysis of Limited Liability in Corporation Law, 30 U. Toronto L. J. 1980, 117-150.

Hannemann, Ralf; Schneider, Andreas: Mindestanforderungen an das Risikomanagement (MaRisk) – Kommentar unter Berücksichtigung der Instituts-Vergütungsverordnung (InstitutsVergV), 3. Auflage, 2011.

Hartmann-Wendels, Thomas; Pfingsten, Andreas; Weber, Martin: Bankbetriebslehre, 5. Auflage, Berlin 2010.

Hartwig-Jacob, Mauricio: Die Vertragsbeziehungen und die Rechte der Anleger bei internationalen Anleiheemissionen, in: Bank- und kapitalmarktrechtliche des Instituts für Bankrecht Köln, Band 14, 2001.

Hauschildt, Jürgen: Unternehmenskrisen – Herausforderungen an die Bilanzanalyse, in: Krisendiagnose durch Bilanzanalyse, Hauschildt/Leker (Hrsg.), 2. Auflage, Köln 2000, S. 1-17.

Heinrich, Stefan: Covenants als Alternative zum institutionellen Gläubigerschutz: eine rechtsvergleichende und ökonomische Analyse, Dissertation, Berlin 2009.

Henssler, Martin; Strohn, Lutz: Kommentar zum Gesellschaftsrecht, 2. Auflage, München 2014, (zit.: Henssler/Strohn, AktG)

Henze, Hartwig: Leitungsverantwortung des Vorstands – Überwachungspflicht des Aufsichtsrats, BB 2000, 209-216.

Hermann, Jonas; Von Woedtke, Niclas: Haftung von Gesellschaftern für Verbindlichkeiten einer GmbH – Grenzen des existenzvernichtenden Eingriffs, BB 2012, 2255-2261.

Hofer, Markus; Bothe, Christian: Die Erfolgsgeschichte der MaRisk, BaFin Journal 8/2012, S. 5-7.

Hommelhoff, Peter: Die Konzernleitungspflicht: zentrale Aspekte eines Konzernverfassungsrechts, Köln 1982.

Hommelhoff, Peter; Mattheus, Daniela: Gesetzliche Grundlagen: Deutschland und international, in: Dörner/Horváth/Kagermann (Hrsg.), Praxis des Risikomanagements – Grundlagen, Kategorien, branchenspezifische und strukturelle Aspekte, Stuttgart 2000, S. 7-40.

– Risikomanagementsystem im Entwurf des BilMoG als Funktionselement der Corporate Governance, BB 2007, 2787-2791.

– Risikomanagement im Konzern – ein Problemaufriss, BFuP 2000, 217-230.

Hopt, Klaus: Aktionärskreis und Vorstandsneutralität, ZGR 1993, 534-566.

– ECLR. Übernahmen, Geheimhaltung und Interessenkonflikte: Probleme für Vorstände, Aufsichtsräte und Banken, ZGR 2002, 333-376.

Hopt, Klaus; Wohlmannstetter, Gottfried;: Handbuch Corporate Governance von Banken, Bedingungen und Maßstäbe für die Corporate Governance im Bankensektor, 1. Auflage, München 2011, (zit. *Bearbeiter*, in: Hopt/Wohlmannstetter).

Hüffer, Jens: Corporate Governance: Früherkennung nach § 91 Abs. 2 AktG – Neue Pflichten des Vorstands zum Risikomanagement?, in: Festschrift für Hans-Diether Imhoff, 1998, S. 92-106.

Hüffer, Uwe: Aktiengesetz, 11. Auflage, München 2014, (zit.: Hüffer/*Koch*, AktG).

– Aktienbezugsrechte als Bestandteil der Vergütung von Vorstandsmitgliedern und Mitarbeitern – gesellschaftsrechtliche Analyse, ZHR 161 (1997), 214-245.

Hull, John: Risikomanagement, Banken, Versicherungen und andere Finanzinstitutionen, 2. Auflage, München 2011.

Huth, Mark-Alexander: Grundsätze ordnungsmäßiger Risikoüberwachung, BB 2007, 2167-2170.

– Die Vorstandspflicht zur Risikoüberwachung, Dissertation, Baden-Baden 2007.

IdW: IdW Prüfungsstandard: Die Prüfung des Risikofrüherkennungssystems nach § 317 Abs. 4 HGB (IdW PS 340), WPg 1999, 658-662.

Ihrig, Hans-Christoph: Reformbedarf beim Haftungstatbestand des § 93 AktG, WM 2004, 2098-2107.

Inderst, Roman: „Systemische Risiken" im Finanzsektor: Lehren aus der Krise, in: Wettbewerb in der Finanzkrise – Lehren für die Zukunft, Referate des 43. FIW-Symposiums, 2010, S. 7-20.

Jacob, Hans-Joachim: KonTraG und KapAEG – die neuen Entwürfe des Hauptausschusses zum Risikofrüherkennungssystem, zum Bestätigungsvermerk und zum Prüfungsbericht, WPg 1998, 1043-1056.

Jelisavcic, Vladimir: Corporate Law – A Safe Harbor Proposal to Define the Limits of Directors' Fiduciary Duty to Creditors in the "Vicinity of Insolvency": *Credit Lyonnais v. Pathe*, 18 J. Corp. L. 1992, 145-172.

Jensen, Michael C.: Takeovers: Their Causes and Consequences, 2 J. Econ. Persp. 1988, 21-48.

Jensen, Michael C.; Meckling, William H.: Theory of the Firm: Managerial Behavior, Agency Costs and Ownership Structure, 3 J. Fin. Econ. 1976, 305-360.

Jungmann, Carsten: Die Business Judgement Rule – ein Institut des allgemeinen Verbandsrechts? – Zur Geltung von § 93 Abs. 1 Satz 2 AktG außerhalb des Aktienrechts, in: FS für Karsten Schmidt zum 70. Geburtstag, 2009, 831-856.

Kahneman, Daniel; Tversky, Amos: Prospect Theory: An Analysis of Decision under Risk, 47 Econometrica 1979, 263-291.

Kaminsky, Christoph; Kuzmenkova, Natalja; Kuklok, Oliver: Risikomanagement: Stresstest in Banken, Die Bank 2007, 49-51

Kasiske, Peter: Das Kapitalmarktstrafrecht im Treibsand prinzipienorientierter Regulierung. Die neuen Strafvorschriften in § 54a KWG und § 142 VAG, ZIS 2013, 257-265.

– Bestandsgefährdung systemrelevanter Kreditinstitute als eigener Straftatbestand?, ZRP 2011, 137-140.

Kästle, Martina: Rechtsfragen der Verwendung von Covenants in Kreditverträgen, Dissertation, Berlin 2003.

Keeton, William R.: Equilibrium Credit Rationing, New York/London, 1979.

Keynes, John M.: The General Theory of Employment, 51 Quart. J. Econ. 1937, 209-223.

Kießling, Axel; Kießling, Erik: Kontrolle durch Interne Revision in Kreditinstituten – Aufsichtsrechtliche Anforderungen und deren gesellschaftsrechtliche Relevanz, WM 2003, 513-523.

Kindler, Peter; Pahlke, Anne-Kathrin: Die Überwachungspflichten des Aufsichtsrates im Hinblick auf das Risikomanagement, in: Lange/Wall (Hrsg.), Risikomanagement nach dem KonTraG – Aufgaben und Chancen aus betriebswirtschaftlicher und juristischer Sicht, München 2001, 60-94.

Kirchner, Hildebert: Abkürzungsverzeichnis der Rechtsprache, 7. Auflage, Berlin 2013.

Kleindiek, Detlef: Konzernstrukturen und Corporate Governance: Leitung und Überwachung im dezentral organisierten Unternehmensverbund, in: Hommelhoff/Hopt/v. Werder (Hrsg.), Handbuch Corporate Governance, 2. Auflage, Stuttgart, Köln 2009, S. 787-823.

Klöhn, Lars: Interessenkonflikte zwischen Aktionären und Gläubigern der Aktiengesellschaft im Spiegel der Vorstandspflichten. Ein Beitrag zur Leitungsaufgabe des Vorstands gemäß § 76 AktG, ZGR 2008, 110-158.

– Rezension von Arnd Arnold, Die Steuerung des Vorstandshandelns, Eine rechtsökonomische Untersuchung der Principal-Agent-Problematik in Publikumskapitalgesellschaften, 2007, ZHR 173 (2009), 142-146.

Knight, Frank H.: Risk, Uncertainty and Profit, Boston 1921.

Kölbl, Angela: Die Haftung wegen existenzvernichtenden Eingriffs: gesicherte Erkenntnisse und Entwicklungen seit Trihotel, BB 2009, 1194-1201.

Kölner Kommentar zum Aktiengesetz: Hrsg. von Zöllner, Wolfgang/Noack, Ulrich, Band 2/1: §§ 76-94 AktG, 3. Auflage, Köln 2009, (zit.: *Bearbeiter*, in: KölnKomm. AktG).

Köndgen, Johannes: Financial Covenants – Symbiotische Finanzierungsverträge im Spannungsfeld von Vertrags-, Gesellschafts- und Insolvenzrecht, in: Prütting, Hanns (Hrsg.): Insolvenzrecht, Köln 1996, S. 127-158.

Kort, Michael: Risikomanagement nach dem Bilanzrechtsmodernisierungsgesetz, ZGR 2010, 440-471.

Kremer, Thomas; Klahold, Christoph: Compliance-Programme in Industriekonzernen, ZGR 2010, 113-143.

Kromschröder, Bernhard; Lück, Wolfgang: Grundsätze risikoorientierter Unternehmensüberwachung, DB 1998, 1573-1576.

Kropff, Bruno: Textausgabe des Aktiengesetzes vom 6.9.1965 (Bundesgesetzblatt I S. 1089) und des Einführungsgesetzes zum Aktiengesetz vom 6.9.1965 (Bundesgesetzblatt I. S. 1185) mit Begründung des Regierungsentwurfs, Bericht des Rechtsausschusses des Deutschen Bundestags, Verweisungen und Sachverzeichnis

Kruschwitz, Lutz; Husmann, Sven: Finanzierung und Investition. Die Fundamente der modernen Finanzierungstheorie, 7. Auflage, München 2012.

Kuhner, Christoph: Unternehmensinteresse vs. Shareholder Value als Leitmaxime kapitalmarktorientierter Aktiengesellschaften, ZGR 2004, 244-279.

Kürsten, Wolfgang: Zur Anreiz-Inkompatibilität von Kreditsicherheiten, oder: Insuffizienz des Stiglitz/Weiss-Modells der Agency-Theorie, ZfbF 1997, 819-857.

Kusserow, Berthold; Dittrich, Kurt: Die Begebung von High Yield-Anleihen unter deutschem Recht, WM 2000, 745-761.

Küting, Karlheinz; Weber, Claus-Peter: Die Bilanzanalyse: Beurteilung von Abschlüssen nach HGB und IFRS, 10. Auflage, Stuttgart 2012.

Laas, Tim: Steuerung internationaler Konzerne: eine integrierte Betrachtung von Wert und Risiko, Dissertation, Frankfurt am Main 2004.

Lachnit, Laurenz; Müller, Stefan: Risikomanagement nach KonTraG und Prüfung des Systems durch den Wirtschaftsprüfer, in: Festschrift für Wilhelm Theodor Strobel zum 70. Geburtstag, München 2001, S. 363-394.

Laux, Helmut: Entscheidungstheorie, 8. Auflage, Berlin 2012.

Lehmann, Michael: Das Privileg der beschränkten Haftung und der Durchgriff im Gesellschafts- und Konzernrecht, ZGR 1986, 345-370.

Leonhart, Rainer: Lehrbuch Statistik, 2. Auflage, Bern 2009.

Lin, Laura: Shift of Fiduciary Duty Upon Corporate Insolvency: Proper Scope of Directors' Duty to Creditors, 46 Vand. L. Rev. 1993, 1485-1524.

LoPucki, Lynn M.; Whitford, William C.: Corporate Governance in the Bankruptcy Reorganization of Large, Publicly Held Companies, 141 U. Pa. L. Rev. 1993, 669-800.

Lorenz, Manuel: Einführung in die rechtlichen Grundlagen des Risikomanagements, in: Romeike (Hrsg.), Rechtliche Grundlagen des Risikomanagements, Haftungs- und Strafvermeidung für Corporate Compliance, Berlin 2008, S. 4-29.

Lück, Wolfgang: Der Umgang mit unternehmerischen Risiken durch ein Risikomanagementsystem und durch ein Überwachungssystem – Anforderungen durch das KonTraG und Umsetzung in der betrieblichen Praxis, DB 1998, 1925-1930.

– Elemente eines Risiko-Managementsystems – Die Notwendigkeit eines Risiko-Managementsystems durch den Entwurf eines Gesetzes zur Kontrolle und Transparenz im Unternehmensbereich (KonTraG), DB 1998, 8-14.

– Managementrisiken im Risikomanagementsystem, DB 2000, 1473-1477.

Lutter, Marcus; Banerjea, Nirmal: Die Haftung wegen Existenzvernichtung, ZGR 2003, 402-440.

Lutter, Marcus: Bankenkrise und Organhaftung, ZIP 2009, 197-201.

– Haftung und Verantwortlichkeit – Verantwortung von Organen und Beratern, DZWIR 2011, 265-270.

– Die Business Judgement Rule und ihre praktische Anwendung, ZIP 2007, 841-848.

– Haftung und Haftungsfreiräume des GmbH-Geschäftsführers, GmbHR 2000, 301-312.

Manne, Henry G.: Mergers and the Market for Corporate Control, 73 J. Pol. Econ. 1965, 110-120.

Markowitz, Harry: Portfolio Selection, 7 J. Fin. 1952, 77-91.

Martens, Klaus-Peter: Die Organisation des Konzernvorstands, in: Festschrift für Theodor Heinsius zum 65. Geburtstag, Berlin 1991, S. 523-544.

McDaniel, Morey W.: Bondholders and Stockholders, 13 J. Corp. L. 1988, 205-316.

Merkel, Helmut: Die Negativklausel: Recht und Praxis einer schuldrechtlichen Sicherungsvereinbarung, Dissertation, Berlin 1985.

Milgrom, Paul; Roberts, John: Economics, Organization & Management, Englewood Cliffs 1992.

Münchener Kommentar zum Aktiengesetz: Hrsg. Kropff, Bruno/Semler, Johannes, u.a., Band 1, §§ 1-75, 3. Auflage, München 2008, Band 2, §§ 76-117, 4. Auflage, München 2014, Band 5, §§ 278-328, 3. Auflage, München 2010, (zit.: *Bearbeiter*, in: MünchKomm. AktG).

Münchener Kommentar zum Bürgerlichen Gesetzbuch: Hrsg. Säcker, Jürgen/ Rixecker, Roland, 6. Auflage, München 2012, (zit.: *Bearbeiter*, in: MünchKomm. BGB).

Münchener Kommentar zum GmbHG: Hrsg. Fleischer, Holger/Goette, Wulf, Band 1, 1. Auflage, München 2010, (zit.: *Bearbeiter*, in: MünchKomm. GmbHG).

Münchener Kommentar zur Insolvenzordnung: Hrsg. Kirchhof, Hans-Peter/ Eidenmüller, Horst/Stürner, Rolf, Band 1, §§ 1-79, Insolvenzrechtliche Vergütungsordnung (InsVV), 3. Auflage, München 2013, (zit.: *Bearbeiter*, in: MünchKomm. InsO).

Myers, Stewart C.: Determinants of Corporate Borrowing, 5 J. Fin. Econ. 1977, 147-175.

Nachtigall, Christof; Wirtz, Markus: Wahrscheinlichkeitsrechnung und Inferenzstatistik – Statistische Methoden für Psychologen Teil 2, 5. Auflage, Weinheim 2009.

Paefgen, Walter: Unternehmerische Entscheidungen und Rechtsbindung der Organe in der AG, Köln 2002.

Pahlke, Anne-Kathrin: Risikomanagement nach KonTraG, Überwachungspflichten und Haftungsrisiken für den Aufsichtsrat, NJW 2002, 1680-1688.

Palandt, Otto: Bürgerliches Gesetzbuch, Kommentar, 73. Auflage, München 2014, (zit.: Palandt/*Bearbeiter*, BGB).

Perridon, Louis; Steiner, Manfred; Rathgeber, Andreas: Finanzwirtschaft der Unternehmung, 16. Auflage, München 2012.

Picot, Arnold; Schuller, Susanne: Vertragstheoretische Interpretation des Risk-Management, in: Lange/Wall (Hrsg.), Risikomanagement nach dem KonTraG – Aufgaben und Chancen aus betriebswirtschaftlicher und juristischer Sicht, München 2001, 236-257.

Pigou, Arthur: The Economics of Welfare, 2. Auflage, London 1924.

Pindyck, Robert; Rubinfeld, Daniel: Mikroökonomie, 7. Auflage, München 2009.

Pollanz, Manfred: Offene Fragen der Prüfung von Risikomanagementsystemen nach KonTraG, DB 2001, 1317-1325.

Pollmann, Marian; Schöning, Stephan: Kreditrisikostresstests in Banken – Anforderungen und Methoden, ZfgK 2010, 742-746.

Posner, Richard: Economic Analysis of Law, 7. Auflage, New York 2007.

Preußner, Joachim; Zimmermann, Dörte: Risikomanagement als Gesamtaufgabe des Vorstandes. Zugleich Besprechung des Urteils des LG Berlin vom 3.7.2002 – 2 O 358/01, AG 2002, 657-662

Preußner, Joachim; Becker, Florian: Ausgestaltung von Risikomanagementsystemen durch die Geschäftsleitung zur Konkretisierung einer haftungsrelevanten Organisationpflicht, NZG 2002, 846-851.

Preußner, Joachim: Risikomanagement im Schnittpunkt von Bankaufsichtsrecht und Gesellschaftsrecht – Zur Schrittmacherrolle des Aufsichtsrechts am Beispiel der Organisation des Risikomanagements in Kreditinstituten, NZG 2004, 57-61.

– Deutscher Corporate Governance Kodex und Risikomanagement, NZG 2004, 303-307.

Rachev, Svetlozar; Mittnik, Stefan: Neue Ansätze zur Portfolio Optimierung. Abschied von der Glockenkurve, RM 11/2006, 20-22.

Raiser, Thomas; Veil, Rüdiger: Recht der Kapitalgesellschaften, 5. Auflage, München 2010.

Rappaport, Alfred: Creating Shareholder Value. The New Standard for Business Performance, New York (u.a.) 1986.

Rau-Bredow, Hans: Value at Risk, Normalverteilungshypothese und Extremverhalten, Finanz Betrieb, Zeitschrift für Unternehmensfinanzierung und Finanzmanagement 2002, 603-607.

Redeke, Julian: Zu den Organpflichten bei bestandsgefährdenden Risiken, ZIP 2010, 159-167.

– Zur gerichtlichen Kontrolle der Angemessenheit der Informationsgrundlage im Rahmen der Business Judgement Rule nach § 93 Abs. 1 Satz 2 AktG, ZIP 2011, 59-64.

Richter, Rudolph; Furubotn, Eirik: Neue Institutionenökonomik, 3. Auflage, Tübingen 2003.

Rieger, Harald: Gesetzeswortlaut und Rechtswirklichkeit im Aktiengesetz, in: Festschrift für Martin Peltzer zum 70. Geburtstag, Köln 2001, S. 339-357.

Ringleb, Henrik-Michael; Kremer, Thomas; Lutter, Marcus,; von Werder, Axel: Kommentar zum Deutschen Corporate Governance Kodex, 5. Auflage, München 2014.

Ripperger, Tanja: Ökonomik des Vertrauens : Analyse eines Organisationsprinzips, Dissertation, Tübingen 1998.

Rock, Jan-Philipp: Ökonomische Analyse des Betrugs in gegenseitigen Vertragsverhältnissen, Frankfurt am Main 2013.

Ross, Stephen A.; Westerfield, Randolph W.; Jaffe, Jeffrey: Corporate Finance, 7. Auflage, Boston (u.a.) 2005.

Roth, Günter: Zur „economic analysis" der beschränkten Haftung, ZGR 1986, 371-382.

– Gläubigerschutz durch Existenzschutz, NZG 2003, 1081-1085.

Rothschild, Michael; Stiglitz, Joseph: Equilibrium in Competitive Insurance Markets: An Essay on the Economics of Imperfect Information, 90 Quart. J. Econ. 1976, 629-649.

Rudolph, Bernd: Kreditsicherheiten als Instrumente zur Umverteilung und Begrenzung von Kreditrisiken, ZfbF 36 (1984), 16-43.

– Die internationale Finanzkrise: Ursachen, Treiber, Veränderungsbedarf und Reformansätze, ZGR 2010, 1-47.

– Unternehmensfinanzierung und Kapitalmarkt, Tübingen 2006.

Ruffner, Markus: Die ökonomischen Grundlagen eines Rechts der Publikumsgesellschaft: ein Beitrag zur Theorie der Corporate Governance, Zürich 2000.

Runge, Julia: Covenants in Kreditverträgen. Grenzen der Einflussnahme von Kreditgebern, Köln 2010.

Ruzik, Andy: Bankenkrisen und -insolvenzen – ein besonderes Phänomen, BKR 2009, 133-141.

Sachverständigenrat zur Begutachtung der gesamtwirtschaftlichen Entwicklung: Die Zukunft nicht aufs Spiel setzen, Jahresgutachten 2009/2010.

Säcker, Franz Jürgen: Gesellschaftsrechtliche Grenzen spekulativer Finanztermingeschäfte – Überlegungen aus Anlass der Garantieerklärung der Bundesregierung für die Hypo Real Estate-Group, NJW 2008, 3313-3317.

Sanio, Jochen: Bankenaufsicht und Systemrisiko, in: Festschrift für Bernd Rudolph zum 65. Geburtstag, Frankfurt am Main 2009, S. 15-32.

Schäfer Hans-Bernd; Ott, Claus: Lehrbuch der ökonomischen Analyse des Zivilrechts, 5. Auflage, Berlin, u.a. 2012.

Schäfer, Achim; Zeller, Ulrich: Finanzkrise, Risikomodelle und Organhaftung, BB 2009, 1706-1711.

Schäfer, Thomas: Statistik I: Deskriptive und Explorative Datenanalyse, 1. Auflage, Wiesbaden 2010.

Schierenbeck, Henner; Lister, Michael; Kirmße, Stefan: Ertragsorientiertes Bankmanagement. Band 1: Messung von Rentabilität und Risiko im Bankgeschäft, 9. Auflage, Wiesbaden 2014.

Schimansky, Herbert; Bunte, Hermann-Josef; Lwowski, Hans-Jürgen: Bankrechts-Handbuch, Band 2, 4. Auflage, München 2011 (zit.: *Bearbeiter*, in: Schimansky/Bunte/Lwowski).

Schlegelberger, Franz; Quassowski, Leo: Aktiengesetz: (Gesetz über Aktiengesellschaften und Kommanditgesellschaften auf Aktien) vom 30. Januar 1937, Kommentar, 3. Auflage, Berlin 1939, (zit.: *Schlegelberger/Quassowski*, AktG 1937).

Schlittgen, Rainer: Einführung in die Statistik: Analyse und Modellierung von Daten, 12. Auflage, München 2012.

Schmidt, Karsten: Gesellschaftsrecht, 4. Auflage, München 2002.

Schmidt, Karsten; Uhlenbruck, Wilhelm: Die GmbH in Krise, Sanierung und Insolvenz, Gesellschaftsrecht, Neues Insolvenzrecht, Steuerrecht, Arbeitsrecht, Bankrecht und Organisation bei Krisenvermeidung, Krisenbewältigung und Abwicklung, 4. Auflage, Köln 2009, (zit.: *Bearbeiter*, in Schmidt/Uhlenbruck).

Schmidt, Karsten; Lutter, Marcus: Aktiengesetz: AktG. Moderner Kommentar zum Aktiengesetz, Band 1, §§ 1-149, 2. Auflage, München 2010, (zit.: *Bearbeiter*, in: Schmidt/Lutter, AktG).

Schmidt, Reinhard; Weiß, Marco: Shareholder vs. Stakeholder: Ökonomische Fragen, in: Hommelhoff/Hopt/v. Werder (Hrsg.), Handbuch Corporate Governance, 2. Auflage, Stuttgart, Köln 2009, S. 161-184.

Schneider, Sven; Schneider, Uwe: Vorstandshaftung im Konzern, AG 2005, 57-66.

Schneider, Uwe: Zwischenruf. Was ist eine systemisch relevante Bank?, ZRP 2009, 119-121.

Schröder, Henning: Gesellschafter: Änderung des Haftungskonzepts zum existenzvernichtenden Eingriffs von Außen- in Innenhaftung, GmbHR 2007, 927-936.

Schumpeter, Joseph: Die Theorie der wirtschaftlichen Entwicklung, 1911.

Schüppen, Matthias; Schaub, Bernhard: Münchener Anwalts Handbuch Aktienrecht, 2. Auflage, München 2010, (zit.: Schüppen/Schaub/*Bearbeiter*, MAH Aktienrecht).

Schwarcz, Steven L.: Rethinking a Corporation's Obligations to Creditors, 17 Cardozo L. Rev. 1996, 647-690.

– Systemic Risk, 97 Geo. L. J. 2008, 193-250.

Schwintowski, Hans-Peter: Gesellschaftsrechtliche Anforderungen an Vorstandshaftung und Corporate Governance durch das neue System der kartellrechtlichen Legalausnahme, NZG 2005, 200-203.

Seibert, Ulrich: Die Entstehung des § 91 Abs. 2 AktG im KonTraG – „Risikomanagement" oder „Frühwarnsystem"?, in: Festschrift für Gerold Bezzenberger zum 70. Geburtstag, Berlin 2000, 427-438.

Semler, Johannes: Leitung und Überwachung der Aktiengesellschaft: die Leitungsaufgabe des Vorstands und die Überwachungsaufgabe des Aufsichtsrats, 2. Auflage, Köln 1996.

– Entscheidungen und Ermessen im Aktienrecht, in: Festschrift für Peter Ulmer zum 70. Geburtstag, Berlin 2003, S. 627-642.

Semler, Johannes; Peltzer, Martin: Arbeitshandbuch für Vorstandsmitglieder, 1. Auflage, München 2005 (zit.: *Bearbeiter*, in: Semler/Peltzer).

Servatius, Wolfgang: Discussion Report, EBOR 7 (2006), 461-464.

– Gläubigereinfluss durch Covenants – Hybride Finanzierungsinstrumente im Spannungsfeld von Fremd- und Eigenfinanzierung, 1. Auflage, Tübingen 2008.

– Die besondere Zweckbindung des Stammkapitals bei Drittgeschäften mit Gesellschaftern, DStR 2004, 1176-1183.

Sharpe, William F.: Capital Asset Prices: A Theory of Market Equilibrium under Conditions of Risks, 19 J. Fin. 1964, 425-442.

Smith, Adam: An Inquiry into the Nature and Causes of the Wealth of Nations, Oxford 1976.

Sommer, Louise: Exposition on a New Theory of the Measurement of Risk, Econometrica 22 (1954), S. 23 ff.

Spence, Michael: Job Market Signaling, 87 Quart. J. Econ. 1973, 355-374.

– Market Signaling: Information Transfer in Hiring and Related Practices, Cambridge (Mass.) 1974.

Spindler, Gerald: Von der Früherkennung von Risiken zum umfassenden Risikomanagement – zum Wandel des § 91 AktG unter europäischen Einfluss, in: Festschrift für Uwe Hüffer zum 70. Geburtstag, München 2010, S. 985-998.

– Trading in the Vicinity of Insolvency, EBOR 7 (2006), 339-352.

– Unternehmensinteresse als Leitlinie des Vorstandshandelns – Berücksichtigung von Arbeitnehmerinteressen und Shareholder Value, Gutachten im Auftrag der Hans-Böckler-Stiftung 2008, 1-22.

– Compliance in der multinationalen Bankengruppe, WM 2008, 905-918.

Spindler, Gerald; Stilz, Eberhard: Kommentar zum Aktiengesetz, Band 1, §§ 1-149, 2. Auflage, München 2010, (zit.: Spindler/Stilz/*Bearbeiter*, AktG).

Spremann, Klaus: Asymmetrische Information, ZfB 1990, 561-586.

Staudinger, Julius von: Kommentar zum Bürgerlichen Gesetzbuch mit Einführungsgesetz und Nebengesetzen, Staudinger BGB – Buch 2: Recht der Schuldverhältnisse, Berlin 2011, (zit.: Staudinger/*Bearbeiter*, BGB).

Stigler, George: Perfect Competition, Historically Contemplated, 65 J. Pol. Econ. 1957, 1-17.

– The Theory of Price, 3. Auflage, New York (u.a.) 1970.

Stiglitz, Joseph; Weiss, Andrew: Credit Rationing in Markets with Imperfect Information, 71 Am. Econ. Rev. 1981, 393-410.

Stockmayer, Albrecht: Projektfinanzierung und Kreditsicherung: dargestellt am Beispiel von Darlehen an Rohstoffvorhaben in Entwicklungsländern, Dissertation, Frankfurt am Main, 1981.

Strieder, Thomas: Erweiterung der Lageberichterstattung nach dem BilMoG, BB 2009, 1002-1006.

Talley, Eric: On Uncertainty, Ambiguity, and Contractual Conditions, 34 Del. J. Corp. L. 2009, 755-812.

Thießen, Friedrich: Covenants in Kreditverträgen: Alternative oder Ergänzung zum Insolvenzrecht?, ZBB 1996, 19-36.

Tung, Frederick: Gap Filling in the Zone of Insolvency, 1 J. Bus. & Tech. L. 2006, 607-632.

Vetter, Jochen: Die neue dogmatische Grundlage des BGH zur Existenzvernichtungshaftung, BB 2007, 1965-1970.

Volkart, Rudolf: Corporate Finance: Grundlagen von Finanzierung und Investition, 5. Auflage, Zürich 2011.

Wand, Lothar: Musterdarlehensvertrag für gewerbliche Kreditvergaben – Zinsanpassung wegen veränderter Refinanzierungsmöglichkeiten am Geld- und Kapitalmarkt, risikoadjustierte Zinsgestaltung im Hinblick auf Basel II und Ausplatzierung des Kreditrisikos – Teil I –, WM 2005, 1932-1946.

Weber, Jürgen; Weißenberger, Barbara; Liekweg, Arnim: Ausgestaltung eines unternehmerischen Chancen- und Risikomanagements nach dem KonTraG, DStR 1999, 1710-1716.

Weber-Rey, Daniela: Ausstrahlungen des Aufsichtsrechts (insbesondere für Banken und Versicherungen) auf das Aktienrecht – oder die Infiltration von Regelungssätzen?, ZGR 2010, 543-590.

Weise, Peter; Brandes, Wolfgang; Eger, Thomas; Kraft, Manfred: Neue Mikroökonomie, 5. Auflage, Heidelberg 2005

Weitnauer, Wolfgang: Der „Gau" der Unternehmensfinanzierung durch Dritte. Die Umqualifizierung in Eigenkapital, BKR 2005, 43-51.

– Covenants und AGB-Kontrolle, ZIP 2005, 1443-1448.

Welch, Ivo: Corporate Finance, 2. Auflage, Marina del Rey 2011.

Westermann, Harm Peter: Erman, Bürgerliches Gesetzbuch, Handkommentar mit AGG, EGBGB (Auszug), ErbbauRG, HausratsVO, LPartG, ProdHaftG, UKlaG, VAHRG und WEG, Band I: §§ 1-758, AGG, UKlaG, 13. Auflage, Köln 2011, (zit.: Erman/*Bearbeiter*, BGB)

– Bürgerlich-rechtliche Probleme der bankmäßigen Projektfinanzierung, in: Festschrift für Hans-Erich Brandner zum 70. Geburtstag, Köln 1996, S. 579-604.

Widmann, Tobias: Das Risikomanagement als Funktionselement der Corporate Governance der Aktiengesellschaft, Dissertation, Baden-Baden 2010.

Wieling, Hans Josef: Venire contra factum proprium und Verschulden gegen sich selbst, AcP 176 (1976), 334-355.

Williamson, Oliver E.: The Economic Institutions of Capitalism, New York 1985.

Windbichler, Christine: Corporate Governance internationaler Konzerne unter dem Einfluss kapitalmarktrechtlicher Anforderungen, in: Hommelhoff/Hopt/v. Werder (Hrsg.), Handbuch Corporate Governance, 2. Auflage, Stuttgart, Köln 2009, S. 825-848.

Winkler, Christoph: Rechtsfragen der Venture Capital-Finanzierung, Dissertation, Berlin, 2004.

Wittig, Arne: Financial Covenants im inländischen Kreditgeschäft, WM 1996, 1381-1424.

Wohlmannstetter, Gottfried: Risikomanagement nach dem BilMoG, ZGR 2010, 472-488.

Wolf, Klaus: Potenziale derzeitiger Risikomanagementsystem, DStR 2002, 1729-1733.

Wolf, Klaus; Runzheimer, Bodo: Risikomanagement und KonTraG: Konzeption und Implementierung, 4. Auflage, Wiesbaden 2003.

Zimmer, Daniela; Sonneborn, Andrea: § 91 Abs. 2 AktG – Anforderungen und gesetzgeberische Absichten, in: Lange/Wall (Hrsg.), Risikomanagement nach dem KonTraG – Aufgaben und Chancen aus betriebswirtschaftlicher und juristischer Sicht, München 2001, 38-59.

Zimmermann, Steffen: Die MaRisk als „regulatorischer Imperativ“, BKR 2005, 208-217.

Teil 1: Einführung

A. Problemstellung

Die Insolvenz der US-amerikanischen Investmentbank Lehmann Brothers im Jahre 2008 löste eine Liquiditätsklemme aus und führte schließlich die schlimmste Rezession herbei, die die Welt seit Ende der 1930er Jahre erlebte. Die betroffenen Regierungen und Zentralbanken mussten milliardenschwere Rettungspakete schnüren, um eine Ansteckung der Realwirtschaft zu vermeiden und einer Kettenreaktion entgegenzuwirken. Der Begriff des „Systemrisikos" ist seitdem nicht nur Gegenstand zahlreicher akademischer Publikationen, sondern auch fester Bestandteil des Bankenaufsichtsrechts. Die internationale Vernetzung der Finanzmärkte und die Abhängigkeiten der Finanzinstitute voneinander wirkten wie ein Katalysator. Weder die Finanzmarktregulierer noch die Politik waren darauf vorbereitet, dass die Insolvenz einer einzigen Bank solche ökonomischen Verwerfungen nach sich ziehen konnte. Die Wucht und die Schnelligkeit mit der sich die Finanzkrise ausbreitete, waren beispiellos. Die Ursachen für das Desaster sind vielfältig. Als ein Treiber wird die ungezügelte Gier der Bankmanager nach hohen Provisionen und Boni angeführt, die sie dazu veranlassten, Risiken einzugehen mit denen sie den Bestand der Bank auf Spiel setzten. Als weitere Ursache wurden Schwächen in der Corporate Governance der Banken ausgemacht. So wurde darauf hingewiesen, dass das Risikomanagement der Banken sowie die Regulierung durch die Aufsichtsbehörden versagt haben.[1] Im Nachgang der Krise wurden gesetzespolitische Anstrengungen unternommen, um Defizite zu beheben und das Finanzsystem sicherer zu machen. So beschloss der Basler Ausschuss für Bankenaufsicht z.B. eine deutliche Anhebung des von Banken zu haltenden Eigenkapitals (Basel III). Die Umsetzung auf europäischer Ebene erfolgte zum einen durch die Richtlinie 2013/36/EU des Europäischen Parlaments und des Rats vom 26. Juni 2013 über den Zugang zur Tätigkeit von Kreditinstituten und die Beaufsichtigung von Kreditinstituten und Wertpapierfirmen, zur Änderung der Richtlinie 2002/87/EG und zur Aufhebung der Richtlinien 2006/48/EG und 2006/49/EG (ABl. L 176 vom 27. Juni 2013, S. 338) und zum anderen durch die Verordnung (EU) Nr. 575/2013 des Europäischen Parlaments und des Rats vom 26. Juni 2013 über Aufsichtsanforderungen an Kreditinstitute und Wertpapier-

1 *Sanio*, in: FS Rudolph 2009, 15, 16.

firmen und zur Änderung der Verordnung (EU) Nr. 646/2012 (ABl. L 176 vom 27. Juni 2013, S. 1).[2]

Von alldem ist auch die aktienrechtliche Diskussion nicht unbeeindruckt geblieben. Zum Teil wird unter dem Eindruck der Finanzkrise gefordert, man müsse die Anforderungen an das Risikomanagement der Banken auch auf Unternehmen der Realwirtschaft übertragen, um auf diese Weise eine bestmögliche Insolvenzprophylaxe zu gewährleisten. Ein Gleichlauf wird auch bei der Risikoübernahme gefordert. So heißt es etwa bei *Lutter*: „Kein Manager, gleich ob Bankier oder Vorstand eines Industrie- oder Handelsunternehmens, handelt sorgfältig, wenn er Risiken für sein Unternehmen eingeht, die wenn sie sich verwirklichen, zum Untergang dieses Unternehmen führen können".[3] Begründet wird dies damit, dass der Vorstand sein Handeln am Unternehmensinteresse auszurichten habe und deshalb nicht zum eigenen Vorteil agieren dürfe.[4] Konsens bestehe in der Rechtswissenschaft dahin gehend, dass er den Bestand des Unternehmens sichern und die dauerhafte Rentabilität fördern müsse.[5] Dies sei nicht nur eine Rechtspflicht, sondern zugleich ein ökonomisches Gebot.[6]

Was vordergründig plausibel erscheint, löst bei näherem Betrachten erhebliche Bedenken aus. Gerade der letzte Halbsatz dürfte Ökonomen überraschen. Die Bestandserhaltung eines Unternehmens kann aus volkswirtschaftlicher Sicht kein Selbstzweck unternehmerischen Handelns sein. Das Ziel des Vorstands muss vielmehr darin bestehen, den Wert des Unternehmens zu steigern. Die Geschäftsleitung sollte daher grundsätzlich jedes Projekt auswählen, das einen positiven Kapitalwert aufweist. Diese Vorgehensweise entspricht nicht nur dem rationalen Interesse der Kapitalgeber, sondern führt auch dazu, dass die soziale Wohlfahrt insgesamt wächst. Die Fixierung einer Risikogrenze dürfte ebenso auf Unverständnis bei Ökonomen stoßen. Das Eingehen von Risiken ist jeder Wettbewerbsordnung immanent und volkswirtschaftlich geradezu angezeigt, um den sozialen Wohlstand zu sichern. Innovationen und Fortschritt verlangen oft

---

2 Vgl. den Monatsbericht des Bundesfinanzministeriums vom 21.10.2013: Basel III – ein Meilenstein im Bankenaufsichtsrecht; abrufbar im Internet unter: http://www.bundesfinanzministerium.de/Content/DE/Monatsberichte/2013/10/Inhalte/Kapitel-3-Analysen/3-1-meilenstein-im-bankenaufsichtsrecht.html.

3 So *Lutter*, ZIP 2009, 197, 199.

4 *Lutter*, DZWIR 2011, 265, 267.

5 So etwa Hüffer/*Koch*, AktG, § 76 Rn. 34; *Kort*, in: Großkomm. AktG, § 91 Rn. 54, § 76 Rn. 52; *Spindler*, in: MünchKomm AktG, § 76 Rn. 69.

6 So Hüffer/*Koch*, AktG, § 76 Rn. 34; ähnlich *Mertens/Cahn*, in: KölnKomm. AktG, § 76 Rn. 23; OLG Hamm, AG 1995, 512, 514.

Entscheidungen, die den Bestand von Unternehmen gefährden. In der englischsprachigen Literatur spricht man auch von sog. „Bet-the-Company-Decisions". Hieraus erklärt sich auch die ökonomische Deutung einer Kapitalgesellschaft, die *Coffee* wie folgt beschreibt: „A Corporation is a long-term entrepreneurial relationship among economic actors whom society wishes to encourage to accept risk".[7] Zweifel bestehen aus ökonomischer Sicht jedoch auch im Hinblick auf den von Juristen zum Teil geforderten Gleichlauf von Aktienrecht und Bankenaufsichtsrecht. Die ökonomische Bedeutung des Bankenaufsichtsrechts liegt darin, das Eintreten systemischer Risiken zu verhindern, also solcher Gefahren, die der Markt nicht durch eigene Mechanismen internalisieren kann. Man spricht in diesem Zusammenhang auch von sog. „negativen Externalitäten". Da systemische Risiken in der Realwirtschaft nicht zu befürchten sind, macht es keinen Sinn, bereichsspezifische Vorschriften auf allgemeine Normen des Aktienrechts „ausstrahlen" zu lassen.

Anliegen dieser Arbeit ist es, die aktienrechtliche Diskussion um das Risikomanagement mit Mitteln der ökonomischen Analyse kritisch zu hinterfragen und zugleich neue Ansatzpunkte aufzuzeigen, die den unterschiedlichen Gegebenheiten im Aktien- und Bankenaufsichtsrecht Rechnung trägt. Aufgrund der Mehrdeutigkeit des Begriffs „Risikomanagement", ist es notwendig, eine inhaltliche Einschränkung sowie eine Schwerpunktsetzung vorzunehmen, um angesichts der Breite der Thematik eine akademische Argumentationstiefe bieten zu können.

B. Gang der Darstellung

I. Untersuchungsgegenstand

Gegenstand der vorliegenden Arbeit sind die wesentlichen Vorschriften, die das Aktienrecht an das Risikomanagement einer Aktiengesellschaft stellt. Im Fokus steht dabei die „normale" Aktiengesellschaft, also die für die aufsichtsrechtliche Besonderheiten nicht gelten. Damit ein Vergleich mit dem Wirtschaftsaufsichtsrecht dennoch gezogen werden kann, kommt diese Arbeit nicht umhin, sich intensiv mit den Regelungen zum Risikomanagement der Banken auseinanderzusetzen. Im Mittelpunkt stehen dabei § 25a und § 54a KWG, sowie die Mindestanforderungen an das Risikomanagement der Banken (MaRisk), die von der Bundesanstalt für Finanzdienstleistungsaufsicht (BaFin) als Konkretisierung der gesetzlichen Regelungen zum Risikomanagement erlassen worden sind.

7 *Coffee*, 89 Col. L. Rev. 1989, 1618, 1659.

Risikomanagement wird in dieser Arbeit als die systematische Erfassung und Bewertung von Risiken sowie die Steuerung von Reaktionen auf festgestellte Risiken verstanden.[8] In ähnlicher Weise definiert das Institut der Wirtschaftsprüfer (IdW) den Begriff als „die Gesamtheit aller organisatorischen Regelungen und Maßnahmen zur Risikoerkennung und zum Umgang mit den Risiken unternehmerischer Betätigung".[9] Ziel des betrieblichen Risikomanagements ist es, das Management in die Lage zu versetzen, die „Risiken bewusst und zielorientiert einzugehen und die eingegangen Risiken zu kontrollieren, zu steuern und zu limitieren".[10] Das Risikomanagement dient damit der Sicherung, Erhaltung und erfolgreichen Weiterentwicklung des Unternehmens, wobei der Sicherungsaspekt im Vordergrund steht.[11]

Unter dem Begriff „Aktionär" versteht diese Arbeit nur Gesellschafter, die nicht zugleich Fremdkapitalgeber sind. „Gläubiger" sind dagegen sowohl Vertragsgläubiger als auch Deliktsgläubiger. Bei den Vertragsgläubigern werden anpassungsfähige (*adjusting creditors*) und nicht anpassungsfähige Gläubiger (*non adjusting creditors*) unterschieden. Erstere sind Fremdkapitalgeber, die das Unternehmen finanzieren und sich zusätzlich zur Absicherung ihrer finanziellen Interessen Informations-, Einwirkungs- und Teilhaberechte einräumen lassen. Fremdkapitalgeber, die zugleich die formale Stellung eines Gesellschafters innehaben, werden nicht hiervon erfasst. Der Einfluss der adjusting creditors auf die Unternehmensleitung wird über vertragliche Nebenabreden (sog. „Covenants") gewährleistet. Zu den non adjusting creditors zählen Warenlieferanten, Werkunternehmer oder Arbeitnehmer, die durch das bloße Innehaben einer Forderung zwar Gläubiger der Gesellschaft sind, jedoch keine enge Anbindung an das betreffende Unternehmen suchen. Ein Schutz dieser Gläubigergruppe wird mittelbar erzielt, weil sie von der Einflussnahme institutioneller Gläubiger profitieren.[12]

Die Arbeit untersucht die unternehmerische Entscheidung als solche, nicht Fragen etwaiger Beteiligungsrechte von Gremien, wie dem Aufsichtsrat oder der

---

8 So *Weber-Rey*, ZGR 2010, 543, 565.

9 IdW PS 340, WPg 1999, 658 Tz. 4.

10 *Biermann*, in: Eller, Handbuch des Risikomanagements, S. 108.

11 Vgl. *Fiege*, S. 52, Fn. 82; *Glaum*, S. 20: eine Studie der PwC Deutsche Revision in Zusammenarbeit mit der Justus-Liebig-Universität Gießen, bei der Ende 1998 74 (Rücklaufquote 48 Prozent) große deutsche Aktiengesellschaften mit Ausnahme von Versicherungen und Banken einbezogen wurden, ergab, dass 80 Prozent aller befragten Unternehmen die Sicherung des Unternehmensfortbestands als das wichtigste Ziel des Risikomanagements erachten.

12 *Servatius*, S. 7.

Hauptversammlung. Es geht um die erwartete Streuung zukünftiger Cashflows um den Erwartungswert. Unternehmerische Risiken müssen Im Interesse der Unternehmen und der Volkswirtschaft in Kauf genommen werden, da sie Grundbedingung für Wachstum sind. Dagegen sind Rechtsrisiken, verstanden als mögliche Verletzung staatlicher Rechtsnormen,[13] nicht Gegenstand dieser Untersuchung. Bei Rechtsrisiken geht es zum einen um die Frage, welcher Aufwand geboten ist, um eigene denkbare Normverletzungen zu erkennen und zu vermeiden und zum anderen um die Verantwortlichkeit des Vorstands, bei arbeitsteiliger Organisation Rechtsverstöße im Unternehmen durch Mitarbeiter mittels eigener Vorkehrungen in dem gebotenen Maße zu unterbinden.[14]

II. Untersuchungsmethodik

Die Forschungsrichtung der „ökonomischen Rechtsanalyse" setzt sich aus einem positiven und einem normativen Element zusammen. Untersucht werden zum einen, welche Folgen Rechtsregeln in der Wirklichkeit auslösen, insbesondere welche Verhaltensanreize gesetzt werden und zum anderen wie diese vor dem Hintergrund eines volkswirtschaftlichen Effizienzkriteriums bewertet werden.[15]

Die ökonomische Analyse geht maßgeblich auf den Nobelpreisträger *Ronald Coase* zurück, der sich in seinem Aufsatz „The Problem of Social Costs" mit den Verhaltenswirkungen von Rechtnormen beschäftigt hat.[16] Während die damals herrschende Ansicht noch davon ausging, dass der Staat die aus einem Marktversagen resultierenden externen Effekte mit einer Steuer oder anderen prohibitiven Eingriffen korrigieren müsse,[17] vertrat *Coase* die Auffassung, dass sich unter bestimmten Umständen ein effizientes Ergebnis „von selbst" einstellen würde. Dies sei der Fall, wenn die Handlungsrechte eindeutig spezifiziert, frei übertragbar, mithin die Transaktionskosten gleich Null wären. Unter Transaktionskosten sind dabei die Kosten der Information, der Koordination und der Rechtsdurchsetzung zu verstehen.[18] Das Coase-Theorem beruht damit auf folgender Überlegung: Bei vollkommener Information und Markttransparenz, wäre es für jeden Marktteilnehmer möglich, sich Klarheit darüber zu verschaffen, von wem er mit nicht kompensierten Kosten

---

13 *Baums*, ZGR 2011, 218, 223.

14 *Baums*, ZGR 2011, 218, 224; zur Vorstandspflicht zum Compliance vgl. *Dreher*, ZGR 2010, 496, 519 f.

15 *Eidenmüller*, S. 21.

16 *Coase*, 3 J. L. & Econ. 1960, 1 ff.

17 Vgl. zur „Pigou-Steuer": *Pigou*, The Economics of Welfare, 2. Auflage, London 1924.

18 Vgl. zum Coase-Theorem *Schäfer/Ott*, S. 73.

belastet bzw. mit Erträgen begünstigt wird. Die betroffenen Akteure könnten sich bei Abwesenheit von Transaktionskosten mit den Verursachern in Verbindung setzen und durch Aushandeln von Ausgleichsansprüchen ihren beiderseitigen Nutzen maximieren.[19] Auf diese Weise würde sich eine optimale Allokation aller Güter und Rechte unabhängig von der jeweiligen Anfangsverteilung ergeben.[20]

Es ist offensichtlich, dass Transaktionskosten in der Realität eine wichtige Rolle spielen. Die Bedeutung des Coase-Theorems liegt deshalb nicht in der Beschreibung einer modellhaften Welt, sondern in der normativen Schlussfolgerung, die daraus gezogen werden kann: Primäre Aufgabe des Rechts ist es, Transaktionskosten soweit wie möglich zu reduzieren, um Markttransaktionen zu ermöglichen.[21] Bisweilen sind die Transaktionskosten jedoch so hoch, dass eine Verhandlungslösung von vornherein ausgeschlossen ist.[22] In diesem Fall soll das Recht das Ergebnis festschreiben, auf das sich die Parteien geeinigt hätten, wenn ein marktmäßiger Austausch nicht an zu hohen Kosten gescheitert wäre.[23] Der Marktmechanismus soll mithin „simuliert" werden (mimic the market).[24] Im Ergebnis geht es der ökonomischen Analyse also darum, Recht nach marktmäßigen Gesichtspunkten zu gestalten. Solange Austauschprozesse auf Märkten möglich sind, ist das Recht irrelevant, weil sich das ökonomisch erwünschte Ergebnis von selbst durchsetzt. Ein staatlicher Eingriff ist somit nur angezeigt, wenn der Marktmechanismus versagt.

III. Aufbau der Arbeit

Diese Arbeit ist wie folgt aufgebaut:
In einem ersten Kapitel (Teil 2:) werden die Grundlagen des betrieblichen Risikomanagements dargestellt. Anliegen dieses Kapitels ist es, dem Leser die Bedeutung des Risikomanagements aus betriebswirtschaftlicher Sicht aufzuzeigen. Dabei wird zunächst der für diese Arbeit grundlegende Begriff des Risikos näher definiert

19 *Bitter*, S. 152.

20 *Coase*, 3 J. L. & Econ. 1960, 1.

21 *Cooter/Ulen*, S. 96.

22 Das ist zum Beispiel im Deliktsrecht der Fall. Da sich Schädiger und Geschädigter vor dem Unfallereignis nicht kennen, müsste jeder potentiell Geschädigte mit jedem potentiellen Schädiger im Vorwege in Verhandlungen treten, um eine effiziente Regelung auszuhandeln. Dass die entsprechenden Kosten den möglichen Effizienzgewinn bei weitem übersteigen, versteht sich von selbst. Vgl. *Bitter*, S. 153, Fn. 22.

23 Vgl. *Easterbrook/Fischel*, S. 15: „... [C]orporate law should contain the terms people would have negotiated, were the costs of negotiating at arm's length for every contingency sufficiently low."

24 *Eidenmüller*, S. 65.

(Teil 2:A). Im Anschluss wird auf die in der Betriebswirtschaft zentralen Investitionsrechenarten (Teil 2:B), nämlich dem Kapitalwertkriterium (Teil 2:B.I) und der Methode des internen Zinssatzes (Teil 2:B.II) eingegangen. Mit ihrer Hilfe wird die Vorteilhaftigkeit von Investitionsprojekten bestimmt. Der letzte Abschnitt des 2. Kapitels (Teil 2:C) geht dann auf das Risikomanagement ein. Nachdem in einem ersten Schritt die Ziele des Risikomanagements dargestellt werden (Teil 2:C.I), wird in einem zweiten Schritt der Regelkreislauf (Teil 2:C.II) dargestellt, wobei insbesondere auf die Risikoanalyse und -bewertung (Teil 2:C.II.3) eingegangen wird.

Das folgende Kapitel (Teil 3:) beleuchtet dann die Bedeutung des Risikomanagement aus volkswirtschaftlicher Sicht. Zunächst wird auf die ökonomische Bedeutung der Aktiengesellschaft eingegangen (Teil 3:A). In einem ersten Schritt wird die Gesellschaft in Abkehr zu juristischen Einordnung nicht als verdinglichte Einheit, sondern als Vertragsgeflecht definiert (Teil 3:A.I). Im Anschluss wird die ökonomische Funktion der beschränkten Haftung erörtert (Teil 3:A.II), die Aufgabe von Märkten bei der Zuordnung von Ressourcen erklärt sowie der Begriff der Externalität als besondere Form des Versagens von Märkten erörtert (Teil 3:A.III). In einem weiteren Abschnitt (Teil 3:B) wird aufgezeigt, welche positiven ökonomischen Wirkungen von bestandsgefährdenden Risiken bei der Schaffung neuer Güter und Technologien ausgehen können (Teil 3:B.I). Dabei wird zunächst auf die Rolle des Wettbewerbs eingegangen (Teil 3:B.I.1) sowie danach die Risikoeinstellung der Stakeholder, verstanden als die an der Gesellschaft beteiligten Personengruppen, erörtert (Teil 3:B.I.2). Schließlich wird ausführlich auf mögliche negative Effekte von Insolvenzrisiken Bezug genommen (Teil 3:B.II) und erklärt wie der Markt einer Externalisierung von Risiken effizient entgegenwirkt. Im Anschluss wird auf das Problem der Systemrisiken eingegangen und erläutert warum einer marktmäßigen Steuerung von Ausfallrisiken Grenzen gesetzt sind (Teil 3:B.III).

Das vierte Kapitel (Teil 4:) verbindet die Erkenntnisse der ökonomischen Theorie mit den Rechtsregeln zum Risikomanagement. In einem ersten Abschnitt werden die Normen im Bankenaufsichtsrecht, also § 25a KWG sowie § 54a KWG, aufgezeigt und einer ökonomischen Analyse unterzogen (Teil 4:A). Anschließend werden die zentralen Vorschriften des Aktienrechts zum Risikomanagement, also §§ 76, 93 AktG sowie § 91 II AktG, dargestellt und aus ökonomischer Sicht beleuchtet sowie Unterschiede bei der Regelungsdichte gegenüber dem Bankenaufsichtsrecht begründet (Teil 4:B.I und II). Zudem wird auf die existenzvernichtende Haftung nach § 826 BGB eingegangen. (Teil 4:B.III).

Die Untersuchung schließt mit einer Zusammenfassung der wesentlichen Ergebnisse und Thesen (Teil 5:).

Teil 2: Grundlagen des betrieblichen Risikomanagements

Die gesetzlichen Pflichten zum Risikomanagement können nur richtig eingeordnet werden, wenn man sich der betriebswirtschaftlichen Bedeutung des Risikomanagements bewusst wird. Neben der Klärung grundlegender Begriffe und der Darstellung von Investitionskriterien, wird im Folgenden vor allem der Prozess des Risikomanagements beschrieben.

A. Risiko als Volatilität

Was bedeutet Risiko? Die Herkunft des Begriffs ist jedenfalls unklar. Wahrscheinlich leitet er sich von dem altgriechischen Wort „rhiza" ab, was mit Wurzel oder Klippe übersetzt werden kann. Das italienische Verb „risicare" bedeutet „abwägen" oder „Gefahr laufen".[25] Die Assoziationen, die mit dem Begriff verbunden sind, sind zumeist negativ und umfassen Verluste, Schäden, Gefahren oder unkalkulierbare Wagnisse. Würde man die Bevölkerung zur Semantik des Begriffs befragen, so hätte das wohl zum Ergebnis, dass die meisten Befragten mit spontaner Ablehnung reagieren würden.[26]

Erste wissenschaftliche Ansätze zur Bestimmung des Begriffs finden sich bei dem Ökonomen *Frank H. Knight*, der in seiner bekannten Abhandlung „Risk, Uncertainty and Profit" aus den 1920er Jahren, zwischen Unsicherheit, Ungewissheit und Risiko unterschieden hat.[27] Während Unsicherheit den Oberbegriff darstellt, bezeichnet Risiko Zustände, bei denen bestimmte Wahrscheinlichkeiten für den Eintritt eines Ereignisses angegeben werden können. Das ist möglich, wenn sie sich logisch anhand von Gesetzmäßigkeiten berechnen oder empirisch auf historische Daten zurückführen lassen. *Knight* grenzt hiervon Ungewissheiten ab, also Zustände, die wegen eines unvollkommenen Erfahrungswissens nicht kalkulierbar sind.[28] Im Gegensatz zu *Knight* war *John M. Keynes* davon überzeugt, dass sich Wahrscheinlichkeiten niemals ermitteln lassen. In seinem Artikel „The General Theory of Employment" aus dem Jahre 1937 führte er aus: „About these

---

25 *Hannemann/Schneider*, S. 78.

26 *Hannemann/Schneider*, S. 2.

27 *Knight*, Risk, Uncertainty and Profit, Boston 1921, S. 170 f.

28 *Knight*, S. 232.

matters there is no scientific basis on which to form any calculable probability whatever. We simply do not know".[29] Da Entscheidungen häufig einmalig seien, könnten Datenmaterial oder mathematische Gesetzmäßigkeiten nicht immer existieren.

Ungeachtet dieser Unterschiede wird Risiko in der Betriebswirtschaftslehre als Möglichkeit der Zielverfehlung interpretiert.[30] Unklar ist jedoch, ob der Begriff jegliches Abweichen von einem gewünschten Zustand oder Referenzpunkt erfasst oder nur das Abweichen in eine bestimmte Richtung.[31] Nach einer engen Auslegung umfasst Risiko lediglich die Möglichkeit einer ungünstigen künftigen Entwicklung.[32] Nichts anderes ist gemeint, wenn Risiko als die Nichterreichung eines Ziels definiert[33] oder mit dem Begriff der Verlustgefahr gleichgesetzt wird.[34] Als Beispiel kann ein Würfelspiel herangezogen werden, bei dem der Spieler mit der höchsten Augenzahl gewinnt. Welche Zahl sich einstellen wird, kann der Spieler im Voraus nicht sicher prognostizieren. Gewiss ist nur, dass es eine Zahl zwischen 1 und 6 sein wird. Spekuliert der Spieler darauf, dass eine 3 gewürfelt wird, setzt er sich der Gefahr aus, dass eine andere Zahl herauskommt und er seinen Spieleinsatz verliert. Ein weites Verständnis betrachtet dagegen nicht allein die Verlustgefahr, sondern die gesamte Streuung des Zukunftserfolgs wirtschaftlicher Aktivitäten um ihren Erwartungswert. Risiko ist danach die Möglichkeit, dass es anders (sowohl schlechter als auch besser) kommen kann als erwartet. Diese Begriffseinordnung beinhaltet damit nicht nur Verlustgefahren, sondern auch Chancen und berücksichtigt damit, dass unternehmerische Entscheidungen sowohl günstig als auch ungünstig ausfallen können.[35] Risiko und Chance werden als zwei Seiten ein- und derselben Medaille betrachtet.[36] Beabsichtigt z.B. der Vorstand mit einer Investition eine bestimmte Rendite auf das eingesetzte Eigenkapital zu erreichen, dann kann dieses Ziel nach unten verfehlt oder nach oben übertroffen werden. Risiko als zu erwartende Streuung der möglichen Ergebnisse

29 *Keynes*, 51 Quart. J. Econ., 1937, 209, 214.

30 *Braun*, S. 23.

31 Vgl. *Baetge/Schulze*, DB 1998, 937, 939; *Kromschröder/Lück*, DB 1998, 1573; *Wolf/Runzheimer*, S. 29-31.

32 IdW PS 340, WPg 1999, 658.

33 *Gleißner*, S. 8.

34 *Bussmann*, S. 19

35 *Kromschröder/Lück*, DB 1998, 1573, 1575.

36 *Bussmann*, S. 13.

um das angestrebte Ziel, umfasst damit nicht nur die negative, sondern auch die positive Verfehlung einer Zielsetzung.[37]

In der Finanztheorie geht man davon aus, dass Menschen zumeist „risikoavers" handeln.[38] Dies bedeutet, dass sie eine sichere Zahlung einer unsicheren Zahlung vorziehen.[39] Da zwischen Einkommenshöhe und Nutzen kein linearer Zusammenhang besteht, kann es sogar sein, dass auf einen höheren, jedoch unsicheren Erwartungswert zugunsten eines niedrigeren, aber sicheren Erwartungswerts verzichtet wird.[40] Das Sicherheitsäquivalent ist damit kleiner als der Erwartungswert der unsicheren Zahlung, so dass die unsichere Zahlung gegenüber der sicheren Zahlung einen Risikoabschlag erfährt. Die Risikoaversion der Menschen erklärt sich aus dem abnehmenden Grenznutzen:[41] Der Nutzen steigt mit zunehmenden Einkommen nur unterproportional an. Jede zusätzliche Einkommenseinheit führt zu einer immer geringeren Nutzensteigerung.[42] Die Nutzenfunktion einer risikoaversen Person ist folglich nach rechts geneigt. Eng mit der Risikoaversion verbunden, ist das Phänomen der Verlustaversion: Risikoscheue Personen ziehen nicht nur sichere Zielgrößen unsicheren Zielgrößen vor, sondern gewichten auch potentielle Verluste stärker als mögliche Gewinne.[43] So sind sie etwa bereit für die Abwehr eines Schadens auch dann eine Versicherungsprämie zu bezahlen, wenn sie über dem Schadenserwartungswert liegt.[44] Hat das Risiko einer Entscheidung dagegen keinen Einfluss auf die eigene Auswahl, spricht man von „Risikoneutralität". Hiermit ist gemeint, dass eine Person zwischen einer sicheren Zahlung und einer unsicheren indifferent ist.[45] Ein höheres Verlustrisiko wird solange akzeptiert, wie es durch eine höhere Renditeerwartung kompensiert wird. Der Grenznutzen aus dem Einkommen ist konstant, was sich an der Linearität der Nutzenfunktion zeigt.[46] Eine „risikofreudige" Person ist dagegen bereit einen

37 *Baums*, ZGR 2011, 218, 222.

38 So *Bainbridge*, S. 117; ausführlich *Talley*, 34 Del. J. Corp. L. 2009, 755 ff.

39 *Welch*, S. 120.

40 Vgl. hierzu *Bernoulli*, Specimen Theoriae Novae de Mensura Sortis, 5 Commentarii Academiae Scientiarum Imperialis Petropolitanae 1738, 175 ff.; Englische Übersetzung: *Sommer*, Exposition on a New Theory of the Measurement of Risk, 22 Econometrica 1954, 23 ff.

41 *Pindyck/Rubinfeld*, S. 232.

42 *Schäfer/Ott*, S. 160.

43 *Kahneman/Tversky*, 47 Econometrica 1976, 263, 265: "[People] overweight outcomes that are considered certain, relative to outcomes which are merely probable".

44 Vgl. *Schäfer/Ott*, S. 162.

45 *Welch*, S. 120.

46 Vgl. *Pindyck/Rubinfeld*, S. 228.

sicheren Betrag einzusetzen und dafür einen unsicheren Betrag zu erhalten, dessen Erwartungswert unter dem eingesetzten Gelbetrag liegt. Das Risiko wird hier nicht nur nicht ausgeglichen, sondern im Gegenteil noch durch einen geringeren Erwartungswert begleitet.[47]

B. Methoden der Investitionsrechnung

Im Wirtschaftsleben sind die meisten Entscheidungen risikobehaftet. Ein rationaler Umgang mit Risiken wird auf eine Investitionsrechnung nicht verzichten können. Sie zielt darauf ab, den Unternehmensleitern die Alternativen aufzuzeigen mit denen der Wert des Unternehmens gesteigert werden kann. Der Unternehmenswert ist die Vermögensmasse, aus der die Gesellschaftsgläubiger befriedigt und etwaige Gewinne an die Aktionäre ausgeschüttet werden können.[48] Die gängigsten Methoden der Investitionsrechnung sind das Kapitalwertkriterium und die Methode des internen Zinssatzes.

I. Kapitalwertkriterium

Das Kapitalwertkriterium ist die von den Unternehmen am häufigsten angewandte Methode der dynamischen Investitionsrechnung.[49] Sie berücksichtigt sämtliche Zahlungsströme und fasst die Vorteilhaftigkeit einer Investition absolut in einer Kennziffer zusammen, dem sog. „Kapitalwert" (*net present value*). Ein Investitionsprojekt ist hiernach vorteilhaft, wenn sein Kapitalwert größer oder zumindest gleich Null ist. Ist der Kapitalwert größer als Null, erzielt das Projekt über die Mindestverzinsung hinaus einen Investitionsgewinn. Bei einem Projekt mit einem negativen Kapitalwert wird die Mindestverzinsung dagegen nicht erreicht. Stehen mehrere Projekte zur Auswahl, sollten die Unternehmensleiter sich für das Projekt mit dem größten Kapitalwert entscheiden.[50]

Der Kapitalwert berechnet sich wie folgt: In einem ersten Schritt sind die zu erwartenden Cashflows aus der Investition möglichst genau zu bestimmen. Zu berücksichtigen sind alle günstigen und ungünstigen Ergebnisse. Das geschieht entweder auf der Basis in die Zukunft fortgeschriebener Erfahrungswerte mit geschätzten Zu- und Abschlägen oder mit Hilfe von Sensitivitäts- bzw. Breitbandana-

47 *Volkart*, S. 215.

48 *Engert*, ZGR 2004, 813, 822.

49 Vgl. das Diagramm bei *Welch*, S. 76. Hiernach wenden ca. Dreiviertel aller Finanzvorstände in den USA die Kapitalwertmethode an. Ähnlich verbreitet ist die Methode des internen Zinssatzes.

50 Vgl. *Brealey/Myers/Allen*, S. 17; *Welch*, S. 29.

lysen. Sind die Erwartungswerte normalverteilt, kann zur Messung der Volatilität die Standardabweichung bzw. zur Messung des Ausfallrisikos der sog. „Value at Risk“ (VaR) verwendet werden. In einem zweiten Schritt wird der Barwert ermittelt und anschließend der investierte Betrag abgezogen. Den Barwert erhält man, indem man den Erwartungswert mit dem Diskontierungszins (auch Opportunitätskosten des Kapitals genannt) abzinst.[51] Die Zinshöhe richtet sich nach der Rendite, die durch eine im Risiko und Dauer vergleichbare Investition erzielt werden kann.[52] Sind mit dem Projekt fast keine Unsicherheiten verbunden, entspricht der Zinssatz der Rendite einer erstklassigen, langfristigen Staatsanleihe (z.B. zehnjährige Bundesanleihe). Die Ermittlung des Barwerts macht die Zahlungsströme vergleichbar[53] und trägt dem Umstand Rechnung, dass heutiges Geld mehr wert ist, als Geld in der Zukunft (*time value of money*).[54] Ein Geldbetrag, der heute zur Verfügung steht, kann sofort angelegt und verzinst werden. Erhält man den gleichen Betrag erst in einem Jahr, muss auf eine Verzinsung verzichtet und eine Geldentwertung befürchtet werden.[55] Die Abzinsung trägt auch dem abnehmenden Grenznutzen Rechnung. Menschen sind in der Regel risikoavers und ziehen ein sicheres Einkommen einem risikobehafteten Einkommen mit dem gleichen Erwartungswert vor: „Ein sicherer Euro ist ihnen mehr wert als ein unsicherer.“[56]

Mathematisch lässt sich der Kapitalwert wie folgt darstellen:[57]

$$NPV = C_0 + C_1/(1+r)^1 + C_2/(1+r)^2 + \dots C_t/(1+r)^t$$

C_0 bezeichnet die Investitionssumme zum Zeitpunkt 0. Dabei handelt es sich üblicherweise um einen Betrag mit negativen Vorzeichen. C_t beschreibt den erwarteten Cashflow zum Zeitpunkt t (z.B. in einem Jahr). Die Opportunitätskosten des Kapitals (*opportunity cost of capital*) bzw. der Diskontierungszinssatz werden mit r gekennzeichnet.

Zur Erklärung der Kapitalwertmethode dient folgendes Beispiel: Ein Unternehmen plant den Erwerb einer Erdölraffinerie. Die Investition verursacht Kosten in Höhe von 12 Millionen Euro. Die Nutzungsdauer beträgt 5 Jahre. Während dieser Zeit entstehen folgende Cashflows: nach dem 1. Jahr 10 Millionen Euro und nach dem 5. Jahr 8 Millionen Euro. Es wird nicht erwartet, dass am Ende der

---

51 *Baums*, ZGR 2011, 218, 228.
52 *Pindyck/Rubinfeld*, S. 729.
53 *Becker*, S. 62.
54 *Brealey/Myers/Allen*, S. 14.
55 *Pindyck/Rubinfeld*, S. 751.
56 *Brealey/Myers/Allen*, S. 16.
57 *Welch*, S. 28 f.

Nutzungsdauer ein Liquidationserlös erzielt werden kann. Der Diskontierungszinssatz beträgt 5 Prozent pro Jahr.

$$NPV = -12 + 10/1{,}05 + 8/1{,}05^5 = 3{,}79$$

Da das Projekt einen positiven Kapitalwert von 3,79 Millionen Euro aufweist, sollte es durchgeführt werden. Der erwartete Cashflow in Höhe von 15,79 Millionen Euro deckt nicht nur die Kosten der Investition in Höhe von 12 Millionen Euro, sondern beinhaltet sogar einen Projektüberschuss, der über der Mindestverzinsung von 5 Prozent liegt.

II. Methode des internen Zinssatzes

Praktisch relevant ist auch die Methode des internen Zinssatzes. Sie misst die Rentabilität des durch die Investition gebundenen Kapitals. Im Unterschied zum Kapitalwertkriterium, wird nicht von einem gegebenen Zinssatz ausgegangen, sondern der Zinssatz gesucht, der zu einem Kapitalwert von Null führt. Eine Investition ist hiernach vorteilhaft, wenn der interne Zinssatz (*internal rate of return*) größer oder zumindest gleich den Opportunitätskosten ist. Stehen mehrere Investitionsprojekte zur Auswahl, ist das Projekt mit dem höchsten internen Zinssatz auszuwählen.[58]

Die Berechnung des internen Zinssatzes stellt sich wie folgt dar:[59]

$$0 = C_0 + C_1/1{+}IRR + C_2/(1{+}IRR)^2 + \ldots$$

Der interne Zinssatz eines Projekts kann durch Ausprobieren berechnet werden. Man bedient sich dabei eines sog. „Iterationsverfahrens“, bei dem der Diskontierungssatz so lange erhöht wird, bis der Kapitalwert gerade null beträgt.[60] Der auf diese Weise verwendete Diskontsatz entspricht dem internen Zinssatz. Zur Erläuterung dient folgendes Beispiel:[61] Ein Unternehmen beabsichtigt in ein Projekt zu investieren, das Kosten in Höhe von 4.000 Euro verursacht. Man erwartet, dass im ersten Jahr ein Cashflow von 2.000 Euro und im zweiten Jahr ein Cashflow von 4.000 Euro erzielt wird. Wie hoch ist der interne Zinssatz des Projekts, der zu einem Kapitalwert von genau 0 Euro führt?

$$0 = -4.000 + 2.000/1{+}IRR + 4.000/(1{+}IRR)^2$$

58 *Becker*, S. 63.
59 *Welch*, S. 64.
60 *Copeland/Weston/Shastri*, S. 63.
61 Vgl. *Volkart*, S. 285 f.

Unterstellt der Diskontsatz beträgt 10 Prozent. Dann beträgt der Kapitalwert des Projekts:

$$-4.000 + 2.000/1{,}1 + 4.000/1{,}1^2 = 1.021{,}79$$

Da der Kapitalwert positiv ist, muss der interne Zinssatz größer als 10 Prozent sein. In einem nächsten Schritt könnte ein Diskontsatz von 30 bzw. 25 Prozent gewählt werden. In diesem Fall beträgt der Kapitalwert:

$$-4.000 + 2.000/1{,}3 + 4.000/1{,}3^2 = -72{,}83$$

$$-4.000 + 2.000/1{,}25 + 4.000/1{,}25^2 = 128$$

Der Kapitalwert ist im ersten Fall negativ, das heißt der interne Zinssatz des Projekts muss zwischen 30 und 25 Prozent liegen. Durch weiteres Ausprobieren ergibt sich ein interner Zinssatz von 28 Prozent.[62] Dieser Zinssatz führt zu dem gewünschten Kapitalwert von 0 Euro. Das Investment sollte damit durchgeführt werden, weil die Verzinsung des Projekts höher ist als eine vergleichbare Rendite am Kapitalmarkt. Liegt der Diskontierungszinssatz dagegen über 28 Prozent, ist der Kapitalwert des Projekts negativ. Ein solches Investment würde nicht zur Unternehmenswertsteigerung beitragen.

Abbildung 1 zeigt, dass der Kapitalwert abnimmt, wenn die Opportunitätskosten steigen. Wenn der Diskontsatz gleich Null ist, existiert kein Zeitwert des Geldes und der Kapitalwert des Projekts entspricht der Summe der Cashflows.

Abbildung 1: Interner Zinssatz

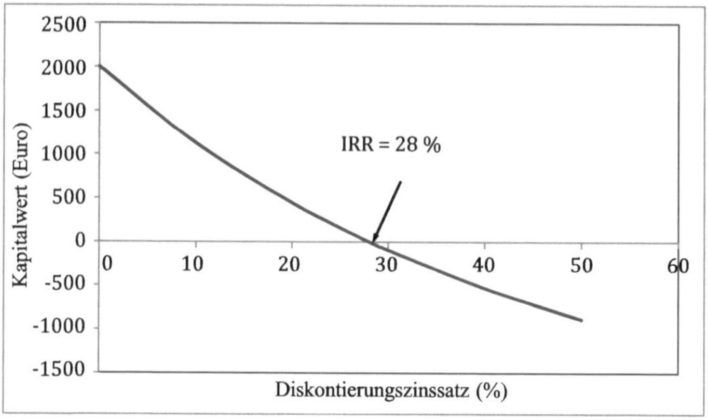

62 In der Unternehmenspraxis wird zur Berechnung des internen Zinssatzes auf Kalkulationsprogramme wie Excel oder OpenOffice zurückgegriffen. Hierdurch wird eine einfache Ermittlung des internen Zinssatzes gewährleistet. Vgl. hierzu *Welch*, S. 66.

III. Zwischenergebnis

Sowohl mit der Methode des internen Zinssatzes als auch mit dem Kapitalwertkriterium kann die Unternehmensleitung bestimmen, ob ein Projekt zur Steigerung des Unternehmenswerts beitragen wird. In der Praxis wird dem Kapitalwertkriterium oft der Vorzug eingeräumt, weil die Methode des internen Zinssatzes methodische Defizite aufweist, die zu Fehlannahmen verleiten können. Diese werden nachfolgend kurz beschrieben.

Methodische Schwächen zeigen sich zunächst im Fall der Kreditgewährung bzw. -aufnahme. Das zeigt folgendes Beispiel:[63]

Tabelle 1: Kreditgewährung bzw. -aufnahme

Projekt	C_0	C_1	IRR	NPV bei 10%
A	-1.000	+1.500	+50%	+364
B	+1.000	-1.500	+50%	-364

Projekt A und Projekt B besitzen trotz verschiedener Kapitalwerte jeweils einen internen Zinssatz von 50 Prozent.[64] Die Methode des internen Zinssatzes verleitet dazu, beide Projekte als gleich attraktiv einzustufen. Dass dies nicht stimmen kann, zeigt ein Blick auf die Kapitalwerte. Bei Projekt A wird ein Betrag von 1.000 Euro investiert. Der Cashflow beträgt nach einem Jahr 1.500 Euro. Das Projekt weist folgerichtig nicht nur eine positive interne Rendite, sondern auch einen positiven Kapitalwert auf. Bei Projekt B wird dagegen ein Betrag von 1.000 Euro aufgenommen. Nach einem Jahr beträgt der Cashflow -1.500 Euro. Obwohl der Kapitalwert hier negativ ist, verleitet der Zinssatz von 50 Prozent zu der Annahme, es handele sich um ein attraktives Investment. Das dies nicht stimmen kann, versteht sich von selbst: Während ein Kreditnehmer an einem niedrigen Zinssatz interessiert ist, geht es einem Kreditgeber um eine möglichst hohe Verzinsung. Wenn man einen Grafen wie in Abbildung 1 erstellen würde, könnte man beobachten, dass ein steigender Zinssatz auch für Projekt B zu einem höheren Kapitalwert führen würde. In diesem Fall versagt die Methode des internen Zinssatzes. Denn richtigerweise müsste bei der Kreditaufnahme die Höhe des Kapitalwerts mit einem fallenden Zinssatz korrelieren und nicht umgekehrt.

Die Methode des internen Zinssatzes kann auch dann zu Fehlannahmen verleiten, wenn sich das Vorzeichen der Cashflows mehr als nur einmal ändert. Das

63 *Brealey/Myers/Allen*, S. 124: Pitfall 1 – Lending or Borrowing?

64 Projekt A = -1.000 + 1.500/1,5 = 0; Projekt B = 1.000 – 1.500/1,5 = 0.

zeigt das folgende Beispiel:[65] Eine Erdölgesellschaft plant die Errichtung einer Ölbohrinsel. Die Kosten der Investition betragen 600 Millionen Euro. Der Cashflow in den nächsten neun Jahren wird auf jeweils 120 Millionen Euro geschätzt. Nach Versiegen der Ölquelle, muss die Plattform für 150 Millionen Euro wieder abgebaut werden. Die Opportunitätskosten des Kapitals betragen 10 Prozent.

Tabelle 2: Änderung des Vorzeichens

C_0	C_1	...	C_9	C_{10}	IRR (%)	NPV bei 10 %
-600	120		120	-150	-44,0 und 11,6	33

Da das Projekt einen Kapitalwert von 33 Millionen Euro aufweist, sollte die Geschäftsleitung das Investment durchführen. Betrachtet man dagegen den internen Zinssatz des Projekts, fällt auf, dass eine Aussage über die wirtschaftlichen Vorteilhaftigkeit nicht getroffen werden kann. Es gibt sowohl einen negativen (-44 Prozent) als auch einen positiven (11,6 Prozent) Zinssatz, der zu einem Kapitalwert von genau 0 Euro führt:

$$NPV = -600 + 120/0{,}65 + \ldots + 120/0{,}65^9 - 150/0{,}56^{10} = 0$$

$$NPV = -600 + 120/1{,}116 + \ldots + 120/1{,}116^9 - 150/1{,}116^{10} = 0$$

Würde die Geschäftsleitung ihre Entscheidung allein von der Höhe des internen Zinssatzes abhängig machen, hinge die Projektdurchführung davon ab, welchen Wert das verwendete Kalkulationsprogramm auswirft.[66] Der zweimalige Vorzeichenwechsel führt dazu, dass das (mathematisch richtige) Ergebnis betriebswirtschaftlich nicht interpretierbar ist. In der Praxis kommen solche Zahlungsreihen nicht nur durch Stilllegungen am Ende der Laufzeit zustande, sondern können auch während der Projektdauer etwa durch Wartungskosten entstehen.[67]

Defizite können schließlich auftauchen, wenn Unternehmen, wie häufig, gezwungen sind, zwischen zwei Projekten zu wählen. Das verdeutlicht folgendes Beispiel: Ein Unternehmen will seine Lagerhaltung optimieren. Projekt A kostet 5 Millionen Euro. Es führt nach dem ersten Jahr zu einem Cashflow von 10 Millionen Euro und nach dem zweiten Jahr zu einem Cashflow von 5 Millionen Euro.

---

65 Vgl. Pitfall 2 – Multiple Rates of Return bei *Brealey/Myers/Allen*, S. 124.

66 Vgl. *Welch*, S. 68: „What do computer spreadsheets do if there are multiple IRRs? You may never know. They usually just pick one for you. They don't even give you a warning."

67 Das Problem lässt sich lösen, wenn man einen sog. modifizierten internen Zinssatz berechnet. Hierzu m.w.N. *Brealey/Myers/Allen*, S. 125 Fn. 4.

Projekt B kostet 10 Millionen Euro. Erwartet wird nach einem Jahr ein Cashflow von 17,5 Millionen Euro und nach zwei Jahren ein Cashflow von 5 Millionen Euro. Die Opportunitätskosten des Kapitals betragen 10 Prozent.

Tabelle 3: Auswahl zwischen zwei Projekten

Projekt	C_0	C_1	C_2	IRR (%)	NPV bei 10%
A	-5	+10	+5	141	+7,5
B	-10	+17,5	+5	100	+9,1

Projekt A hat mit 141 Prozent einen höheren internen Zinssatz als Projekt B. Unter Berücksichtigung der oben skizzierten Entscheidungsregel, wäre Projekt A somit vorzuziehen. Allerdings zeigt ein Blick auf die Kapitalwerte, dass dies keine gute Entscheidung wäre. Projekt B hat den höheren Kapitalwert als Projekt A. Die Methode des internen Zinssatzes verleitet hier mithin ein Projekt durchzuführen, das einen geringeren Beitrag zur Unternehmenswertsteigerung leistet.[68]

C. Risikomanagement: Aufgaben, Träger und Prozess

Unternehmen greifen jedoch nicht nur auf Methoden der Investitionsrechnung zurück, um den Unternehmenserfolg zu bestimmen, sondern sie schaffen daneben auch ein System mit dem sie die unternehmerischen Risiken kontrollieren und steuern.

I. Gründe für Risikomanagement

Das betriebliche „Risikomanagement" bezog sich bis Mitte des letzten Jahrhunderts allein auf die Handhabung von versicherbaren Risiken. Die Aufgabe des Risikomanagers bestand darin, Einsparungspotenziale beim Abschluss von Versicherungen aufzudecken. Betrachtet wurden ausschließlich Risiken i.e.S., also solche denen keine Gewinnchance gegenüberstand. Primär ging es um die Beobachtung von Ge-

68 Diese Fehlanleitung der Methode des internen Zinssatzes lässt sich erst bei Betrachtung der inkrementellen Zahlungsströme auflösen. Hierbei wird zunächst die Differenz der beiden Cashflows (B-A) ermittelt und anschließend der interne Zinssatz berechnet. Ist dieser höher als die Opportunitätskosten des Kapitals, ist das zuvor abgelehnte Projekt auszuwählen. In unserem Beispiel ergäbe sich für C_0 ein Wert von -5 und für C_1 ein Wert von 7,5. Der interne Zinssatz läge bei 50 Prozent und damit über den Opportunitätskosten. Projekt B wäre damit Projekt A vorzuziehen. Vgl. hierzu *Brealey/Myers/Allen*, S. 126 f.

fahren, wie Brand, Überschwemmung oder Diebstahl.[69] Das heutige Risikomanagement verfolgt zumeist einen ganzheitlichen Ansatz. Betrachtet werden sämtliche Risiken, die aus dem Führungsprozess und den Durchführungsprozessen des Unternehmens entstehen können.[70] Wie bereits ausgeführt,[71] kann Risikomanagement als die systematische Erfassung und Bewertung von Risiken sowie die Steuerung von Reaktionen auf festgestellte Risiken verstanden werden.[72] Für das Institut der Wirtschaftsprüfer (IdW) steht der Begriff Risikomanagement für „die Gesamtheit aller organisatorischen Regelungen und Maßnahmen zur Risikoerkennung und zum Umgang mit den Risiken unternehmerischer Betätigung".[73]

Eine besondere Bedeutung hat das Risikomanagement im Bankenaufsichtsrecht. Ausweislich der MaRisk soll es Missständen vorbeugen, die die Sicherheit der anvertrauten Vermögen gefährden, die Durchführung der Bankgeschäfte beeinträchtigen oder erhebliche Nachteile für die Gesamtwirtschaft herbeiführen können.[74] Aufgabe des Risikomanagements ist es mithin negative externe Effekte, die sich aufgrund der Geschäfts- und Risikopolitik der Banken ergeben können, zu internalisieren. Die MaRisk beziehen sich zwar nur auf das Management der für das Institut „wesentlichen" Risiken sowie damit verbundenen Risikokonzentrationen. Zur Bestimmung der Wesentlichkeit von Risiken, ist es jedoch auch notwendig, dass sich die Geschäftsleitung zunächst einen Überblick über alle Risiken des gesamten Instituts verschafft und ein Gesamtrisikoprofil erstellt.[75] Gemeint ist ein Überblick über jene Risiken, denen das (gesamte) Institut ausgesetzt ist. Das Gesamtrisikoprofil ist anhand einer Risikoinventur zu ermitteln. Dabei ist zu prüfen, welche Risiken die Vermögenslage (inkl. Kapitalausstattung), die Ertragslage oder die Liquiditätslage wesentlich beeinträchtigen können.[76] Das Fehlen einer solchen umfassenden Betrachtungsweise wurde mit Blick auf die Finanzmarktkrise als eine Hauptschwäche vieler Institute identifiziert.[77] Das Ge-

69 Vgl. *Braun*, S. 27; *Fiege*, S. 51.
70 *Fiege*, S. 52
71 Siehe oben Teil 1:B.I.
72 So *Weber-Rey*, ZGR 2010, 543, 565.
73 IdW PS 340, WPg 1999, 658 Tz. 4.
74 MaRisk^{2012} AT 2.
75 *Hannemann/Schneider*, S. 80.
76 *Hannemann/Schneider*, S. 81.
77 So das Institute of International Finance, Final Report of the IIF Committee on Market Best Practices, Principles of Conduct and Best Practices Recommendations, 2008, S. 31: „In particular, the lack of a comprehensive approach to firm-wide risk management was a primary contributing factor to the failure of certain firms to identify their risks"

samtrisikoprofil ist der Ausgangspunkt für die Entwicklung eines umfassenden Risikomanagements und die Basis für diverse sich daran anschließende Prozessschritte. Indem die wesentlichen Risiken mit dem Risikodeckungspotential verglichen werden, wird der Rahmen abgesteckt, innerhalb dessen das Institut weitere Risiken eingehen kann.[78]

Die ökonomische Notwendigkeit des Risikomanagements ergibt sich im Wesentlichen aus den Unvollkommenheiten des Kapitalmarkts. Wohlfahrtseinbußen können das Ergebnis einer ineffizienten Risikoallokation sein und mit Hilfe des Risikomanagements vermindert werden. Ziel des Risikomanagements ist es jedoch nicht, dass alle Risiken abgebaut werden. Das folgt aus drei Gründen: Erstens verursacht der Risikoabbau Transaktionskosten. Zweitens können dem Unternehmen Kosten infolge von entgehenden Risikoprämien entstehen. Drittens übernimmt ein Unternehmen mit seinen Realinvestitionen häufig Risiken, die es gar nicht ausschließen kann, ohne die Realinvestition zu beenden.[79] Aufgabe des Risikomanagements ist es daher, ein Portfolio aus Investitionen zusammenzustellen, das für die an der Unternehmung beteiligten Stakeholder eine optimale Kombination von Ertrag und Risiko erzeugt.[80]

II. Der Regelkreislauf

Unabhängig von der organisatorischen Einbindung haben sich in der Betriebswirtschaftslehre und Prüfungspraxis bestimmte Mindeststandards zur Ausgestaltung eines Risikomanagements herausgebildet.[81] Da diese Vorgaben die rechtliche Diskussion maßgeblich beeinflussen, ist es unerlässlich, sie zu kennen. Nachfolgend werden die einzelnen Elemente des Regelkreislaufs zum Risikomanagement näher beschrieben und statistische Methoden aufgezeigt mit denen Risiken in der Praxis gemessen werden.

---

78 *Hannemann/Schneider*, S. 82.

79 So *Franke/Hax*, S. 632 f.

80 *Franke/Hax*, S. 633.

81 *Kromschröder/Lück*, DB 1998, 1573, 1574; *Eggemann/Konradt*, BB 2000, 503, 504; *Gelhausen*, in: IdW, WP-Handbuch, S. 1604, Rn. 23; *Emmerich*, ZfbF 1999, 1075, 1079; *Doleczik/Drewes*, DB 2003, 1005, 1007; *Ballwieser*, in: Hommelhoff/Hopt/v. Werder, S. 449. Zur bildlichen Darstellung des Regelkreislaufs vgl. *Lück*, DB 1998, 1925, 1926 Abbildung 2.

1. Unternehmens- und Risikostrategie

Das Risikomanagement beginnt mit der Ausarbeitung einer *Risikostrategie.*[82] Der Vorstand muss daher in einem ersten Schritt für alle Risikobereiche strategische Vorgaben für die Risikohandhabung entwickeln und diese in die Unternehmensstrategie einbauen. Dadurch wird der Grad der Risikobereitschaft bestimmt, das Risiko-/Chancenkalkül festgelegt und entschieden ab welcher Schadenshöhe Maßnahmen zur Risikosteuerung einzuleiten sind. Ergänzt wird dies durch die Vorgabe einer maximalen Verlustgrenze.[83] Die Risikostrategie sollte im Einklang mit der gesamten Unternehmenspolitik stehen und sich aus ihr ableiten bzw. sie unterstützen. Ein Abgleich zwischen tatsächlicher Risikosituation und den Vorgaben der Risikostrategie ermöglicht es, Abweichungen festzustellen und das Risiko-/Chancenprofil oder ggf. die gesamte Risikopolitik zu überarbeiten.[84] Das Risikoprofil ist nicht nur Maßstab für die Risikosteuerung, sondern auch wichtige Informationsgrundlage für den Kapitalmarkt, da erst hierdurch eine Unternehmensbewertung ermöglicht wird.[85] Darüber hinaus beinhaltet die Festlegung des Risikoprofils auch die Zuordnung der Risiken zu den Aufgabenträgern. Hierbei müssen Schwellenwerte festgesetzt werden, die eine Kommunikation an eine höher gelegte Hierarchieebene auslösen.[86]

2. Risikoidentifikation

In einem zweiten Schritt folgt die *Risikoidentifikation.* Sie umfasst die „Sammlung aktueller, zukünftiger, potentieller und theoretisch denkbarer Risiken" (Risikoinventur).[87] Alle Unsicherheiten, denen sich ein Unternehmen ausgesetzt sieht, sind systematisch zu erfassen, um auf diese Weise risikobehaftete Aspekte des betrieblichen Prozesses sowie die sich hieraus ergebenen Chancen aufzudecken.[88] Das beinhaltet auch Risiken, die keinem vorab definierten Erscheinungsbild entsprechen.[89] Um dem Ziel der Bestandserhaltung gerecht zu werden, sind sämtliche Risiken einzubeziehen, da sich Einzelrisiken kumuliert oder in Wechselwirkung mit anderen Risiken bestandsgefährdend auswirken können. Zudem

---

82 *Eggemann/Konradt*, BB 2000, 503, 505.
83 *Doleczik/Drewes*, DB 2003, 1005, 1008.
84 *Lück*, DB 1998, 1925, 1926.
85 *Fiege*, S. 97.
86 *Emmerich*, ZfbF 1999, 1075, 1084.
87 *Füser/Gleißner/Meier*, DB 1999, 753, 754.
88 *Doleczik/Drewes*, DB 2003, 1005, 1008.
89 IdW PS 340, WPg 1999, 658, 659.

ist der Tatsache Rechnung zu tragen, dass sich bestimmte Risiken im Zeitablauf sehr schnell verändern und dadurch erst existenzbedrohend werden können oder dass neue, bisher nicht absehbare Risiken zusätzlich auftreten. Die Identifikation dieser neuen Risikofelder muss durch eine entsprechende Ausgestaltung des Risikomanagements gewährleistet werden.[90] Aufgrund der sich ständig ändernden Unternehmenssituation ist die Risikoidentifikation zwangsläufig eine kontinuierliche Aufgabe. Sie ist zweckmäßig in den geschäftsüblichen Arbeitsablauf zu integrieren. Hierdurch wird nicht nur das Risikobewusstsein bei den betroffenen Mitarbeitern gefördert, sondern zugleich ein etwaiger Mehraufwand reduziert. Erfolgt die Risikoerhebung ausschließlich auf der Ebene der Geschäftsleitung, besteht die Gefahr, dass Risiken wegen mangelnder Fachkenntnis nur unvollständig identifiziert und damit unzureichend bewertet werden.[91]

Als Methoden der Risikoidentifikation kommen neben Checklisten und Schadenskatalogen vor allem sog. „Frühwarnsysteme" in Betracht. Mit ihrer Hilfe sollen etwaige Gefahren für ein Unternehmen so rechtzeitig aufgedeckt werden, dass noch Maßnahmen zu ihrer Abwehr oder Minderung ergriffen werden können.[92] Zu den klassischen Modellen zählt dabei die Bilanzanalyse. Die Bilanzanalyse eignet sich insbesondere für die externe Überprüfung von kleinen und mittleren Unternehmen im Zuge der Kreditvergabe. Banken versuchen mit ihrer Hilfe das Ausfallrisiko zu optimieren und einer Bestandsgefährdung frühzeitig entgegenzuwirken.[93] Die Auskunftsleistung dieser Methodik ist jedoch begrenzt.[94] Zum einen erweist sie sich durch ihren Stichtagsbezug nicht als aussagekräftiges Prognosemittel. Zum anderen sind viele Krisentypen denkbar, die sich einer Bilanzanalyse teilweise ganz verschließen.[95] Entscheidend ist daher die Suche nach sog. „Frühwarnindikatoren".[96] Hierunter fallen quantitative sowie qualitative Hilfsgrößen, die sich mit zeitlichem Vorlauf bemerkbar machen und die Gefahr

---

90 *Gelhausen*, in: IdW, WP-Handbuch, S. 1607, Rn. 10.

91 So *Gelhausen*, in: IdW, WP-Handbuch, S. 1607, Rn. 41.

92 In der Literatur unterscheidet man häufig zwischen sog. „Frühwarn-", „Früherkennungs-" und „Frühaufklärungssystemen". Während Frühwarnsysteme lediglich Gefahren aufdecken sollen, dienen Früherkennungsmodelle dazu neben möglichen Risiken i.e.S. auch Chancen aufzuzeigen. Systeme der Frühaufklärung erweitern den Begriff der Früherkennung um Maßnahmen der Risikosteuerung. Vgl. *Fiege*, S. 124 m.w.N.

93 Vgl. *Baetge*, S. 12 ff.

94 So *Hauschildt*, S. 16.

95 So *Fiege*, S. 127.

96 Vgl. hierzu *Pollanz*, DB 2001, 1317, 1320 ff.; *Wolf/Runzheimer*, S. 52 ff.

des Risikoeintritts frühzeitig signalisieren.[97] Beispiele für derartige Indikatoren sind: Auftragsbestand, Auslastungsgrad der Maschinen, Außenstände, Inflationsrate, Marktanteil, Marktwachstum, Rohstoffpreise, Wechselkurse, Zinsen etc.[98] Die Schwierigkeit bei Frühwarnindikatoren liegt jedoch im Auffinden von Kausalbeziehungen, die eine Aussage des Indikators erlauben sowie im Erstellen eines umfassenden und aussagekräftigen Indikatorenkatalogs.[99] Aus diesem Grund wird die Früherkennung häufig auf die Analyse sog. „schwacher Signale" gestützt. Dem liegt die Erfahrung zugrunde, dass Diskontinuitäten (Strukturbrüche) in der Entwicklung eines Unternehmens nicht plötzlich auftreten, sondern sich schon vorher andeuten.[100] So kann man etwa aus Kundenbefragungen zur Zufriedenheit, Qualität oder Service Rückschlüsse herleiten über die Gefahr möglicher Kundenverluste oder Qualitätseinbußen.

3. *Risikoanalyse und -bewertung*

In einem dritten Schritt folgt die *Risikoanalyse und -bewertung.* Ihre Aufgabe besteht darin, das Risiko durch eine Wahrscheinlichkeitsverteilung abzubilden und in eine reelle Zahl, das Risikomaß, umzurechnen.[101] Durch diesen Schritt soll erkennbar werden, welche Risiken Handlungsbedarf auslösen und welche nicht.[102] Bewertet wird neben der Eintrittswahrscheinlichkeit auch die Höhe der möglichen Zielabweichung. Dazu gehört auch die Einschätzung, ob Einzelrisiken, die isoliert betrachtet von nachrangiger Bedeutung sind, kumuliert oder in Wechselwirkung mit anderen Risiken sich zu einem existenziellen Risiko entwickeln können.[103]

a) Die Wahrscheinlichkeit

Bevor auf statistische Methoden zur Risikoquantifizierung eingegangen wird, soll zunächst der Begriff der Wahrscheinlichkeit näher umrissen werden.

Die meisten Ereignisse können nicht vorhergesagt werden können. So weiß man beim Kauf eines Wertpapiers z.B. nicht, ob sich eine positive Rendite am Ende der Haltezeit ergeben oder wie hoch diese ausfallen wird. Ein Unternehmer, der ein neues Produkt entwickelt, kann nicht sicher sein, dass sich seine Entwicklungskosten amortisieren. Denn das hängt davon ab, ob sich genügend Nachfrager

---

97 *Emmerich*, ZfbF 1999, 1075, 1081.
98 *Gelhausen*, in: IdW, WP-Handbuch, S. 1607, Rn. 42.
99 *Fiege*, S. 130.
100 *Lück*, DB 1998, 1925, 1927.
101 *Gleißner*, S. 101.
102 *Emmerich*, ZfbF 1999, 1075, 1082.
103 *Gelhausen*, in: IdW, WP-Handbuch, S. 1607, Rn. 46; IdW PS 340, WPg 1999, 658, 659.

für dieses Produkt finden. Unsichere Ereignisse werden in der Statistik als *Zufallsvorgänge* bezeichnet.[104] Ein Zufallsvorgang ist ein beliebig oft wiederholbares Experiment, das zu unterschiedlichen Ergebnissen führen kann.[105] Die Ergebnisse werden gewöhnlich mit dem Symbol x_i bezeichnet und zur Ergebnismenge Ω (griechisch: Omega) zusammengefasst. Der Zählindex $i = 1, \ldots, k$ ermöglicht die einzelnen Ergebnisse voneinander zu unterscheiden. So führt etwa der Zufallsvorgang „Würfelwurf" zu der Ergebnismenge $\Omega = \{1,2,3,4,5,6\}$. Ein in der Ergebnismenge nicht enthaltenes Resultat ist nicht denkbar.[106] Die möglichen Ausgänge eines Zufallsvorgangs werden als Zufallsvariablen beschrieben.[107] Die Werte, die eine Zufallsvariable annehmen kann, heißen Realisationen oder Ausprägungen.

Der Begriff der Wahrscheinlichkeit bezeichnet die Möglichkeit, dass ein zufälliges Ereignis eintreten wird.[108] Ein Ereignis gilt als umso wahrscheinlicher, je sicherer man von dessen Eintreten überzeugt ist. Wahrscheinlichkeiten werden in der Regel durch Zahlen ausgedrückt. Ist das Eintreten eines Ereignisses sicher, hat es die Wahrscheinlichkeit 1. Tritt das Ereignis ganz sicher nicht ein, ist seine Wahrscheinlichkeit 0. Die Wahrscheinlichkeit eines zufälligen Ereignisses liegt damit immer im Bereich von 0 bis 1. Je höher die Wahrscheinlichkeit ist, desto sicherer wird das Ereignis eintreten. Je geringer sie ist, desto sicherer wird das Ereignis nicht eintreten.[109] Der Begriff der Wahrscheinlichkeit wird mithin in der Statistik auch als Kennwert für die „Eintretenssicherheit" von Ereignissen aufgefasst.[110]

b) Ermittlung von Wahrscheinlichkeiten

Wahrscheinlichkeiten können auf unterschiedlichen Wegen ermittelt werden: Zunächst kann es Situationen geben, in denen die Wahrscheinlichkeiten vor Ausführung des Ereignisses bekannt sind. Eine andere Möglichkeit kann darin bestehen, die Risiken einer Investition auf der Grundlage von Stichproben zu schätzen. Fehlt es an Daten, kann die Wahrscheinlichkeit auch subjektiv ermittelt werden.

---

104 So *Kruschwitz/Husmann*, S. 431.
105 *Leonhart*, S. 116.
106 So *Kruschwitz/Husmann*, S. 432.
107 *Leonhart*, S. 133.
108 *Pindyck/Rubinfeld*, S. 219.
109 *Nachtigall/Wirtz*, Teil 2, S. 22.
110 So *Nachtigall/Wirtz*, Teil 2, S. 22.

aa) Theoretische Herleitung
Die Eintrittswahrscheinlichkeit ist bekannt, wenn sie vor der Investition bestimmt werden kann. Wird beispielsweise eine Münze geworfen, sind nur zwei Resultate denkbar: Entweder „Kopf“ oder „Zahl“. Ist die Münze hinsichtlich beider Seiten symmetrisch, ist das Eintreten des Ereignisses „Kopf“ ebenso sicher bzw. unsicher wie das Eintreten des Ereignisses „Zahl“. Die Wahrscheinlichkeit beträgt mithin 0,5. Gleiches gilt für einen fairen Würfel bei dem die Eintrittswahrscheinlichkeit für jede Augenzahl 1/6 ist. Diese Wahrscheinlichkeitsverteilung wird auch als *Gleich-* oder *Laplace-Verteilung* bezeichnet.[111] Ihr Anwendungsbereich ist gleichwohl begrenzt. Sie erstreckt sich vor allem auf den Bereich der Glücksspiele (z.B. Roulette). Dort gelingt es häufig, Elementarereignisse zu definieren, die als gleichwahrscheinlich angesehen werden können. Bei der Bestimmung der Eintrittswahrscheinlichkeiten in ökonomischen Entscheidungssituationen wird es jedoch im Allgemeinen nicht möglich sein, auf a priori gleichwahrscheinliche Elementarereignisse zurückgreifen zu können.[112]

Beispiel: Ein Spieler möchte sich an einem Würfelspiel beteiligen. Er gewinnt 50 Euro, wenn eine ungerade Zahl fällt, 20 Euro, wenn die Zahl 2 herauskommt und verliert 60 Euro, wenn die Zahlen 4 oder 6 erscheinen. Da die Wahrscheinlichkeitsverteilung vor dem Spiel bekannt ist, kann der Spieler relativ einfach sein Verlustrisiko bestimmen. Es beträgt 1/3. Der einfache Wurf hat dennoch einen positiven Erwartungswert von $\mu = 8{,}33$ Euro.[113] Ein fairer Wetteinsatz bestünde daher, wenn der Spieler sich an dem Würfelspiel in Höhe des Erwartungswerts von 8,33 Euro beteiligen könnte.[114]

bb) Auswertung historischer Daten
Ist die Wahrscheinlichkeit – wie in den meisten Fällen – nicht bekannt, muss sie aufgrund von historischen Daten geschätzt werden. Aus Zeit- und Kostengründen wird zumeist nicht die Gesamtheit der zur Verfügung stehenden Daten betrachtet, sondern nur eine Teilmenge. Diese Teilmenge bezeichnet man als Stichprobe n.[115] Zu den Stichproben gelangt man, wenn man etwa von allen mit einem Würfel möglichen Würfen nur $n = 100$ Würfe durchführen oder die Entwicklung eines Aktienindex nur an $n = 250$ Handelstagen eines bestimmten Jahres beobachten

111 *Nachtigall/Wirtz*, Teil 2, S. 26.
112 *Laux*, S. 123.
113 Berechnung des Erwartungswerts: $\mu = 1/2 * 50 + 1/6 * 20 - 1/3 * 60 = 8{,}33$ Euro.
114 Vgl. *Welch*, S. 118.
115 In der Notation der Statistik wird zwischen Grundgesamtheit und Stichprobe durch Verwendung von griechischen bzw. lateinischen Buchstaben unterscheiden.

lässt.[116] Die Schätzung ist dabei umso genauer, je größer der Stichprobenumfang ist.[117] Bei kleinen Stichproben weichen die relative Häufigkeit und die Wahrscheinlichkeit oft stark voneinander ab, so dass die Prognose sehr unzuverlässig sein kann.[118] Zwar kann es theoretisch auch bei einer symmetrischen Münze passieren, dass bei 100 Würfen 99 mal das Ereignis „Zahl" fällt. Nur passiert das äußerst selten.[119] Anders ausgedrückt: Die Wahrscheinlichkeit dafür, dass sich die relative Häufigkeit und die Wahrscheinlichkeit deutlich unterscheiden, wird mit wachsendem Stichprobenumfang immer kleiner.[120]

(1) Lagemaße

Zur Beschreibung der Lage und Streuung von Daten greift die Statistik auf sog. „Lagemaße" zurück. Die wichtigsten sind der Modus, der Median und der Mittelwert.

Der *Modus* bzw. *Modalwert* bezeichnet die Merkmalsausprägung, die am häufigsten in der Stichprobe vorkommt.[121] In einer grafischen Darstellung kann man ihn am Maximum der Verteilung erkennen. Gibt es mehrere Modalwerte, wird die Verteilung als bimodal (= zwei Modalwerte) oder multimodal (= mehr als zwei Modalwerte) bezeichnet.[122] Da der Modalwert gegenüber Extremwerten stabil ist, empfiehlt sich seine Angabe insbesondere bei schiefen Verteilungen.

Der *Median* ist der Wert, der die geordnete Stichprobe in die oberen und unteren 50 Prozent aufteilt. Die Anzahl der Messwerte ist damit über und unter dem Median genau gleich. Besteht die Stichprobe aus einer geraden Anzahl, sind die beiden mittleren Ausprägungen zu addieren und durch zwei zu teilen. Der

---

116 *Kruschwitz/Husmann*, S. 435.

117 Vgl. *Welch*, S. 164: „To make any sensible inferences about what is going on in the financial markets, you need many years of history, not just one, two, or three – and certainly not the 6-week investment performance touted by some funds or friends. The flip side of this argument is that you cannot reliably say what the rate of return will be over your next year. It is easier to forecast the *average* annual rate of return over five to ten years than over one year".

118 *Nachtigall/Wirtz*, Teil 2, S. 27.

119 Das wird auch als das „Gesetz der großen Zahl" bezeichnet. Es geht zurück auf den Schweizer Mathematiker *Jakob Bernoulli* und besagt, dass je größer die Stichprobe ist, desto stärker nähert sich die Verteilung in der Stichprobe der wahren Verteilung in der Grundgesamtheit an.

120 *Nachtigall/Wirtz*, Teil 2, S. 28.

121 *Leonhart*, S. 43.

122 *Leonhart*, S. 44.

Median ist ebenso wie der Modalwert robust gegenüber Ausreißern und Extremwerten.[123]

Der *Mittelwert* oder das arithmetische Mittel einer Verteilung ist die Summe aller Messwerte geteilt durch den Stichprobenumfang. Da in die Berechnung des Mittelwerts alle Werte gleichwertig eingehen, also unabhängig von ihrer Häufigkeit, ist er gegenüber Extremwerten besonders empfindlich.[124] Das wird an einem einfachen Beispiel deutlich:

Ein Investor möchte für einen Betrag von 100.000 Euro eine bestimmte Aktie kaufen. Um den aktuellen Aktienkurs am 15. November 2012 in Höhe von 18,5 Euro richtig einordnen zu können, betrachtet er die Kurse in den zehn Monaten zuvor:

Tabelle 4: Aktienkurs der letzten zehn Monate in Euro

Jan.	Feb.	Mär.	Apr.	Mai	Jun.	Jul.	Aug.	Sept.	Okt.
17	18	19	19	19	20	20	21	5	22

Für neun Monate (ohne den Extremwert 5 Euro) ergibt sich ein durchschnittlicher Kurs von 19,5 Euro. Wird dagegen der Mittelwert für die gesamte Stichprobe (inklusive Extremwert) gebildet, beträgt der Mittelwert 17,9 Euro. Durch die Berücksichtigung des Ausreißers reduziert sich das arithmetische Mittel damit um 1,60 Euro. Betrachtet der Investor die gesamten zehn Monate, könnte er zu der Annahme verleitet werden, dass die Stichprobe aus niedrigeren Kursen besteht und sich die Verteilung um diese niedrigeren Kurswerte konzentriert. Der aktuelle Kurs von 18,5 Euro könnte den Investor deshalb davon abhalten die Aktie zu erwerben. Er könnte glauben, dass es sich dabei um ein besonders hohes und deshalb nicht attraktives Kursniveau handelt. Betrachtet man den Median bzw. den Modalwert der Verteilung erkennt man, das dem nicht so ist. Modus und Median betragen jeweils 19 Euro. Sie sind daher besser geeignet die Lage der Verteilung zu beschreiben.

(2) Typische Verteilungen

Im Rahmen der Risikoanalyse und -bewertung sind bestimmte Häufigkeitsverteilungen besonders wichtig. Sie werden nachfolgend beschrieben.

123 *Schäfer*, Statistik I, S. 67.

124 *Schäfer*, Statistik I, S. 71.

(a) Normalverteilung

Häufig sind die Daten symmetrisch und unimodal verteilt. Die bekannteste Verteilungsform stellt dabei die Normalverteilung dar.

Nach dem zentralen Grenzwertsatz ist eine Variable normalverteilt, wenn sich eine Vielzahl unabhängiger Effekte summiert.[125] Die Normalverteilung ist eine stetige Verteilung, deren Dichte die Form einer Glocke hat. Sie geht zurück auf den deutschen Mathematiker *Carl Friedrich Gauß* und wird deshalb auch als Gauß'sche Glockenkurve bezeichnet. Inhaltlich besagt die Normalverteilung, dass Ereignisse im mittleren Bereich eine große Wahrscheinlichkeit haben und Ereignisse in den Randbereichen eher selten auftreten.[126] Mit anderen Worten nehmen die Chancen für eine Abweichung immer schneller (exponentiell) ab, je weiter man sich vom Durchschnitt entfernt. Die Lage und Breite der Glockenkurve wird durch ihren Erwartungswert μ und ihre Standardabweichung σ bestimmt.

Abbildung 2:[127] *Normalverteilung*

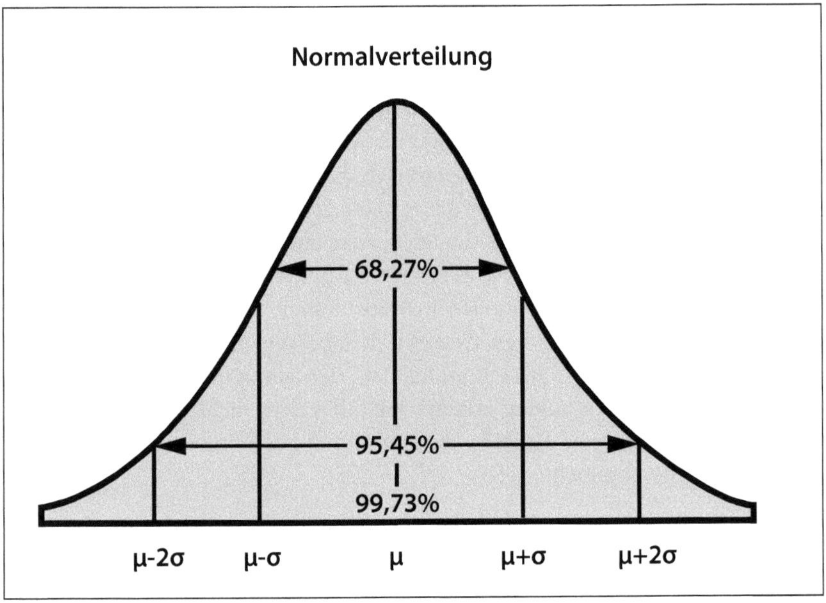

125 *Nachtigall/Wirtz*, Teil 2, S. 47.

126 *Nachtigall/Wirtz*, Teil 2, S. 48.

127 *Gabler Verlag* (Herausgeber), Gabler Wirtschaftslexikon, Stichwort: Normalverteilung, online im Internet: http://wirtschaftslexikon.gabler.de/Archiv/2071/normalverteilung-v7.html

Durch die Definition der Funktionsgleichung ist es möglich, das Integral, die Fläche unter der Kurve, zu berechnen. Mit dieser Fläche können dann Intervalle bestimmt werden, in denen gewisse Prozentanteile der Stichprobe mit hoher Wahrscheinlichkeit enthalten sind. Wenn ein Merkmal mit einem Erwartungswert μ und einer Standardabweichung σ normalverteilt ist, gilt: Im Intervall von μ-σ bis μ+σ liegen 68,27 Prozent der Werte. An diesen beiden Stellen des Grafen befinden sich die Wendetangenten. Im Intervall von μ-2σ bis μ+2σ liegen 95,45 Prozent der Werte. Es kann also für ein Vielfaches der Standardabweichung die Größe des Integrals bestimmt werden, so dass prozentuale Anteile von verschiedenen Intervallen bestimmt werden können.[128]

(b) Fat-Tails

Obwohl die Glockenkurve ein nützliches Wahrscheinlichkeitsmodell darstellt, hat sich im Zuge der Finanzmarktkrise von 2008 gezeigt, dass extreme Vermögensverluste wesentlich häufiger auftreten, als es die Normalverteilung unterstellt. Die Normalverteilung geht davon aus, dass bei einem Anstieg der Verlusthöhe die Eintrittswahrscheinlichkeit exponentiell absinkt. Empirische Studien belegen jedoch, dass die Verteilung stärker leptokurtisch ist, also die Wölbung im Zentrum stärker ausgeprägt ist und die Randbereiche dicker ausfallen (sog. „Fat Tails"). Die Wahrscheinlichkeit hoher Verluste klingt damit – entgegen der Normalverteilungshypothese – nur sehr langsam ab. Risikomaße, die normalverteilte Daten unterstellen, liefern folglich zu kleine Kennziffern.[129]

(c) Der Boxplot

Will man die Verteilung dahingehend überprüfen, ob sie negative Ausreißer aufweist, bietet sich der Einsatz von sog. „Boxplots" an. Der Boxplot ist ein Diagramm, das robuste Lage- und Streuungsmaße umfasst und einen Eindruck vermittelt, in welchem Bereich die Daten liegen.[130]

Ein Boxplot besteht aus einem Rechteck, der sog. „Box", und zwei Linien, die das Rechteck verlängern. Diese Linien werden als „Antennen" oder „Whiskers" bezeichnet und durch einen Querstrich begrenzt. Die Box definiert den Bereich, in dem die mittleren 50 Prozent der Daten liegen. Das untere Ende der Box markiert das untere Quartil, das obere Ende das obere Quartil (Quartilsabstand der Daten). Aus der Größe der Box erfährt man, wie stark die Werte streuen. Da die oberen und unteren 25 Prozent unberücksichtigt bleiben, wird die Streuung

---

128 *Leonhart*, S. 67.

129 *Rau-Bredow*, Finanz Betrieb 2002, 603, 605.

130 Vgl. *Schlittgen*, S. 33.

nicht von extremen Werten oder Ausreißern beeinflusst. Der Median wird durch einen Strich in der Boxmitte dargestellt. Er liefert einen Eindruck von der Form der Verteilung. Je mehr der Strich zur Mitte tendiert, umso symmetrischer ist die Verteilung. Ist der Median dagegen verschoben, deutet dies auf eine schiefe Verteilung hin.[131] Häufig ist das Augenmerk jedoch nicht auf den mittleren Datenkörper gerichtet, sondern auf die extremen Werte im oberen und unteren Bereich. Sie werden durch die Whisker dargestellt. Die Länge der Whisker wird in der Regel auf das 1,5-Fache des Quartilsabstands begrenzt und nach oben und unten an die Box angetragen.[132] Das Ende der Whisker bestimmt sich dabei durch den Wert, der noch innerhalb dieser Grenze liegt. Dies erklärt, warum die Whisker nicht auf beiden Seiten gleich lang sein müssen. Werte, die außerhalb der Whisker liegen, werden als „Ausreißer" bezeichnet und üblicherweise durch einen Stern markiert.[133] Das Entdecken dieser Extremwerte ist wichtig, weil dadurch die Berechnung von Mittelwerten und Streuungen stark verzerrt werden können. Das soll anhand eines Beispiels verdeutlicht werden:

Der Vorstand einer Aktiengesellschaft beabsichtigt ein Aktienpaket für 1 Million Euro zu erwerben. Nach einer geplanten Haltezeit von einem Jahr soll das Paket gewinnbringend am Kapitalmarkt veräußert werden. Als Objekte kommen eine Versicherung (Aktie A) und ein Biotechnologie-Unternehmen (Aktie B) in Betracht. Der Kurs der Aktien beträgt gegenwärtig 10 Euro. Zur Bewertung der Vorteilhaftigkeit der Projekte, betrachtet der Vorstand die Kurse der beiden Aktien in den vergangen 10 Jahren. Die Werte sind der Größe nach geordnet in Tabelle 2 eingetragen. Die grafische Darstellung der Datenverteilung erfolgt über einen Boxplot in Abbildung 3.

Tabelle 5: Kurs der letzten zehn Jahre in Euro

	01	02	03	04	05	06	07	08	09	10
Aktie A	12	12	14	15	15	16	18	19	20	21
Aktie B	5	17	18	19	19	20	20	21	22	22

131 *Schäfer*, Statistik I, S. 101.

132 Im Grundmodell des Boxplots kennzeichnen die Whisker nochmals jeweils 25 Prozent der Daten. Ausreißer werden damit nicht sichtbar, weil die Box inklusive der Whisker die gesamte Spannweite der Daten abdeckt. Vgl. die Abbildung 2.17 bei *Schlittgen*, S. 33.

133 *Schäfer*, Statistik I, S. 103.

Abbildung 3: Boxplot

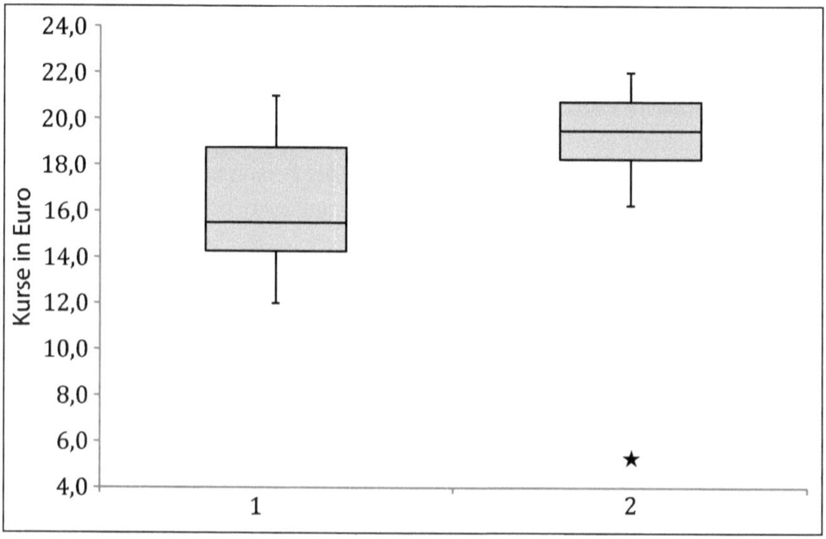

Beim Vergleich der Plots, fällt auf, dass die linke Box (Aktie A) länger ist als die rechte Box (Aktie B). Die Verteilung der Daten weist bei Aktie A damit eine höhere Streuung auf als bei Aktie A. Weiterhin erkennt man, dass der Median (15,5) bei Aktie A nach unten verschoben ist. Das bedeutet, dass die Daten links vom Median enger an diesen „herandrücken", als die Daten rechts davon.[134] Es handelt sich damit um eine „rechtsschiefe" bzw. „linkssteile" Verteilung. Bei Aktie B konzentrieren sich die Werte dagegen relativ gleichmäßig um den Median (19,5). Zudem sieht man hier, dass ein Wert (5,0) außerhalb des unteren Whiskers liegt und damit einen Ausreißer darstellt. Berechnet man den Mittelwert und die Standardabweichung, wird deutlich welchen Einfluss der Ausreißer hat. Für Aktie A ergibt sich ein Mittelwert von 16,2 Euro und eine Standardabweichung von 3,0 Euro. Aktie B weist demgegenüber einen Mittelwert von 18,3 Euro und eine Standardabweichung von 4,7 Euro auf. Wie man sieht, liefert die Standardabweichung bei Aktie B einen viel zu großen Wert, weil sie den Ausreißer berücksichtigt. Das hat zur Folge, dass die Streuung vermeintlich größer ist als die Streuung bei Aktie A. Laut Boxplot müsste dies jedoch genau umgekehrt sein. Zudem erkennt man, dass der Mittelwert von Aktie B leicht unterhalb des Medians liegt. Das liegt daran, weil der Ausreißer in die Berechnung des Mittelwerts einbezogen

134 Vgl. *Schäfer*, Statistik I, S. 101.

wird. Wie das Beispiel zeigt, sind Boxplots eine gute Möglichkeit um die Rohdaten unverzerrt darzustellen und Ausreißer zu identifizieren.

cc) Subjektive Bestimmung

Sofern empirische Daten fehlen, muss die Wahrscheinlichkeit eines Ereignisses subjektiv geschätzt werden. Dabei handelt es sich um eine persönliche Einschätzung, die auf dem Urteil oder der Erfahrung einer Person beruht. Sie muss nicht zwingend mit der Einschätzung anderer Personen übereinstimmen.[135]

c) Statistische Risikomaße

Das Ausmaß des Risikos lässt sich über statistische Risikomaße abbilden. Sie rechnen die Wahrscheinlichkeitsverteilung einer Zufallsvariable in eine positive reelle Zahl um[136] und erfüllen damit folgende Funktionen:[137]

- Risikomaße machen Risiken vergleichbar.
- Sie geben Aufschluss über die Risikotragfähigkeit des Unternehmens.
- Durch Risikomaße können Nebenbedingungen für Investitionsentscheidungen formuliert werden, die den Kapitalwert als eigentliche Zielgröße ergänzen.
- Risikomaße gestatten die Lokalisierung von Risiken unter Berücksichtigung aggregierter Wechselwirkungen zwischen Einzelrisiken.
- Durch den Einsatz von Risikomaßen kann der Projekterfolg mit Hilfe risikoadjustierter Kennzahlen beurteilt werden.

Unterschieden werden *einseitige* und *zweiseitige* Risikomaße. Während einseitige Risikomaße lediglich das Ausfallrisiko (*down side risk*) betrachten, berücksichtigen zweiseitige Risikomaße sowohl Chancen als auch Gefahren.[138] Das wird an dem nachfolgenden Fallbeispiel aufgezeigt:

Der Vorstand der „Energy AG“ beschließt auf einer Sitzung am 20. Januar 2012 den Einstieg in den Erdgasmarkt. Mit einem Betrag in Höhe von 10 Mio. Euro will man sich an einem Unternehmen beteiligen, das Erdgas fördert. Man erwartet, dass die Nachfrage nach Erdgas in den nächsten Jahren zunehmen wird, weil Kraftfahrtzeuge schon jetzt vermehrt mit Erdgas anstatt mit Benzin oder Diesel betankt werden. An Tankstellen ist Erdgas als H-Gas und/oder L-Gas erhältlich. Der Energiegehalt von 1 kg Erdgas entspricht etwa 1,5 Liter Benzin bzw. 1,33 Liter Diesel. Im Dezember 2011 waren in Deutschland über 75.000 mit

---

135 *Pindyck/Rubinfeld*, S. 219.
136 *Gleißner*, S. 110.
137 Gleißner, S. 110; *Laas*, S. 42.
138 *Gleißner*, S. 111.

Erdgas betriebene Fahrzeuge zugelassen. Der Zuwachs gegenüber dem Vorjahr betrug laut Kraftfahrtbundesamt 250 Prozent. Der Vorteil von Erdgas liegt in der sauberen Verbrennung und der deshalb gewährten Steuervergünstigung. Die Automobilindustrie bietet serienmäßige Erdgas-Modelle bereits seit 1995 an. Das Erdgas wird überwiegend über Rohrleitungen nach Westeuropa transportiert. Als Beteiligungsobjekte bieten sich ein Erdgasprojekt in Norwegen (Projekt A) und ein Vorhaben in Sibirien (Projekt B) an. Um die Entscheidung vorzubereiten, betrachtet der Vorstand die Rendite der Projekte, die sich in den letzten zwölf Jahren durchschnittlich ergab:

Tabelle 6: Renditen der letzten zwölf Jahre in Prozent

	2000	2001	2002	2003	2004	2005	2006	2007	2008	2009	2010	2011
Projekt A	4	5	7	7	9	10	10	12	12	13	15	16
Projekt B	-42	-30	-26	-25	-9	9	11	30	34	51	55	62

Für beide Projekte ergibt sich eine mittlere Rendite von 10 Prozent.[139] Würde der Vorstand lediglich den Mittelwert betrachten, wäre es unerheblich für welches Projekt er sich entscheidet. Offensichtlich schwankt jedoch die Rendite von Projekt B wesentlich stärker, was neben höheren Gewinnen auch erheblichere Verluste bedeuten kann. Neben dem Mittelwert muss daher die Streuung der Renditen in die Entscheidungsfindung einbezogen werden.

aa) Messung der Streuung

(1) Spannweite

Die Streuung von Daten kann relativ einfach mit der sog. „Spannweite" bestimmt werden. Sie errechnet sich aus der Differenz zwischen dem größten und dem kleinsten Wert in der Datenmenge:[140]

$$sp = x_{(max)} - x_{(min)}$$

Der größte Wert, der in den letzten 12 Jahren mit Projekt A erzielt werden konnte, war eine Jahresrendite von 16 Prozent. Der geringste Wert war eine Rendite von 4 Prozent per annum. Für Projekt A ergibt sich damit eine Spannweite bei der jährlichen Rendite von 12 Prozent. Bei Projekt B war der größte Wert eine jährliche Rendite in Höhe von 62 Prozent. Die geringste Jahresrendite betrug

139 Projekt A = 120/12 = 10 Prozent; Projekt B = 120/12 = 10 Prozent.

140 *Schäfer*, Statistik I, S. 76.

-42 Prozent. Die Spannweite bei der Jahresrendite für Projekt B betrug somit in der Vergangenheit 104 Prozent.

Trotz der einfachen Handhabbarkeit, eignet sich die Spannweite nur bedingt zur Messung der Datenstreuung. Da nur zwei Werte betrachtet werden, trifft die Spannweite keine Aussage über die Verteilung der restlichen Werte in der Datenmenge. Die Spannweite ist zudem besonders anfällig gegenüber Ausreißern.[141]

(2) Quartilsabstand

Beim sog. „Quartilsabstand" (QA) werden alle Werte der Größe nach aufgeschrieben und in vier gleich große Abschnitte, die Quartile, geteilt. Während das mittlere Quartil (Q_2) mit dem Median übereinstimmt, repräsentiert das untere Quartil (Q_1) einem Prozentrang von 25 und das obere Quartil (Q_3) einem Prozentrang von 75.[142] Die Differenz zwischen dem oberen und dem unteren Quartil ist der Quartilsabstand.[143]

$$QA = Q_3 - Q_1$$

In dem Fall beträgt das obere Quartil für Projekt A 12,3 Prozent. Das untere Quartil ist eine jährliche Rendite in Höhe von 7 Prozent. Der Quartilsabstand für Projekt A beträgt damit 5,5 Prozent. Bei Projekt B ist das obere Quartil eine Jahresrendite von -25,3 Prozent. Das untere Quartil beträgt 38,3 Prozent. Der Quartilsabstand ist somit 63,5 Prozent.

Im Gegensatz zur Spannweite bezieht sich der Quartilsabstand nicht nur auf die Randbereiche der Datenmenge. Die fehlende Berücksichtigung von Werten außerhalb der Quartile Q_1 und Q_3 hat allerdings zur Folge, dass Informationen in der Kennzahl nicht berücksichtigt werden. Will man auch diese Werte erfassen und Extremwerte erkennen, bietet sich eine grafische Darstellung über den Boxplot an.[144]

(3) Varianz bzw. Standardabweichung

Während bei der Spannweite und beim Quartilsabstand nur einzelne Werte berücksichtigt werden, betrachtet die sog. „Varianz" bzw. „Standardabweichung" die

141 *Leonhart*, S. 52.

142 Der Prozentrang innerhalb einer Stichprobe beschreibt, wie viel Prozent aller Daten einen kleineren oder genau gleich großen Wert im untersuchten Merkmal haben.

143 *Leonhart*, S. 53.

144 Siehe oben Abbildung 3.

Streuung der gesamten Verteilung. Beide Maße beziehen sich auf den Mittelwert und fragen danach, wie weit die Werte im Durchschnitt davon abweichen.[145]

Die Varianz (s^2) ist definiert als durchschnittliche quadrierte Abweichung der Einzelwerte x_i vom arithmetischen Mittel.[146] Bei der Berechnung der Varianz wird von jedem Wert der Mittelwert aller Daten abgezogen. Anschließend werden die Abstände quadriert, aufsummiert und durch die Stichprobengröße *n* bzw. den Freiheitsgrad *n-1* geteilt.[147]

Das Quadrat verwendet man, weil sich sonst positive und negative Differenzen gegenseitig aufheben würden. Ein weiterer Grund besteht darin, dass kleinere Abweichungen häufig zufällig entstehen und somit größere Abweichungen statistisch bedeutsamer sind, weil sie für eine größere Variabilität in der Stichprobe sprechen. Das Quadrieren bewirkt, dass größere Differenzen bei der Kennwertermittlung stärker ins Gewicht fallen.[148] Varianzen können als quadratische Maßzahlen jedoch weder leicht noch anschaulich interpretiert werden.[149] Aus diesem Grund wird oft die Wurzel aus der Varianz gezogen und so die Standardabweichung (*s*) berechnet:[150]

$$s = \sqrt{s^2}$$

Im Beispiel ergibt sich für Projekt A eine Standardabweichung von 3,8 Prozent bzw. für Projekt B eine Standardabweichung von 36,4 Prozent. Trotz des identischen Mittelwerts sieht man, dass die Projektrenditen in der Vergangenheit un-

145 *Schäfer*, Statistik I, S. 78.

146 *Nachtigall/Wirtz*, Teil 2, S. 84.

147 Durch die Berechnung der Stichprobenvarianz wird zumeist die Populationsvarianz geschätzt. Da es sich dabei nicht um eine erwartungstreue Schätzung handelt, besteht die Gefahr einer Relativierung der Populationsvarianz. Um dem entgegenzuwirken, wird nicht durch die Stichprobe N, sondern durch den Freiheitsgrad N-1 geteilt. Dies führt zu einer konservativen Bestimmung des Werts. Mit zunehmender Stichprobengröße wird der Einfluss dieser Korrektur jedoch gering. Vgl. *Leonhart*, S. 56 bzw. *Brealey/Myers/Allen*, Fn. 16, S. 181: „When variance is estimated from a sample of observed returns, we add the squared deviations and divide by N-1, where N is the number of observations. We divide by N-1 rather than N to correct for what is called the *loss of a degree of freedom*."

148 *Leonhart*, S. 55.

149 *Leonhart*, S. 60.

150 *Brealey/Myers/Allen*, S. 183: „Which of the two we use is solely a matter of convenience. Since standard deviation is in the same units as the rate of return, it is generally more convenient to use standard deviation."

terschiedlich stark gestreut haben. Ein Unternehmen, das ein sicheres Investment bevorzugt, wird sich für Projekt A und gegen Projekt B entscheiden.

bb) Messung des Ausfallrisikos

Zur Messung des möglichen Wertverlusts einer Vermögensposition wird nicht die Streuung der Verteilung, sondern allein das Ausfallrisiko betrachtet.

(1) Value at Risk

Ein gängiges Risikomaß ist der VaR. Er berechnet den maximalen Wertverlust einer Einzelposition oder eines Portfolios, der innerhalb eines festgelegten Zeitraums mit einer bestimmten Wahrscheinlichkeit (*Konfidenzniveau*) eintreten kann.[151] Der VaR wird sowohl von der Bankenaufsicht als auch von den Finanzinstituten zur Bestimmung der Risikotragfähigkeit verwendet. Er kann sowohl auf Basis von Periodenwerten als auch auf Grundlage von Barwerten bestimmt werden. Bei der sog. „barwertorientierten Betrachtung" gibt der VaR bezogen auf die Gesamtbank den maximal zu erwarteten marktwertorientierten Eigenkapitalverlust eines Kreditinstituts an, den es mit einer bestimmten Wahrscheinlichkeit erleiden wird. Bei der sog. „periodenerfolgsorientierten Berechnung" werden die Schwankungen der Erträge und Aufwendungen gemessen. Die Verlustgefahr besteht in einer unerwarteten Verminderung der Erträge bzw. in einer ungeplanten Erhöhung der Aufwendungen.[152] Beträgt der VaR eines Kreditportfolios z.B. 80 Millionen Euro bei einer Haltedauer von einem Jahr und einem Konfidenzniveau von 99,9 Prozent, dann besagt dies, dass der potentielle Verlust mit einer Wahrscheinlichkeit von 99,9 Prozent den Betrag von 80 Millionen Euro nicht übersteigen wird. Gleichzeitig bedeutet der Wert, dass das Unternehmen mit einer Wahrscheinlichkeit von 99,9 Prozent im Verlauf eines Jahres nicht insolvent wird, wenn es mindestens 80 Millionen Euro an Eigenkapital vorhält.[153]

VaR-Modell bauen auf historischen Daten auf.[154] Sie sind auf die Vergangenheit kalibriert und unterstellen für die Zukunft vergleichbare Bedingungen. Da künftige Entwicklungen des Markts unberücksichtigt bleiben, können die Modelle trotz ihrer mathematischen Komplexität die Realität jedoch nie genau erfassen. Die

---

151 *Schierenbeck/Lister/Kirmße*, S. 377 f.; *Hannemann/Schneider*, S. 149.

152 *Schierenbeck/Lister/Kirmße*, S. 378.

153 Vgl. *Hull*, S. 193; *Baums*, ZGR 2011, 218, 231.

154 Vgl. *Schierenbeck/Lister/Kirmße*, S. 379; Bei den VaR-Ansätzen werden sog. „Varianz/Kovarianz-Ansätze", „historische Simulationen" und „Monte-Carlo-Simulationen" unterschieden. Die Ansätze sind sehr komplex, weil sie an das Vorhandensein umfangreicher Datensätze geknüpft sind, *Hannemann/Schneider*, S. 149.

Risiken werden häufig unterschätzt, weil die Wahrscheinlichkeit von Ereignissen an den Rändern der Verteilung höher ist, als es die Normalverteilungshypothese unterstellt.[155] So konnte z.B. nachgewiesen werden, dass nach dem Gauß'schen Modell, ein Börsencrash nur einmal in 1087 Jahren eintreten sollte. Empirische Studien zeigten indes, dass derartige Crashs etwa alle 38 Jahre vorkommen.[156] Schätzverfahren, die eine Normalverteilung der Ereignisse unterstellen, liefern deshalb häufig zu kleine Kennziffern.[157] Hinzu kommt, dass die Annahmen bei der Berechnung des VaR nicht standhalten, wenn sog. „Stressereignisse" auftreten. Die wichtigsten Parameter (Erwartungswert, Varianz und Kovarianz) können im Zeitablauf dann nicht mehr als konstant angesehen werden. Das liegt daran, weil sich in Stresssituationen die Volatilitäten erhöhen und ein ausgeprägtes Herdenverhalten sowie damit verbundene Korrelationsbeziehungen zu beobachten sind. Zugleich wird das Auftreten extremer Beobachtungswerte wahrscheinlicher.[158]

(2) Stresstests

Aus diesem Grund wird das Risikomanagement von Banken durch sog. „Stresstests" ergänzt. Unter Stresstests werden Methoden gefasst, die die Auswirkungen eines Ereignisses bzw. die Veränderungen der ökonomischen Rahmenbedingungen auf die finanzielle Situation eines Unternehmens untersuchen.

Man unterscheidet univariate und multivariate Stresstests. Während univariate Tests oder Sensitivitätsanalysen den isolierten Einfluss der Veränderung eines Risikofaktors auf den Wert des Portfolios untersuchen, berücksichtigen multivariate Tests oder Szenarioanalysen die simultane Veränderung mehrerer Risikofaktoren und deren Korrelationsbeziehungen.[159] Univariate Stresstests können mit Hilfe portfolioindividueller oder standardisierter Verfahren durchgeführt werden. Bei portfolioindividuellen Sensitivitätsanalysen werden Risikofaktoren willkürlich ausgewählt und extremen Veränderungen unterworfen. Im Unterschied dazu wird bei standardisierten Verfahren die Veränderung normierter Risikofaktoren betrachtet, z.B. die Erhöhung oder Reduzierung der Zinsstrukturkurve um 25 Basispunkte. Obwohl Sensitivitätsanalysen einfach anzuwenden sind, ist ihre Aussa-

155 *Hannemann/Schneider*, S. 150; *Rau-Bredow*, Finanz Betrieb 2002, 603, 604.

156 Vgl. *Rachev/Mittnik*, RM 11/2006, 20.

157 *Bühn/Klauck*, B.Bl. 2007, 355 weisen auf eine Korrekturmöglichkeit hin. „Die Verletzung der Normalverteilungsannahme kann durch die Zugrundelegung von Verteilungen mit einer höheren Wahrscheinlichkeitsmasse an den Rändern kompensiert werden."

158 *Bühn/Klauck*, B.Bl. 2007, 355; *Hannemann/Schneider*, S. 150.

159 *Kaminsky/Kuzmenkova/Kuklok*, Die Bank 2007, 49.

gekraft begrenzt, weil sich in Stresssituationen nur selten ein Risikofaktor isoliert verändert. Durch die Nichtberücksichtigung einer möglichen Korrelation besteht die Gefahr, dass Risiken unterschätzt werden.[160] Das lässt sich vermeiden, wenn man Szenarioanalysen durchführt. Herausfordernd ist hier jedoch die Modellierung realitätsnaher Ereignisse.[161] Mit historischen Szenarien wird im Rahmen des Stresstests das Verhalten des Portfolios beim Eintritt vergangener Ereignisse nachvollzogen. Damit wird versucht zu klären, wie sich das Portfolio entwickeln würde, wenn dieser Fall erneut einträte.[162] Beispiele dafür sind etwa die Asienkrise 1997, der Zusammenbruch des Hedgefonds Long-Term-Capital-Managements (LTCM) 1998, die Terroranschläge vom 11. September 2001 oder die Finanzkrise 2007. Solche Szenarien können erhebliche Auswirkungen haben: Finanzmärkte können austrocknen, bisherige Korrelationsbeziehungen können ihre Gültigkeit und Hedging-Techniken ihre Wirkung verlieren. Im Gegensatz dazu lehnen sich hypothetische Szenarien nicht an bestimmte Ereignisse in der Vergangenheit an. Sie werden immer dann angewandt, wenn historische Ereignisse für das Portfolio eine untergeordnete Bedeutung haben. Denkbare Szenarien sind hier starke Zinsänderungen oder Schocks von Kapitalmärkten.[163] Hybridszenarien bilden eine dritte Szenariogruppe. Hier werden Entwicklungen, die Risikofaktoren während historischer Ereignisse gezeigt haben mit weiteren Risikoszenarien kombiniert, um neue Szenarien zu gestalten.[164]

4. Risikokommunikation

Eine weitere Stufe des Risikomanagements bildet die *Risikokommunikation.* Sie dient der zeitnahen Weitergabe aller wesentlichen Risiken an die Entscheidungsträger.[165] Dabei sind die Berichtswege so zu gestalteten, dass noch rechtzeitig Risikosteuerungsmaßnahmen eingeleitet werden können, um die Existenz des Unternehmens zu sichern. Erforderlich sind sowohl eine regelmäßige Risikoberichterstattung als auch Ad-hoc-Meldungen im Fall plötzlich auftretender wesentlicher Risiken.[166] Hierbei sollten für jede Unternehmensebene Schwellenwerte (quantitative Wertgrößen) oder andere Kriterien definiert werden, bei deren Vor-

---

160 *Bühn/Klauck*, B.Bl. 2007, 353.
161 *Bühn/Klauck*, B.Bl. 2007, 354.
162 *Pollmann/Schöning*, ZfgK 2010, 742, 743.
163 *Kaminsky/Kuzmenkova/Kuklok*, Die Bank 2007, 49, 50.
164 *Bühn/Klauck*, B.Bl. 2007, 355.
165 *Eggemann/Konradt*, BB 2000, 503, 505.
166 IdW PS 340, WPg 1999, 658, 659.

liegen eine Berichtspflicht an die nächsthöhere Hierarchieebene oder Zentralstelle (z.B. Risikocontrolling) ausgelöst wird.[167] Die Schwellenwerte der Meldepflicht sind stufenweise zu erhöhen, so dass die Geschäftsleitung im Idealfall nur über alle wesentlichen Risiken informiert wird.[168]

5. *Risikosteuerung*

Die letzte Stufe des Risikomanagements bildet die *Risikosteuerung*. Hier wird entschieden, ob die Risiken akzeptiert oder bewältigt werden. Maßgeblich sind sowohl die Wahrscheinlichkeit als auch das Schadenspotential des Risikos.[169] Im betriebswirtschaftlichen Schrifttum werden vier Maßnahmen der Risikosteuerung unterschieden: Risikoverzicht, Risikominderung, Risikoüberwälzung und Risikokompensation.[170]

Risikoverzicht bedeutet, dass eine risikobehaftete Aktivität nicht durchgeführt wird.[171] Dass dies nur im Ausnahmefall ein probates Mittel der Risikosteuerung darstellen kann, versteht sich von selbst. Wenn ein Unternehmen z.B. ein Produkt nicht entwickelt, dann vermeidet es zwar Absatz- und Haftungsrisiken. Zugleich nimmt es sich jedoch auch die Chance neue Marktanteile zu erobern und seinen Unternehmenswert zu steigern. Das Entgehen dieser Chance kann die Existenz des Unternehmens sehr viel eher gefährden, als die Vornahme einer bestimmten wirtschaftlichen Betätigung.

Durch die Maßnahme der *Risikominderung* soll die Wahrscheinlichkeit und/oder die Höhe des Vermögensverlusts verringert werden. Das kann z.B. durch Richtlinien geschehen, mit denen unternehmensintern festgelegt wird, welche Risiken in Kauf genommen werden dürfen, wie Risiken zu behandeln sind und bis zu welcher Schadenshöhe Risiken eingegangen werden dürfen.[172] Das Risiko kann auch in mehrere Einzelrisiken zerlegt werden (*Risikozerlegung*).[173] Bei einer lokalen Zerlegung wird das Risiko z.B. auf mehrere Standorte verteilt, z.B. durch die Verteilung des Absatzes auf unterschiedliche Märkte. Bei der temporalen Zerlegung werden die Aktivitäten des Unternehmens zeitlich verlagert. Personelle Zerlegung meint, dass man sich nicht von einigen wenigen Lieferanten oder Kunden abhängig macht. Eine

167 *Gelhausen*, in: IdW, WP-Handbuch, S. 1612, Rn. 60.
168 *Emmerich*, ZfbF 1999, 1075, 1084.
169 *Weber/Weißenberger/Liekweg*, DStR 1999, 1710, 1715.
170 *Lück*, DB 1998, 1925, 1927.
171 Vgl. *Füser/Gleißner/Meier*, DB 1999, 753, 757.
172 *Lück*, DB 1998, 1925, 1927.
173 *Fiege*, S. 189.

Diversifikation kann erzielt werden, indem das bestehende Produktprogramm durch Ausweitung oder Ergänzung stabilisiert wird.[174] Bei der *Risikoteilung* wird ein bestehendes Risiko auf mehrere Unternehmen aufgeteilt. Man findet diese Form der Risikohandhabung vor allem bei großen und risikoreichen Geschäften, aber auch bei Konsortialgeschäften, Projektfinanzierungen und Joint Ventures.[175]

Risikoüberwälzung bedeutet, dass die Risiken auf einen anderen Akteur übertragen werden. Die bekannteste Form ist die Versicherung (*insurance risk transfer*).[176] Hier wird das Risiko gegen Zahlung einer Prämie vom Versicherungsnehmer auf den Versicherer übertragen,[177] was allerdings die Versicherbarkeit des Risikos voraussetzt. Während Haftpflichtschäden oder Feuerschäden grundsätzlich versichert werden können, sind viele andere Risiken wie z.B. Absatz- oder Kapitalmarktrisiken nicht versicherbar. Diese Risiken können nur durch andere Verträge übertragen werden (*non insurance risk transfer*).[178] So kann z.B. der Vermieter einer Produktionsanlage sein Investitionsrisiko durch einen langfristigen Mietvertrag ganz oder teilweise auf den Mieter abwälzen. Ähnliches ist beim Factoring möglich. Der Vertrag kann so gestaltet sein, dass beim Verkauf der Forderung die Ausfallgefahr ganz auf den Käufer übergeht. Ein weiteres Beispiel ist ein langfristiger Liefervertrag mit fest vereinbarten Mengen und Preisen, mit dem der Lieferant sein Absatzrisiko auf den Abnehmer abwälzt.[179]

Schließlich bleibt die *Risikokompensation*. Das Risiko wird kompensiert, wenn es z.B. durch ein gegenläufiges Geschäft abgesichert wird (etwa ein Derivate- oder Termingeschäft). Eine Kompensation kann aber auch dadurch bewirkt werden, wenn dem Risiko eine entsprechende Marktchance gegenübersteht,[180] oder die Wahrscheinlichkeit bzw. das Schadenspotential des Risikos gering ist.[181]

III. Zusammenfassung

Risikomanagement bezeichnet nach der zutreffenden Einordnung des IdW die „Gesamtheit aller organisatorischen Regelungen und Maßnahmen zur Risikoerkennung und zum Umgang mit den Risiken unternehmerischer Betätigung".[182]

---

174 *Fiege*, S. 190.
175 *Franke/Hax*, S. 635.
176 *Eggemann/Konradt*, BB 2000, 503, 506.
177 *Franke/Hax*, S. 634.
178 *Lück*, DB 1998, 1925, 1928.
179 *Franke/Hax*, S. 635.
180 *Lück*, DB 1998, 1925, 1928; *Doleczik/Drewes*, DB 2003, 1005, 1008.
181 *Weber/Weißenberger/Liekweg*, DStR 1999, 1710, 1715.
182 IdW PS 340, WPg 1999, 658 Tz. 4.

Hauptanliegen ist es die Risikotragfähigkeit und damit die Existenz eines Unternehmens zu sichern. Ob sich eine Investition lohnt, beurteilt sich dagegen nach dem Ergebnis der Investitionsrechnung. Üblicherweise wird dabei auf die Methode des Kapitalwerts abgestellt. Ist der Kapitalwert eines Projekts positiv, dann sollte es durchgeführt werden, weil eine höhere Verzinsung des eingesetzten Kapitals nicht erzielt werden könnte. Beim Risikomanagement ist neben der Identifikation der Risiken auch deren Analyse und Bewertung entscheidend. Hierdurch sollen das Schadenspotential und die Eintrittswahrscheinlichkeit des Risikos bestimmt werden. Sofern ausreichend Daten aus der Vergangenheit zur Hand sind, werden diese mittels statistischer Methoden ausgewertet und das Risiko objektiv bestimmt. Angesichts der Einmaligkeit vieler Transaktionen, kommt die Unternehmenspraxis jedoch nicht umhin viele Risiken subjektiv einzuschätzen. Risikomaße wie die Standardabweichung oder der VaR eignen sich vor allem in Massengeschäften, wie der Kreditvergabe oder beim Handel mit Aktien. Trotz ihrer mathematischen Komplexität können Risikomaße die Realität jedoch niemals komplett abbilden. In der Zukunft drohen stets Unwägbarkeiten, die es in der Vergangenheit noch nicht gegeben hat. Für solche äußerst unwahrscheinlichen aber bestandsbedrohenden Ereignisse hat sich der Begriff „*black swan*" oder „*unknown unknowns*" eingebürgert. Dazu gehören z.B. Terrorangriffe, weltweite Wirtschaftskrisen und Naturkatastrophen.

Teil 3: Ökonomische Einordnung des Risikomanagements

Die ökonomische Analyse von Rechtspflichten zum Risikomanagement verlangt, dass man sich der volkswirtschaftlichen Bedeutung von Aktiengesellschaften, Märkten und Verträgen Bewusst ist. Die Auswirkungen bestandsgefährdender Risiken erkennt man erst, wenn man einen Blick auf die an der Gesellschaft beteiligten Interessengruppen (*Stakeholder*) und deren Schutzmöglichkeiten wirft.

A. Die Aktiengesellschaft aus ökonomischer Sicht

I. Die Gesellschaft als Vertragsgeflecht

Zwischen Juristen und Ökonomen bestehen große Unterschiede hinsichtlich der Beantwortung auf die Frage: Was versteht man unter einer Gesellschaft?[183] Bei *Karsten Schmidt* heißt es etwa: „Gesellschaftsrecht ist das Recht der privatrechtlichen Zweckverbände und kooperativen Vertragsverhältnisse."[184] Es existiere keine Gesellschaft ohne die Begründung von Schuldverhältnissen. Kapitalgesellschaften seien „echte Verbände",[185] die einen eigenen Verbandsweck aufwiesen.[186] Der Vorstand müsse seine Leitungsmacht auf die wirtschaftliche und soziale Organisations- und Wirkungs*einheit* ausrichten, deren rechtliche und soziale Identität durch die Rechtsfigur der juristischen Person begründet werde.[187] Die juristische Person, zu der das Unternehmen verfasst sei, sei eine durch die Rechtsordnung begründete und zur sozialen Realität erhobene geistige Einheit. Ihr stehe nicht nur eine eigene Rechtspersönlichkeit zu, sondern auch ein eigenes Interesse an ihrer Selbstbehauptung und erfolgreichen Verwirklichung ihres Daseinszwecks, das gegenüber den Interessen der Stakeholder verselbstständigt sei.[188] *Raiser/Veil* führen klarstellend aus: „Die Vorstellung, dass das Unternehmen als Organisation eigene, von den Interessen der an ihm beteiligten Anteilseigner, Arbeitnehmer

183 Dazu *Eidenmüller*, JZ 2001, 1041 f.
184 *K. Schmidt*, S. 4.
185 *K. Schmidt*, S. 167.
186 *K. Schmidt*, S. 168.
187 Vgl. *Mertens/Cahn*, in: KölnKomm. AktG, § 76 Rn. 6.
188 Vgl. *Mertens/Cahn*, in: KölnKomm. AktG, § 76 Rn. 7.

usw. verschiedene Interessen entfaltet, auf welche seine Organe bei ihren Entscheidungen verpflichtet sind, kann heute als anerkannt gelten."[189]

Im Unterschied zu dieser Interpretation, werden Gesellschaften in der ökonomischen Analyse des Rechts nicht als „verdinglichte" Einheiten, sondern als Netze von Verträgen der an der Gesellschaft mittelbar beteiligten Personen, also Aktionären, Managern, Gläubigern sowie Arbeitnehmern verstanden.[190] Der ökonomische Vertragsbegriff ist allerdings weiter als der juristische. Erfasst werden nicht nur *explizite* Verträge, sondern auch *implizite* Verträge, deren Erfüllung nicht gerichtlich, sondern allein durch den Marktmechanismus (z.B. Reputationseffekte) bewirkt wird. So wird im Falle einer Schlechterfüllung der Verkäufer im Zeitablauf „bestraft", weil er für seine Produkte keine Käufer mehr findet und daher gezwungen ist, die Qualität seiner Produkte zu steigern. Implizite Verträge werden auch als selbstdurchsetzende Verträge (*self-enforcing contracts*) bezeichnet.[191] Die Einordnung der Gesellschaft als Vertragsgeflecht geht auf *Michael Jensen* und *William Meckling* zurück, die in ihrem berühmten Aufsatz aus dem Jahre 1976 „Theory of the Firm: Managerial Behavior, Agency Costs and Ownership Structure" die Gesellschaft wie folgt definierten: „The private corporation is simply a form of legal fiction which serves as a nexus for contracting relationships and which is also characterized by the existence of divisible residual claims on the assets and cash flows of the organization which can generally be sold without the permission of the other contracting individuals".[192] Ergänzend heißt es: "By legal fiction we mean the artificial construct under the law which allows certain organizations to be treated as individuals".[193] Für Ökonomen ist die Aktiengesellschaft nur ein Mittel der Arbeitsteilung, mit dem die Produktionsfaktoren Arbeit und Kapital zusammengeführt werden.[194] Während die Geschäftsführung in den Händen des Vorstands liegt, wird das finanzielle Risiko von den Eigen- und

---

189 *Raiser/Veil*, S. 30.

190 *Jensen/Meckling*, 3 J. Fin. Econ. 1976, 305, 310: „Contractual relations are the essence of the firm, not only with employees but with suppliers, customers, creditors, etc"; *Fama/Jensen*, 26 J.L. & Econ. 1983, 301, 302; *Klöhn*, ZHR (2009), 141.

191 Vgl. *Ripperger*, S. 28.

192 *Jensen/Meckling*, 3 J. Fin. Econ. 1976, 305, 311.

193 *Jensen/Meckling*, 3 J. Fin. Econ. 1976, 305, 310.

194 Vgl. *Fama/Jensen*, 26 J. L. & Econ. 1983, 301: „We contend that separation of decision and risk-bearing functions survives in these organizations in part because of the benefits of specialization of management and risk bearing but also of an effective common approach to controlling the agency problems caused by separation of decision and risk-bearing functions".

Fremdkapitalgebern, nach Maßgabe ihrer Vertragsbeziehungen zur Gesellschaft getragen.[195] Die rechtliche Anerkennung der Aktiengesellschaft hat erheblich zur Senkung von Transaktionskosten beigetragen. So führen *Paul Milgrom* und *John Roberts* aus: „Without a legal entity that can contract with them individually, these people would have to fashion complex, multilateral agreements among themselves to achieve their aims".[196]

Die Einordnung der Gesellschaft als Vertragsgeflecht mag auf den ersten Blick befremdlich erscheinen. Gleichwohl bietet sie entscheidende Vorteile, wenn es um die Analyse von Rechtsvorschriften geht. Sie macht deutlich, dass die Beteiligung an dem Vertragsgeflecht freiwillig geschieht und rational und eigennützig handelnde Personen nur dann bereit sind, sich auf eine Gesellschaft einzulassen, wenn sie sich daraus einen Vorteil versprechen. Die Möglichkeit Verträge einzugehen, korrespondiert mit der Fähigkeit dieselben Verträge nicht zu schließen, zu ändern oder zu beenden. Wie sich zeigen wird, ist dieses Verständnis wesentlich für die Frage, ob eine Pflicht zum Risikomanagement in einer Aktiengesellschaft besteht. Die Aktiengesellschaft als eine bestimmte Form der Arbeitsteilung tritt damit in den Wettbewerb mit anderen Organisationsformen. Personen werden diese Kooperationsform wählen, wenn sie davon überzeugt sind, dass sie dadurch ihre ökonomischen Ziele am besten erreichen können.[197] Versteht man Unternehmen richtigerweise als Vertragsnetze und nicht als Einheiten im juristischen Sinne, wird die Vorstellung hinfällig, dass Aktiengesellschaften autonome und eigene Interessen haben. Treffend formulieren dies *Jensen* und *Meckling*:[198] „Viewing the firm as the nexus of a set of contracting relationships among individuals also serves to make it clear that the personalization of the firm implied by asking questions such as 'what should be the objective function of the firm', or 'does the firm has a social responsibility' is seriously misleading. The firm is not an individual. It is a legal fiction which serves as a focus for a complex process in which the conflicting objectives of individuals are brought into equilibrium within a framework of contractual relations. In this sense the behavior of the firm is like the behavior of the market, i.e., the outcome of a complex equilibrium process".

195 *Behrens*, in: FS Drobnig 1998, S. 491, 495. Die Auswirkungen der Arbeitsteilung auf den Wohlstand eines Landes wurden erstmals von *Adam Smith* beschrieben. *Smith* hat 1776 in seiner berühmten Abhandlung „An Inquiry into the Nature and Causes of the Wealth of Nations" die ökonomischen Vorteile der Arbeitsteilung am Beispiel der Nadelproduktion dargestellt. Vgl. *Adam Smith*, S. 9 f.

196 *Milgrom/Roberts*, S. 20.

197 Treffend *Adams*, S. 18.

198 *Jensen/Meckling*, 3 J. Fin. Econ. 1976, 305, 311.

II. Bedeutung des Haftungsprivilegs

Die besondere Attraktivität der Aktiengesellschaft gegenüber anderen Gesellschaftsformen erklärt sich vor allem aus dem gesetzlichen Haftungsprivileg.[199] Nach § 1 Abs. 1 Satz 2 AktG haftet den Gläubigern für Verbindlichkeiten der Gesellschaft nur das Gesellschaftsvermögen. Eine private Einstandspflicht der Gesellschafter scheidet somit grundsätzlich aus. Wie jede wirtschaftspolitische Privilegierung bedarf auch die Haftungsbeschränkung der Aktionäre einer ökonomischen Rechtfertigung. Dies gilt vor allem deshalb, weil das Haftungsprivileg Anreize zur Externalisierung von Risiken bzw. Kosten setzen kann.[200]

1. Publikumsgesellschaft

Die ökonomischen Vorteile der beschränkten Haftung ergeben sich vor allem bei der Aktiengesellschaft mit breit gestreutem Aktionärskreis (sog. „Publikumsgesellschaft").[201]

Die Haftungsbeschränkung macht zunächst das Verlustrisiko überschaubar und stärkt damit die Kapitalsammelfunktion der Gesellschaft. Die Industrialisierung im 19. Jahrhundert zeigt, dass die Entdeckung und Entwicklung von Kapitalgesellschaften eng verbunden waren mit besonders riskanten und kapitalträchtigen Vorhaben, wie dem Bau von Eisenbahnen oder der Errichtung von Bergwerken. Projekte diesen Umfangs sind nur realisierbar, wenn sich ausreichend Investoren zur ihrer Finanzierung bereitfinden. Einen Finanzierungsanreiz haben viele Kapitalgeber aber oft nur dann, wenn sie ihre Einstandspflicht auf einen vorher fest definierten Geldbetrag begrenzen können. Die gesetzliche Beschränkung der Haftung bedeutet für den potentiellen Investor, dass er die Höhe eines etwaigen Vermögensverlusts und damit sein Investitionsrisiko *ex ante* abschätzen kann. Ohne diese Verlustgrenze, würde sich der Investor einer Projektfinanzierung womöglich ganz verweigern oder seine Zustimmung an die Gewährung einer Risikokompensation knüpfen. Je riskanter ein Projekt ist, desto höher ist die geforderte Risikoprämie. Die Gefahr ist damit groß, dass die

---

199 Für viele Autoren ist es das prägende Merkmal. So etwa für *Easterbrook/Fischel*, S. 40: „Limited liability is a distinguishing feature of corporate law – perhaps *the* distinguishing feature".

200 Vgl. *Easterbrook/Fischel*, S. 41 ff.; *Forbes*, 2 J. L. Econ. & Org. 1986, 163; *Halpern/Trebilcock/Turnbull*, 30 U. Toronto L. J. 1980, 117; *Bainbridge*, S. 132 ff. Aus dem deutschen Schrifttum: *Adams*, S. 47 ff.; *Lehmann*, ZGR 1986, 345; *Roth*, ZGR 1986, 371; *Fleischer*, ZGR 2001, 1, 16.

201 Vgl. dazu *Easterbrook/Fischel*, S. 41 ff.; *Fleischer*, ZGR 2001, 1, 16 f.

Realisierung von Projekten scheitert, weil die Kosten der Eigenkapitalaufnahme den erhofften Ertrag übersteigen.[202] Das Haftungsprivileg ist daher mit einem Patentrecht vergleichbar. Während das zeitlich beschränkte Monopolrecht eines Patents die Forschungs- und Entwicklungstätigkeit eines Erfinders ansporn und belohnt, erleichtert das Haftungsprivileg die Kapitalaufnahme und trägt damit zur Bereitstellung neuer Güter oder Technologien bei.[203] Es bewirkt mithin, dass ökonomisch erwünschtes Unternehmertum entstehen kann.[204]

Darüber hinaus senkt das gesetzliche Haftungsprivileg die Kontrollkosten im Unternehmen. Je geringer das Haftungsrisiko der Aktionäre ist, umso weniger muss das Verhalten der Fremdgeschäftsleiter überwacht und kontrolliert werden.[205] Ohne Haftungsprivileg, besteht die Gefahr, dass die Insolvenz der Gesellschaft nicht nur die Kapitaleinlagen, sondern auch das sonstige Vermögen der Aktionäre vernichtet. Eine intensive Überprüfung der Geschäftsleitung wäre damit unumgänglich. Bei beschränkter Haftung ist auch die Vermögenslage der Mitgesellschafter ohne Bedeutung. Das hat zur Folge, dass keine Kosten für die laufende Überwachung der Bonität der übrigen Gesellschafter anfallen. Ohne die beschränkte Haftung wäre dagegen nicht nur die Vermögens- und Ertragslage der Gesellschaft von Bedeutung, sondern auch die Vermögenssituation jedes einzelnen Aktionärs. Je schlechter diese ist, desto eher besteht die Gefahr, dass die Gesellschaftsgläubiger bei einer Insolvenz des Unternehmens auf das sonstige Vermögen der Aktionäre zugreifen.[206] Will der Aktionär einen Anstieg des Einstandsrisikos vermeiden, wäre er gezwungen, die Vermögenslage aller Gesellschafter laufend zu überwachen und durch Vinkulierung die Übertragung von Anteilen auf weniger vermögende Gesellschafter zu unterbinden. Das Haftungsprivileg spart dagegen diese Kosten ein, weil alle Aktionäre nach der Höhe ihrer Einlage standardisiert werden.[207]

Die beschränkte Haftung setzt ferner eine Grundbedingung für die freie Übertragbarkeit von Aktien und damit für eine effektive Managerkontrolle durch den

202 *Adams*, S. 47 f.

203 *Lehmann*, ZGR 1986, 345, 353. Die historische Bedeutung der beschränkten Haftung lässt sich gut anhand eines Zitats von Nicholas Murray Butler, dem ehemaligen Präsidenten der Columbia University, nachvollziehen, der 1911 sagte „The limited liability corporation is the greatest single discovery of modern times. [...] Even steam and electricity are less important".

204 Vgl. *Lehmann*, ZGR 1986, 345, 356.

205 *Easterbrook/Fischel*, 52 U. Chi. L. Rev. 1985, 89, 94.

206 Vgl. nur die Haftungsregelungen zur OHG §§ 128, 130, 160 HGB, §§ 421 ff. BGB.

207 *Adams*, S. 49.

Kapitalmarkt.[208] Dies ergibt sich aus folgender Überlegung: Hält der Vorstand eine Gesellschaft auf einem suboptimalen Gewinnniveau, dann wird dies den Aktienkurs drücken. Diese Entwicklung wird sich so lange fortsetzen, bis ein marktgerechtes Kurs-Gewinnverhältnis erreicht ist. Liegt der gegenwärtige Aktienkurs unter dem Wertpotential eines Unternehmens, besteht für Investoren und Mitbewerber ein Anreiz, die Gesellschaft zu erwerben und das Management auszutauschen. Je besser das neue Management wirtschaftet, desto eher können Transaktionsgewinne am Kapitalmarkt realisiert werden. Allein die theoretische Möglichkeit einer Unternehmensübernahme und Auswechslung der Geschäftsleitung, hebt die Qualität des Managements.[209]

Ein weiterer Vorteil ergibt sich aus der Möglichkeit zur Risikodiversifikation. Durch das Haftungsprivileg werden die Anleger in die Lage versetzt ihr Kapital auf unterschiedliche Gesellschaften aufzuteilen, ohne dadurch einer erhöhten Einstandsgefahr ausgesetzt zu sein.[210] Da eine Diversifikation zugleich das Ausfallrisiko senkt, hat der Investor einen Anreiz zum Erwerb mehrerer Anteile. Das wiederum führt zu einer Senkung der Kapitalkosten bei den Unternehmen, da sie nur für das sog. „Marktrisiko", eine Risikoprämie zahlen müssen. Bei unbeschränkter Haftung würde dagegen eine Beteiligung an mehreren Unternehmen das Einstandsrisiko des Investors stark erhöhen. Dieses droht sich nämlich bereits dann zu verwirklichen, wenn nur ein Unternehmen aus dem Portfolio insolvent wird. Um das Vermögen zu schützen, müsste die Anzahl der Unternehmensbeteiligungen so gering wie möglich gehalten werden. Der Diversifizierungseffekt sowie die damit einhergehenden Kostenersparnisse der Gesellschaft wären verloren.

Die beschränkte Haftung sowie die Möglichkeit zur Diversifikation versetzt das Management schließlich in die Lage, richtige Entscheidungen zu treffen. Aus ökonomischer Sicht sind Projekte grundsätzlich dann erstrebenswert, wenn sie einen positiven Kapitalwert aufweisen.[211] Durch ein solches Investitionskalkül wird nicht nur der Unternehmenswert, sondern zugleich das Vermögen der gesamten

---

208 Ausführlich: *Manne*, Mergers and the Market for Corporate Control, 73 J. Pol. Econ. 1965, 110 ff.; *Jensen*, Takeovers: Their Causes and Consequences, 2 J. Econ. Persp. 1988, 21 ff.; in deutscher Sprache *Adams*, Der Markt für Unternehmenskontrolle und sein Missbrauch, AG 1989, 333 ff.; *ders.*, Höchststimmrechte, Mehrfachstimmrechte und sonstige Hindernisse auf dem Markt für Unternehmenskontrolle, AG 1990, 63 ff.; *ders.*, Was spricht gegen eine unbehinderte Übertragbarkeit der in Unternehmen gebundenen Ressourcen durch ihre Eigentümer, AG 1990, 243 ff.

209 So *Schäfer/Ott*, S. 712.

210 Vgl. zur Portfoliotheorie Teil 3:B.I.2.c)cc).

211 So treffend *Easterbrook/Fischel*, S. 43; *Adams*, S. 51; *Brealey/Myers/Allen*, S. 13 ff.

Volkswirtschaft gesteigert (z.B. dadurch, weil der Gesellschaft innovative Produkte zur Verfügung gestellt werden). Weil eine Rücksichtnahme auf die Risikoeinstellung der Aktionäre überflüssig ist, können Projekte durch das Management selbst dann getätigt werden, wenn diese mit einem hohen Ausfallrisiko verbunden sind. Bei unbeschränkter Haftung würden die Gesellschafter dagegen darauf bestehen, dass Projekte mit einem zu hohen Ausfallrisiko nicht eingegangen werden. Dies gilt wegen der Einstandsgefahr selbst dann, wenn die Vorhaben über einen positiven Kapitalwert verfügen und volkswirtschaftlich erstrebenswert sind.[212]

2. *Geschlossene Gesellschaft*

Positive Effekte der Haftungsbeschränkung ergeben sich auch bei Aktiengesellschaften, deren Gesellschafterkreis beschränkt ist (sog. „geschlossene Gesellschaft").[213]

Zwar übernehmen hier die Eigentümer häufig selbst die Geschäftsführung, so dass sich eine Senkung von Kontrollkosten durch die beschränkte Haftung kaum bemerkbar macht.[214] Gleiches gilt wegen des überschaubaren Mitgliederkreises auch für die Kosten der Beobachtung der Vermögensverhältnisse von Mitgesellschaftern. Auch sind die Aktien nur selten frei übertragbar, so dass ein Markt für Unternehmens- bzw. Managerkontrolle kaum entstehen kann.[215] Eine geringere Bedeutung kommt auch der Risikostreuung zu. Denn zum einen verlangen die Kapitalgeber meist persönliche Sicherheiten von den Aktionären und zum anderen misslingt die Risikodiversifikation, weil die Eigentümer in ihrer Funktion als Geschäftsführer der Gesellschaft in beträchtlichem Umfang Humankapital beisteuern.[216]

Gleichwohl gehen auch bei der geschlossenen Gesellschaft ökonomische Vorteile mit der beschränkten Haftung einher. Hierbei steht die investitionsfördernde Wirkung im Vordergrund: Natürliche Personen neigen dazu, Projekte selbst dann nicht durchzuführen, wenn diese über einen positiven Erwartungswert

---

212 Vgl. *Easterbrook/Fischel*, S. 44: „In a world of unlimited liability, mangers would behave differently. They would reject as 'too risky' some projects with positive net present values. Investors would want them to do this because it would be the best way to reduce risks. By definition this would be a social loss, because projects with a positive net present value are beneficial uses of capital".

213 Vgl. dazu *Easterbrook/Fischel*, S. 55 f.; *Fleischer*, ZGR 2001, 1, 17 ff.

214 *Easterbrook/Fischel*, S. 56.

215 *Fleischer*, ZGR 2001, 1, 17.

216 *Fleischer*, ZGR 2001, 1, 18; *Adams*, S. 45.

verfügen.[217] Sie gewichten die Gefahr eines etwaigen Vermögensverlusts stärker, als die Aussicht auf einen Gewinn (sog. „Risikoaversion“).[218] Empirische Studien belegen, dass Menschen, wenn sie vor die Wahl gestellt werden, zwischen einem sicheren und einem unsicheren Einkommen mit gleichem Erwartungswert zu wählen, das sichere Einkommen vorziehen.[219] Sie weisen damit einen abnehmenden Grenznutzen bei der Einkommenshöhe auf.[220] Die beschränkte Haftung im Kapitalgesellschaftsrecht ist geeignet diese Risikoaversität abzumildern, weil die Gesellschafter nur bis zu einer bestimmten Höhe an dem Verlust aus einer risikoträchtigen Tätigkeit der Gesellschaft beteiligt werden.

3. Negative Wirkungen

Den überragenden Vorteilen der Haftungsbeschränkung stehen jedoch auch ökonomische Gefahren gegenüber. Sie ergeben sich insbesondere auf sensiblen Märkten, wie dem Kreditmarkt, auf denen die Kosten und Risiken der Unternehmenspolitik auf die Allgemeinheit externalisiert werden können. Um die Auswirkungen von Externalitäten verstehen zu können, bedarf es eines Blicks auf die Funktionsweise von Märkten, Transaktionen und Verträgen.

III. Märkte als Institution der Allokationseffizienz

1. Markt und Vertragsfreiheit

a) Transaktionen als Grundeinheit

Transaktionen sind die kleinste Einheit jeder ökonomischen Zusammenarbeit. Obwohl der Begriff der Transaktion in der ökonomischen Literatur uneinheitlich verstanden wird, ist man sich einig, dass durch Transaktionen Verfügungsrechte an Gütern umverteilt werden.[221] Der Wirtschaftswissenschaftler *John Commons* fasst dies wie folgt zusammen: „Transactions are [...] the alienation and acquisition, between individuals, of the rights of property and liberty created by society, which must therefore be negotiated between the parties concerned before labor can produce, or consumers can consume, or commodities be physically

217 *Fleischer*, ZGR 2001, 1, 18.

218 Dieses Phänomen wird als „Verlust-Aversion“ bezeichnet und geht auf die beiden Psychologen Daniel Kahneman und Amos Tversky zurück. Vgl. *Kahneman/Tversky*, 46 Econometrica 1976, 263, 279.

219 *Kahneman/Tversky*, 46 Econometrica 1976, 263, 265: „[People] overweight outcomes that are considered certain, relative to outcomes which are merely probable“.

220 *Pindyck/Rubinfeld*, S. 227.

221 *Rock*, S. 15.

exchanged."[222] Während für *Commons* die Übertragung von Verfügungsrechten das entscheidende Merkmal einer Transaktion ist, geht der Wirtschaftswissenschaftler *Oliver E. Williamson* noch einen Schritt weiter und setzt den Begriff gleich mit der „physischen" Übergabe einer Ressource:[223] „A transaction occurs when a good or service is transferred across a technologically separable interface. One stage of activity terminates and another begins".

Während Transaktionen grundsätzlich zu ökonomisch erwünschten Ergebnissen führen, ist dies bei „prekären" Transaktionen nicht immer der Fall.[224] Eine Transaktion wird als prekär bezeichnet, wenn sie bei absprachegemäßem Verhalten für jeden Beteiligten vorteilhaft ist, jedoch opportunistisches Verhalten einzelner gemeinsame Transaktionsgewinne vernichtet. Damit die Transaktion zwischen den Parteien zustande kommt, bedarf es vertraglicher und institutioneller Absicherungen.[225] Die hierfür anfallenden Kosten, Wohlfahrtsverluste aus dem Nichteingehen von Transaktionen sowie Such-, Verhandlungs- und Überwachungskosten der Parteien bilden den Transaktionspreis.[226] In Anlehnung an *Williamson* werden diese Kosten auch als Reibungsverluste bezeichnet, die bei der Durchführung einer Transaktion entstehen.[227] Die Existenz von Transaktionskosten mindert – bildlich betrachtet – die Größe des zu verteilenden Kuchens und damit gemeinsame Transaktionsgewinne.[228] Nach der Auffassung von *Williamson* sind effiziente wirtschaftliche Strukturen und Prozesse in einer arbeitsteiligen Gesellschaft dann gegeben, wenn die Reibungen, die bei der Abstimmung zwischen den Beteiligten entstehen, möglichst gering sind. Gleichwohl sind gewisse Reibungsverluste beim Leistungsaustausch innerhalb von Unternehmen und auf

222 *Commons*, 21 Am. Econ. Rev. 1931, 648, 652.

223 *Williamson*, S. 1.

224 Der Begriff „prekäre Transaktion" geht auf den deutschen Ökonomen *Holger Bonus* zurück. *Bonus*, S. 2 ff. definiert prekäre Beziehungen wie folgt: „We define as precarious any relationship which involves involuntary transactions. [...] There may be many sources of involuntary transaction. In this section we shall confine ourselves to some prominence, namely, opportunism, information deficiency, regulation and externality. Also, the possibility exists that a subset of the involved parties, or even all of them, may have changed their minds and feel trapped by contracts they no longer want".

225 *Erlei*, S. 31; *Rock*, S. 15.

226 *Richter/Furubotn*, S. 58 ff.; *Cooter/Ulen*, S. 91 ff.

227 *Williamson*, S. 1, 21.

228 *Erlei*, S. 33.

Märkten unvermeidlich, weil die Beteiligten verschiedenartige Interessen verfolgen und über unterschiedliches Wissen und Können verfügen.[229]

b) Bedeutung von Verträgen

Der Zweck von Verträgen besteht aus ökonomischer Perspektive darin, Sicherheit über das Verhalten der Transaktionspartner zu ermöglichen. Nach juristischer Interpretation ist ein Vertrag die von mindestens zwei Personen erklärte Willensübereinstimmung über die Herbeiführung eines rechtlichen Erfolgs.[230] Die Vertragsfreiheit beschreibt die Freiheit des Einzelnen, seine Lebensverhältnisse durch Verträge eigenverantwortlich gestalten zu können. Sie gehört zu den Grundprinzipien einer freiheitlich demokratischen Rechtsordnung und ist als Bestandteil des Rechts auf freie Entfaltung der Persönlichkeit (Art. 2 Abs. 1 GG) verfassungsrechtlich geschützt.[231] Für Verträge, die den Austausch von Gütern und Leistungen zum Inhalt haben, folgt daraus, dass jede Partei selbst bestimmen kann, mit wem sie kontrahieren will (Abschlussfreiheit) und welche Leistungspflichten der Vertrag umfassen soll (Inhaltsfreiheit). Ob das vertraglich Gewollte volkswirtschaftlich vernünftig ist, ist ohne Belang. Die Rechtsordnung nimmt den Vertrag, soweit er sich in den Grenzen der Vertragsfreiheit hält, so hin, wie er von den Vertragsparteien abgeschlossen wurde.[232]

Im Unterschied zur juristischen Einordnung der Vertragsfreiheit, verfolgt die ökonomische Theorie einen pragmatischen Ansatz:[233] Vertragsfreiheit ist hiernach Voraussetzung dafür, dass in einer Volkswirtschaft knappe Ressourcen in die jeweils (aus Sicht der Beteiligten) höherwertige Verwendung überführt werden können. Werden Verträge unter „fairen“ Bedingungen geschlossen, sind sie Ausdruck einer pareto-effizienten[234] Ressourcenallokation und führen zu einer Steigerung der sozialen Wohlfahrt: „Kein Beteiligter steht schlechter und mindestens einer besser als vor der Transaktion“.[235] Das gilt allerdings nur insoweit als die Beteiligten vollständig informiert sind und der Vertrag alle Bedingungen des

229 *Fleischer*, S. 134.

230 Palandt/*Ellenberger*, BGB, Einf. v. § 145, Rn. 1.

231 Vgl. BVerfGE, 8, 328.

232 *Schäfer/Ott*, S. 449.

233 *Rock*, S. 20.

234 Der Begriff „Pareto-Effizienz“ geht auf den italienischen Ökonomen und Soziologen *Vilfredo Pareto* zurück, der den Begriff der Effizienz beim Tausch prägte. Vgl. *Pareto*, Manual of Political Economy, New York 1971. Ein solcher Zustand wird oft auch als „Pareto-Optimalität“ oder „Allokationseffizienz“ bezeichnet.

235 *Eidenmüller*, JZ 2001, 1041, 1043.

Austauschs lückenlos regelt (sog. „vollständiger Vertrag“). Diese Voraussetzungen sind jedoch nur in den seltenen Fällen gegeben, in denen – wie beim Kauf einer Zeitung – die gesamte Transaktion in einem bestimmten Zeitpunkt sofort und vollständig abgewickelt wird (sog. „Spot-Geschäft“).[236]

In der Realität erstreckt sich der Leistungsaustausch zumeist über einen längeren Zeitraum, die Erbringung der Leistungen ist häufig unsicher und die geschuldeten Leistungen sind im Zeitpunkt des Vertragsschlusses oft nicht exakt bewertbar (sog. „relationale Verträge“). Da die Kontrahenten nur unvollständig mit den Informationen ausgestattet sind, die sie für ihr Kosten-Nutzen-Kalkül benötigen, ist die Rationalität ihrer Entscheidungen zudem beschränkt (*bounded rationality*).[237] Das führt dazu, dass die Erreichung des Effizienzziels gefährdet ist. Insbesondere besteht die Gefahr, dass sich eine Partei „opportunistisch“ verhält, indem sie sich einen Vorteil auf Kosten der anderen Partei verschafft. Müssten die Vertragsparteien ihre Rechtsbeziehungen selbst umfassend regeln, wären die Transaktionskosten vieler Geschäfte prohibitiv hoch, was eine Vielzahl von an sich wünschenswerten Transaktionen verhindern würde. Das Vertragsrecht erfüllt hier die Aufgabe, trotz unsicherer Erwartungen Verträge zu ermöglichen und das Interesse beider Parteien an einem störungsfreien Leistungsaustausch zu bedienen.[238] Zwar könnte sich auch ohne Vertragsrecht opportunistisches Verhalten am Markt nicht behaupten, weil sich häufig außerrechtliche Verhaltensnormen (z.B. ein Handelsbrauch) durchsetzen würden. Indes wären solche Austauschbeziehungen deutlich „primitiver“, da Verträge nur mit Personen abgeschlossen würden, deren Redlichkeit und Leistungsfähigkeit feststünden.[239] Die besondere Bedeutung des Vertragsrechts besteht mithin darin, anonyme Transaktionen zwischen Marktteilnehmern zu ermöglichen, die sich nicht zu vertrauen brauchen. Vertragsrecht trägt darüber hinaus dazu bei, Transaktionskosten in dreifacher Hinsicht zu senken:[240]

1. Fehlt eine vertragliche Regelung oder ist diese unvollständig, ordnet das Vertragsrecht die Risiken so zu, wie ihn redliche Parteien bei Transaktionskosten von null geschlossen hätten. Das Vertragsrecht „simuliert“ damit die effiziente Lösung.

236 *Behrens*, in: FS Drobnig 1998, S. 491, 492.
237 *Behrens*, in: FS Drobnig 1998, S. 491, 492.
238 *Rock*, S. 20.
239 *Schäfer/Ott*, S. 428; *Rock*, S. 21.
240 Auflistung nach *Schäfer/Ott*, S. 428.

2. Vertragsrecht reduziert den Opportunismus *vor* Vertragsabschluss, indem es vorvertragliche Informations- und Verhaltensvorschriften festschreibt und auf diese Weise vertragsspezifische Investitionen schützt.
3. In gleicher Weise wird durch Vertragsrecht der Opportunismus *nach* Vertragsschluss minimiert.

Die Aufgabe des Vertragsrechts besteht darin, einen vollständigen Vertrag zu rekonstruieren und die Risiken, über die sich die Parteien nicht geeinigt haben, so aufzuteilen, dass der gegenseitige Vorteil aus dem Vertrag insgesamt maximiert wird.[241] Dabei ist davon auszugehen, dass die Parteien ein Interesse daran haben, dass das Risiko der Partei zugeordnet wird, die es mit dem geringsten Aufwand steuern kann. Je näher das dispositive Vertragsrecht dem hypothetischen Willen der Parteien kommt, umso mehr Transaktionskosten können eingespart werden, weil es nicht notwendig ist, es durch eigene Vereinbarungen abzuändern.[242]

c) Was ist der Markt?

Dem „Markt" kommt bei der Ressourcenallokation eine zentrale Bedeutung zu. Der britische Moralphilosoph *Adam Smith* hat 1776 in seiner bekannten Abhandlung „An Inquiry into the Nature and Causes of Wealth of Nations" gezeigt, dass auf funktionsfähigen Märkten der Wettbewerb dafür sorgt, dass das Streben der Marktakteure nach individuellem Wohlstand letztlich zu einem Anstieg des gesamtgesellschaftlichen Wohlstands führt.[243] Die Funktion des Markts beschrieb *Smith* mit dem Bild vom Wirken einer „unsichtbaren Hand". Damit stellte er heraus, dass ein funktionierender Markt die individuellen Handlungen in einer Weise koordiniert, die keine staatliche Lenkung benötigt.[244]

Ein Markt besteht aus Anbietern und Nachfragern, die über die Institution des Markts in Tauschbeziehungen jeder Art treten können. Das gemeinsame Ziel der Marktakteure ist es, Austauschgeschäfte zu möglichst geringen Transaktionskosten zu tätigen und ein möglichst hohes Nutzenniveau zu erreichen.[245] Im Gegensatz zur Unternehmung werden auf einem Markt die individuellen Handlungen nicht auf der Grundlage eines Vertrags per Anordnung koordiniert, sondern durch laufende Austauschvereinbarungen. Der Markt kann mithin als

---

241 *Schäfer/Ott*, S. 433.

242 *Schäfer/Ott*, S. 428 f.

243 *Adam Smith*, An Inquiry into the Nature and Causes of Wealth of Nations, Oxford 1976.

244 *Fritsch*, S. 7.

245 *Richter/Furubotn*, S. 341.

soziale Einrichtung sich wiederholenden Tauschs zwischen einer Mehrheit von Tauschreflektanten verstanden werden.[246] Er ist weder geografischer, noch ökonomischer Ort, auf dem Angebot und Nachfrage zusammentreffen,[247] sondern eine Ansammlung von Marktakteuren, die durch Zusammenwirken den Preis eines Guts bestimmen.[248]

Damit der Markt die Ressourcen pareto-optimal verteilen kann, bedarf es jedoch einiger Annahmen, die in der Realität nur selten anzutreffen sind. Man unterscheidet „*vollkommene*" bzw. „*unvollkommene*" Märkte. Ein Markt wird als vollkommen bezeichnet, wenn auf ihm die folgenden Bedingungen erfüllt sind. Unvollkommen ist der Markt dagegen dann, wenn mindestens eine dieser Bedingungen nicht erfüllt ist:[249]

- Es gibt eine hinreichend große Anzahl von Anbietern und Nachfragern mit der Folge, dass keiner von ihnen über eine besondere Marktmacht verfügt und die Marktpreise beeinflussen kann.[250]
- Die auf dem Markt gehandelten Güter sind homogen und unteilbar, d.h. sie können durch andere Güter vollkommen substituiert werden.[251]
- Es besteht die Möglichkeit des freien Marktzugangs und Marktaustritts.[252]

246 *Richter/Furubotn*, S. 340.

247 *Weise/Brandes/Eger/Kraft*, S. 144.

248 *Pindyck/Rubinfeld*, S. 32; vgl. *Rock*, S. 17 ff.

249 Vgl. zum vollkommenen Wettbewerbsmarkt *Pindyck/Rubinfeld*, S. 360 ff.; *Weise/Brandes/Eger/Kraft*, S. 145; *Stigler*, 65 J. Pol. Econ. 1957, 1-17.

250 Die Marktakteure werden auch als „Preisnehmer" bezeichnet. Hieraus folgt, dass sie den Marktpreis als gegeben hinnehmen müssen. Anbieter, die keinen Wettbewerbspreis anbieten, werden ihre Kunden an die Konkurrenz verlieren und langfristig aus dem Markt ausscheiden. Vgl. *Pindyck/Rubinfeld*, S. 361.

251 Aus der Homogenität der Güter folgt, dass kein Anbieter den Preis für sein Produkt über den Marktpreis anheben kann, ohne dadurch Umsatzeinbußen zu erleiden. Recht homogen sind Güter, wie z.B. landwirtschaftliche Erzeugnisse aus einer Region oder Öl, Benzin und Rohstoffe.

252 Die Pharmaindustrie ist wegen der Vielzahl von Patenten kein vollkommener Wettbewerbsmarkt. Will ein Marktneuling konkurrenzfähige Produkte anbieten, müsste es entweder hohe Beträge in die Forschung und Entwicklung investieren oder beträchtliche Lizenzgebühren aufwenden. Die Höhe dieser Ausgaben könnte viele Unternehmen davon abhalten in den Markt einzutreten. Die Käufer könnten in diesem Fall nicht einfach von einem Anbieter zu einem anderen Anbieter wechseln. Vgl. *Pindyck/Rubinfeld*, S. 362.

- Die Marktteilnehmer sind vollständig informiert.
- Es existieren keine (technologischen) Externalitäten.[253]

Obwohl beim Wertpapierhandel an den Börsen viele dieser Bedingungen erfüllt sein dürften, sind die meisten realen Märkte unvollkommen. Insbesondere die Annahmen vollständiger Information der Marktakteure bzw. das Fehlen externer Effekte sind realitätsfern. Das Modell des vollkommenen Markts ist damit eher ein gedanklicher Referenz-Markt[254] mit dessen Hilfe Eingriffe in bestehende Märkte gerechtfertigt werden.

d) Markt oder Hierarchie

Einen ersten Beitrag zur Einordnung von Markt und Unternehmen lieferte *Coase*, der im Jahr 1937 in seinem Artikel „The Nature of the Firm"[255] der Frage nachging, weshalb in einer Marktwirtschaft bestimmte Arbeitsabläufe teils über Märkte und teils in einer Unternehmung organisiert werden. Warum stellt z.B. ein Automobilhersteller die Karosserie selbst her, während er die Reifen für seine Fahrzeuge extern einkauft?

Für *Coase* liegt die Antwort in den bereits erwähnten Transaktionskosten, mit denen sowohl vertragliche Tauschprozesse auf Märkten als auch die Organisation der Produktion innerhalb eines Unternehmens konfrontiert sind. In seinem Aufsatz weist *Coase* darauf hin, dass die Kosten der Marktnutzung umso höher sind, je umfassender die arbeitsteilige Produktion über Austauschverträge geregelt wird und je schwieriger es ist, die einzelnen Leistungen durch Verträge zu koordinieren.[256] Vertragskosten können gespart werden, wenn die Produktion innerhalb eines Unternehmens stattfindet. In diesem Fall schließt der Arbeitgeber mit seinen Arbeitnehmern zumeist langfristige Arbeitsverträge mit der Folge, dass viel seltener neue Verträge ausgehandelt werden müssen. Der Arbeitsvertrag ist die Grundlage für das Weisungsrecht des Arbeitgebers.[257] Das entscheidende Merkmal besteht für *Coase* also darin, dass innerhalb eines Unternehmens ein Subordinationsverhältnis besteht, das dem Unternehmer gestattet die Aktivitäten durch Befehl und Gehorsam zu koordinieren.[258]

---

253 Das Problem der Externalitäten wird unter Teil3:A.II.2. und 3. ausführlich besprochen.

254 Treffend *Weise/Brandes/Eger/Kraft*, S. 146.

255 *Coase*, 4 Economica 1937, 386 ff.

256 *Schäfer/Ott*, S. 698.

257 *Weise/Brandes/Eger/Kraft*, S. 276.

258 Siehe auch *Adams*, S. 18 f.

Einen Anreiz sich in einer Unternehmung zusammenzuschließen haben Individuen nur dann, wenn die Kosten dieser Organisationsform geringer sind als die Kosten der Marktnutzung:[259] „This solution would be adopted whenever the administrative costs of the firm were less than the costs of the market transactions that it supersedes and the gains which would result from the rearrangement of activities greater than the firm's costs of organising them."[260] Die Kosten innerhalb einer Unternehmung werden auch als sog. „Agency-Kosten" bezeichnet. Sie setzen sich zusammen aus Kontrollkosten, Garantiekosten und den trotz aller Aufwendungen verbleibenden residualen Verlust.[261] In der Regel steigen die Kontrollkosten mit der Größe des Unternehmens überproportional an, was dem Unternehmenswachstum im Gegensatz zur Marktlösung Grenzen setzt.[262] Die Höhe der Agency-Kosten ergibt sich im Wesentlichen aus dem Interessengegensatz, der zwischen Angestellten und Eigentümern besteht. Eigentümer eines Unternehmens sind aus ökonomischer Sicht die Personen, die das Kontrollrecht ausüben und das Residualeinkommen beziehen. Moderne Großunternehmen zeichnen sich durch das von *Adolf Berle* und *Gardiner Means* erstmals beschriebene Phänomen der Trennung von Eigentum und Kontrolle aus.[263] Die Aktionäre sind nicht im Besitz aller Eigentümerrechte. Vielmehr sind die im Eigentum enthaltene Befugnis zur Geschäftsführung und die Zurechnung des wirtschaftlichen Ertrags bzw. Risikos voneinander getrennt.[264] Befinden sich die Unternehmensanteile im Streubesitz, hat der einzelne Aktionär ein rationales Desinteresse daran das Management zu kontrollieren. *Berle* und *Means* schließen daraus, dass das Management seinen Handlungsspielraum dazu benutzen wird, um seine eigenen Ziele und Interessen zu verfolgen anstatt den Gewinn der Aktionäre zu maximieren. Managern gelingt es dann oft, die Entscheidungsgremien so zu beeinflussen, dass das Unternehmen „managerzentriert" und nicht auf die Interessen der Aktionäre ausgerichtet ist.[265] Die Walt Disney Company in den USA ist hierfür ein Beispiel: Der Chief Executive Officer (CEO) erzielte in 13 Jahren ein Einkommen von 800 Millionen US Dollar, obgleich der Gewinn der Aktionäre im gleichen Zeitraum niedriger ausfiel

259 *Eidenmüller*, S. 94.

260 *Coase*, 3 J. L. & Econ. 1960, 17.

261 Vgl. *Jensen/Meckling*, 3 J. Fin. Econ. 1976, 305, 308: „We define *agency costs* as the sum of: (1) the monitoring expenditures by the principal, (2) the bonding expenditures by the agent, (3) the residual loss".

262 *Posner*, S. 420; *Schäfer/Ott*, S. 698.

263 *Berle/Means*, The Modern Corporation and Private Property, 1932.

264 *Behrens*, in: FS Drobnig 1998, S. 491, 494.

265 *Schäfer/Ott*, S. 700.

als wenn diese Regierungsanleihen gehalten hätten.[266] Das Verhältnis zwischen Managern und Aktionären ist als sog. „Prinzipal/Agenten"-Beziehung angelegt, der die Gefahr opportunistischen Verhaltens immanent ist.[267]

Bestimmte Aufgaben können zumeist besser innerhalb eines Unternehmens gelöst werden. Das gilt vor allem für Fälle der vertragsspezifischen Investition.[268] Als vertragsspezifisch wird eine Investition bezeichnet, wenn sie für einen bestimmten Vertragszweck aufgewendet wird und der Investitionswert vom Fortbestand des Vertrags abhängt.[269] Ein Beispiel hierfür sind Produktionsstätten, die Zubehör- und Ersatzteile nur für eine Automarke herstellen können. Die Errichtung der Produktionsanlage führt zu versunkenen Kosten (*sunk costs*), weil sie nur für den ursprünglichen Zweck eingesetzt und nicht für alternative Verwendungen genutzt werden kann.[270] Für den Hersteller der Ersatzteile ist die Gefahr groß, dass sein Kunde die Produkte nicht mehr abnimmt und die Produktionsanlage wertlos wird. Ist dem Auftraggeber diese Abhängigkeit bekannt, dann wird er diese zu seinen Gunsten nutzen und den Hersteller der Ersatzteile zu weiteren Zugeständnissen zwingen. Er eignet sich damit den Nutzen aus der vertragsspezifischen Investition kostenlos an. Es entsteht eine sog. „hold-up-Situation".[271] Diese Ausbeutungsgefahr kann reduziert werden, wenn sowohl die Ersatzteil- als auch die Automobilherstellung in einem Unternehmen organisiert werden.

e) Anforderungen an das Recht

Für das Recht ergeben sich bestimmte Anforderungen:
Eine freie vertragliche Vereinbarung ist grundsätzlich als effizient einzustufen. Durch den Vertragsschluss werden die gehandelten Ressourcen in die jeweils höherwertige Verwendung. Rationale Parteien werden die Rechte und Pflichten so verteilen, dass ein möglichst hohes Nutzenniveau erzielt wird. Kennt z.B. ein Investor das Risiko, das er mit dem Erwerb einer Aktie eingeht, dann spiegelt der Erwerbspreis, den er dafür zahlt, den aus seiner Sicht angemessenen Wert der Aktie wieder. Gleiches gilt für einen Kreditgeber, der die Ausfallgefahr eines Schuldners richtig einschätzt. Sofern er die Risikoprämie richtig bemisst und weitere Vorkehrungen im Kreditvertrag treffen kann, bekommt er, was er will. In der Konsequenz gilt für das Gesellschaftsrecht damit nichts anderes als für das

---

266 Beispiel nach *Krugman*, Executives Gone Wild, New York Times vom 08.02.2004.
267 *Behrens*, in: FS Drobnig 1998, S. 491, 495.
268 *Williamson*, S. 95 ff.
269 *Schäfer/Ott*, S. 690.
270 Vgl. *Pindyck/Rubinfeld*, S. 300 f.
271 *Milgrom/Roberts*, S. 136 ff.

allgemeine Vertragsrecht: Ziel ist es, das Prinzip der Vertragsfreiheit zu etablieren und die Durchsetzung vertraglicher Leistungsversprechen zu garantieren. Sind diese Bedingungen erfüllt, wird sich auf vollkommenen Märkten eine effiziente Ressourcenverteilung von selbst einstellen.[272]

Dies bedeutet jedoch nicht, dass eine Regulierung aus ökonomischer Sicht ganz unterbleiben sollte. Viele Verträge scheitern, weil die Transaktionskosten höher sind, als der aus dem Geschäft zu erzielende Nutzen. In diesem Fall sollte der Gesetzgeber, eine Regelung mit dispositivem Charakter erlassen.[273] Die Regelung sollte den Inhalt vorsehen, auf den sich rationale und eigennützige Parteien verständigt hätten, wenn sie das Problem erkannt und durch eine Vereinbarung gelöst hätten (mimic the market).[274] Dispositive Normen im Gesellschaftsrecht tragen ebenfalls dazu bei, die Transaktionskosten zu reduzieren.[275] Man denke nur an Merkmale wie Rechtsfähigkeit, beschränkte Haftung oder die Vertretungsbefugnis des Vorstands. Zwar ist es durchaus vorstellbar, dass ein vergleichbarer Rechtszustand zwischen den Beteiligten, also den Aktionären, Managern und Gläubigern, auf vertragliche Wiese hergestellt werden kann. So könnten z.B. die Aktionäre ihre persönliche Haftung ausschließen, indem sie eine solche Regelung mit den Gesellschaftsgläubigern aushandeln. Allerdings würde dies erhebliche Kosten nach sich ziehen. Wie die ökonomische Analyse zeigt, trägt das gesetzliche Haftungsprivileg der Aktionäre entscheidend dazu bei, dass die Veräußerung und der Erwerb von Aktien erheblich erleichtert werden.[276] Da rationale Gesellschafter ihre Haftung auf das Gesellschaftsvermögen begrenzen würden, ist eine gesetzliche Regelung unter dem Gesichtspunkt der Einsparung von Transaktionskosten nicht nur gerechtfertigt, sondern ausdrücklich erwünscht.[277] Die Kritik der ökonomischen Analyse richtet sich daher auch nicht gegen das Aktien-

---

272 *Behrens*, in: FS Drobnig 1998, S. 491, 498.

273 *Behrens*, in: FS Drobnig 1998, S. 491, 502.

274 *Easterbrook/Fischel*, 89 Colum. L. Rev. 1989, 1416, 1445: „Corporate law ... fills in the blanks and oversights with the terms that people would have bargained for had they anticipated the problems and been able to transact costlessly in advance".

275 Anschaulich insofern *Easterbrook/Fischel*, 89 Colum. L. Rev. 1989, 1416, 1444: „... [C]orporate law is a set of terms available off-the-rack so that participants in corporate ventures can save the cost of contracting. There are lots of terms, such as rules for voting, establishing quorums, and so on, that almost everyone will want to adopt. Corporate codes and existing judicial decisions supply these terms ‚for free' to every corporation, enabling the venturers to concentrate on matters that are specific to their undertaking. Even when they work through all the issues they expect will arise, they are apt to miss something".

276 Ausführlich zur ökonomischen Funktion des Haftungsprivilegs Teil 3:B.I.1.

277 *Behrens*, in: FS Drobnig 1998, S. 491, 502.

aufwertet, profitieren auch die Nachbarn von den Reparaturen des Eigentümers, ohne dass sie hierfür eine Kompensation entrichten müssten. Das effiziente Sanierungsniveau q* ist damit höher als das private Reparaturniveau q_1 des Eigentümers. Es liegt am Schnittpunkt der gesellschaftlichen Grenznutzenkurve GGU mit der Grenzkostenkurve GK.[297] Die ökonomische Ineffizienz folgt daraus, dass der Hauseigentümer nicht den gesamten Nutzen aus seiner Reparaturarbeit erfährt. Folglich ist der Preis P_1, den er für die Reparatur bezahlen muss, zu hoch, um ihn dazu zu veranlassen, das Gebäude in einem gesellschaftlich optimalen Zustand zu versetzen. Das Gebäude wird der Eigentümer erst dann in einen effizienten Umfang q* sanieren, wenn der Preis von P_1 auf P* absinkt.[298]

Abbildung 5:[299] *Externer Nutzen*

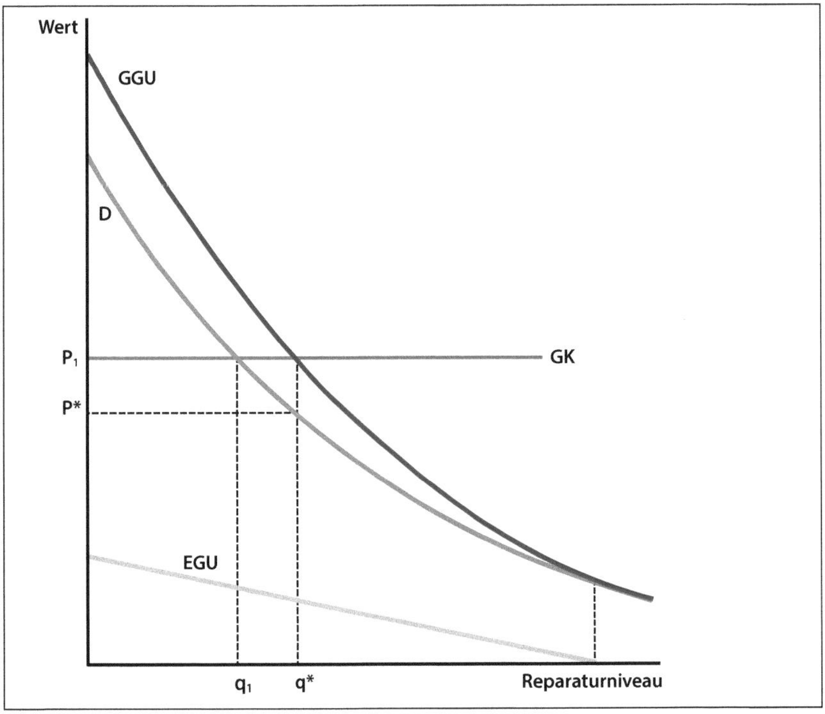

297 *Pindyck/Rubinfeld*, S. 839.

298 *Pindyck/Rubinfeld*, S. 840.

299 Abbildung 5 entspricht Abbildung 18.2 bei *Pindyck/Rubinfeld*, S. 839.

Ein weiteres Beispiel einer positiven Externalität sind Ausgaben, die Unternehmen für die Forschung und Entwicklung (F&E) aufwenden. Die F&E-Tätigkeit führt oft zu Innovationen, von der die Öffentlichkeit insgesamt profitiert. Man denke etwa nur an die Erfindung des Internets oder die Entwicklung des ersten PCs. Ohne patent- oder urheberrechtlichen Schutz können Erfindungen nicht wirksam vor dem Zugriff der Konkurrenz geschützt werden. Kann ein neuartiges Produkt von den Wettbewerbern frei kopiert werden, ohne dass sie hierfür eine Kompensation an den Erfinder entrichten müssten, bestünde kein Anreiz für Unternehmen Gelder in die Grundlagenforschung zu investieren. Da die Öffentlichkeit jedoch ein großes Interesse an der Bereitstellung solcher Güter hat, ist der gesellschaftliche Grenznutzen, der mit der F&E-Tätigkeit verbunden ist höher als der private Grenznutzen des Unternehmens. Als Folge wird der Markt zu wenig von diesen Gütern bereitstellen.[300]

cc) Pekuniäre Effekte

Externalitäten sind abzugrenzen von pekuniären Effekten. Pekuniäre Effekte wirken sich auf Dritte aus, sind aber eine mittelbare Folge von Marktbeziehungen.[301] Wenn sich der Inhaber eines Cafés entschließt seinen Kaffeebedarf zukünftig nicht mehr über den nahe gelegenen Feinkostladen zu beziehen, sondern über den Großhandel, so wird das Feinkostgeschäft Umsatzeinbuße erleiden. Der Verlust ist ein pekuniärer Effekt, der sich als Nachteil für eine dritte Partei herausstellt. Pekuniäre Effekte sind jedoch keine Form des Marktversagens, sondern gerade das Ergebnis einer effizienten Ressourcennutzung.[302]

b) Herstellung einer optimalen Externalität

Obwohl negative Externalitäten zu Wohlfahrtsverlusten führen, ist es ökonomisch nicht sinnvoll, jede Schädigung zu beseitigen. Das Ziel muss vielmehr darin bestehen, sowohl die Schadensvermeidungs- als auch die Schadenskosten zu verringern. Angestrebt wird also ein „optimales Niveau" einer Externalität.[303]

Abbildung 6 zeigt dies für den Fall *negativer externer Effekte*. Ausgegangen wird von einem Unternehmen, das bei der Kupferproduktion Schadstoffe freisetzt und dadurch die Luft der Umgebung verunreinigt.[304] Der Einfachheit halber wird

---

300 *Pindyck/Rubinfeld*, S. 840.

301 *Fritsch*, S. 81.

302 *Schäfer/Ott*, S. 424.

303 *Fritsch*, S. 88.

304 Der Fall gleicht mit gewissen Abweichungen dem Beispielsfall bei *Pindyck/Rubinfeld*, S. 842 ff.

unterstellt, dass eine Reduktion des Schadstoffausstoßes nur dadurch bewirkt werden kann, dass die Produktion verringert oder die eingesetzte Technik verbessert wird, indem z.B. ein Filter in den Schornstein eingebaut wird. Zudem wird angenommen, dass der Hersteller seine Entscheidungen über die Produktionsmenge und den Schadstoffausstoß unabhängig voneinander trifft und seine gewinnmaximierende Produktionsmenge bereits festgelegt hat.[305] Um beurteilen zu können, ob eine Reduktion des Schadstoffausstoßes ökonomisch effizient ist, muss man die *Grenzkosten der Emissionsvermeidung* (GKA), die dem Kupferhersteller entstehen, den dadurch vermiedenen *externen Grenzkosten* (EGK) gegenüber stellen.[306] In Abbildung 6 misst die EGK-Kurve den mit der Emission verbundenen gesellschaftlichen Schaden. Sie verläuft steigend, da der Schaden umso höher ausfällt, je ausgeprägter die Externalität ist. Im Rahmen empirischer Studien wurde gezeigt, dass die Geschädigten die ersten Einheiten einer Emission als nicht besonders störend empfinden. Das ändert sich jedoch mit steigenden Belastungen.[307] Die Kosten der Emissionsvermeidung nehmen dagegen einen umgekehrten Verlauf. Die GKA-Kurve verläuft fallend, da die Vermeidungskosten zu Beginn eher gering und bei hoher Emissionsreduktion beträchtlich ausfallen dürften. Emissionen lassen sich in geringem Umfang schon dadurch senken, dass das Unternehmen seinen Produktionsplan umstellt. Größere Einsparungen lassen sich dagegen erst erzielen, wenn der gesamte Produktionsprozess umgestellt wird.[308] Wie Abbildung 6 zeigt, erzielt der Produzent den höchsten Gewinn, wenn er sein Emissionsniveau bei 26 Einheiten festsetzt. Hier sind die Grenzvermeidungskosten gleich null. Das „optimale" Emissionsniveau liegt jedoch nicht bei 26 Einheiten, sondern bei 12 Einheiten und damit im Punkt E^*. In diesem Punkt ist der gesamtgesellschaftliche Schaden, der durch die Schadstoffbelastung entsteht, mit 3 Euro, genauso hoch wie die Grenzkosten des Produzenten zur Emissionsvermeidung. Sinkt das Emissionsniveau auf einen Punkt unterhalb der optimalen Menge E^* – etwa auf E_0 –, dann übertreffen die privaten Grenzkosten des Produzenten mit 7 Euro den sozialen Grenzschaden in Höhe von 2 Euro. Die Vermeidungskosten stehen hier in keinem angemessenen Verhältnis mehr zum dadurch vermiedenen Grenzschaden in Höhe von 5 Euro. Beträgt das Emissionsniveau des Produzenten dagegen E_1, dann liegen die externen Grenzkosten mit 4 Euro oberhalb der pri-

305 *Pindyck/Rubinfeld*, S. 843.

306 Die Begriffe externe bzw. gesellschaftliche Grenzkosten werden in dieser Arbeit synonym verwendet.

307 *Fritsch*, S. 88.

308 *Pindyck/Rubinfeld*, S. 844.

vaten Grenzvermeidungskosten von 1 Euro. Das Emissionsniveau ist in diesem Fall offensichtlich zu hoch und muss korrigiert werden.[309]

Abbildung 6:[310] Das effiziente Emissionsniveau

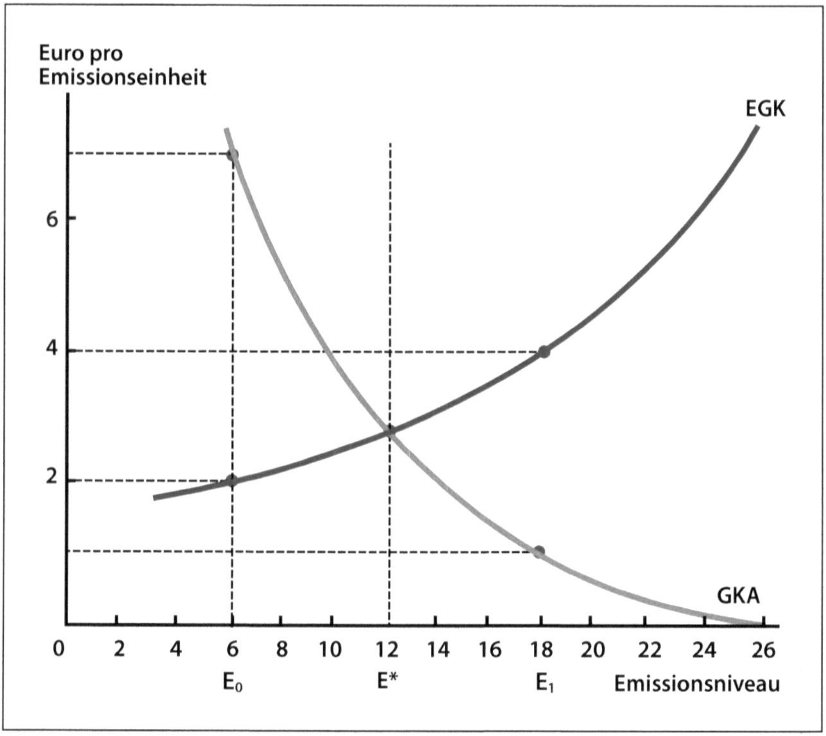

Für den Fall negativer Externalitäten lässt sich festhalten, dass die Reduktion, ökonomisch betrachtet, nur dann von Vorteil ist, wenn der mit der Emission vermiedene Schaden die Grenzkosten des Verursachers übersteigt. Da die vollständige Unterbindung der Externalität oftmals mit hohen Kosten verbunden ist, eine sehr geringe Emissionsmenge sich aber häufig als wenig schädlich erweist, sprechen Kosten-Nutzen-Erwägungen gegen eine vollständige Beseitigung. Der „optimale Umfang" ist aus gesellschaftlicher Sicht erreicht, wenn der in Geldeinheiten berechnete externe Grenzschaden genauso hoch ist wie die Grenzkosten der Scha-

309 *Pindyck/Rubinfeld*, S. 844.

310 Abbildung 6 entspricht Abbildung 18.4 bei *Pindyck/Rubinfeld*, S. 843.

densvermeidung. Das setzt jedoch die korrekte Bewertung und Geltendmachung aller Schäden voraus. Oft kann weder das eine noch das andere gewährleistet werden. So bleiben Schäden unkompensiert, weil es zu aufwendig ist, sie einzuklagen, so etwa wenn die Geschädigten über eine Versicherung verfügen oder der Schädiger unbekannt ist. Selbst wenn eine Zahlung erfolgt, gleicht sie nicht immer den gesamten Schaden aus. Die Kosten, die auf der Grundlage von Marktpreisen berechnet werden, spiegeln zumeist nicht den gesamten Schaden wieder.[311] Wenn z.B. durch die Einleitung von Abwässern in einen Fluss Fische aussterben, verursacht dies bei den Fischern Vermögenseinbußen, die den Marktwerten der nicht gefangen Fische entsprechen. Der ökologische Gesamtschaden, der durch die Einleitung der Abwässer in den Fluss entsteht, fällt häufig wesentlich höher aus. Hinzu kommt, dass bei einer Vielzahl von anderen Schäden eine marktmäßige Bewertung gar nicht möglich ist. So bereitet es z.B. Schwierigkeiten den Schmerz oder die Trauer von Personen, die durch eine Erkrankung eines Angehörigen ausgelöst wird, in Geldeinheiten zu beziffern.[312] Trotz dieser Probleme, bleibt die Aussage der ökonomischen Analyse jedoch richtig, dass eine Schadensvermeidung nicht in jedem Fall geboten ist. Es gibt nicht nur ein optimales Maß an Vermeidungsaufwand, sondern auch ein optimales Schädigungsniveau.

Bei positiven Externalitäten lässt sich ein solches Optimum in entsprechender Weise ermitteln. Hier geht es allerdings nicht darum ein privates Handeln sinnvoll zu beschränken, sondern darum, eine Aktivität in einem gesellschaftlich erwünschten Maße zu stimulieren. Die Größen, die zur Herleitung des sozialen Optimums benötigt werden, sind die Grenzkosten der Erzeugung sowie der gesellschaftliche Grenznutzen, der durch die positive Externalität hervorgerufen wird. In den Wirtschaftswissenschaften geht man davon aus, dass die Grenzkosten mit zunehmendem Ausmaß der positiven Externalität ansteigen. Umgekehrt nimmt man an, dass der Grenznutzen aus der Bereitstellung mit dem Ausmaß der positiven Externalität abnimmt.[313] Das lässt sich bei der F&E-Tätigkeit von Unternehmen aufzeigen. Bei Unternehmen, die in die Grundlagenforschung investieren, konnte beobachtet werden, dass diese Erkenntnisse erhebliche sozialen Veränderungen mit sich brachten. Man denke etwa an die Entwicklung des PCs oder Internets. Beides trug dazu bei, dass sich die Kommunikation beschleunigte, die Globalisierung voranschritt und neue Märkte sich eröffneten. Sofern das Ursprungsobjekt jedoch nur verbessert, wird der soziale Nutzen hieraus eher

311 *Pindyck/Rubinfeld*, S. 843 f.

312 *Schäfer/Ott*, S. 158.

313 *Pindyck/Rubinfeld*, S. 839.

gering sein. Das gesellschaftliche Optimum ist erreicht, wenn sich private Grenzkosten und externer Grenznutzen aus der F&E-Tätigkeit entsprechen. Liegt die Menge der ausgebrachten Güter oberhalb des Optimums, dann übersteigen die F&E-Ausgaben der Unternehmen den dadurch bewirkten gesellschaftlichen Nutzen. Liegt die Menge unterhalb des Optimums, ist eine Steigerung der Aktivität ökonomisch erwünscht, weil der zusätzliche Nutzen größer ist als der Aufwand für deren Erzeugung.[314]

c) Instrumente der Internalisierung

Es gibt unterschiedliche Methoden mit denen negative Externalitäten internalisiert werden können. Nachfolgend werden einige wichtige Maßnahmen dargestellt und deren Vor- bzw. Nachteile aufgezeigt.

aa) Ge-/Verbote und Auflagen

Ein beliebtes Mittel sind Ge- oder Verbotsgesetze. Aus ökonomischer Sicht sind sie jedoch nur selten ein probates Mittel zur Internalisierung negativer externer Effekte. Zwar können durch sie unerwünschte Verhaltensweisen unterbunden werden, jedoch stellt sich regelmäßig das Problem der richtigen Eingriffsdosierung.[315]

Da die vollständige Beseitigung negativer Externalitäten nicht wohlfahrtsoptimal ist,[316] erlässt der Gesetzgeber häufig Verbotsgesetze mit Erlaubnisvorbehalt, die z.B. die Einhaltung bestimmter Emissionswerte festlegen. Zu diesen Vorschriften zählen etwa die TA-Luft oder die BImSchV, die zur Konkretisierung des BImSchG herangezogen werden. Wird der Grenzwert überschritten, kann es zu Bußgeldern, Stilllegungen oder strafrechtlichen Konsequenzen kommen.[317] Abbildung 7 veranschaulicht die Wirkung solcher Grenzwerte. Das optimale Emissionsniveau aus Sicht des Unternehmens liegt bei 26 Einheiten. Aus gesellschaftlicher Perspektive ist dieses Niveau jedoch nicht erstrebenswert, weil hier die externen Grenzkosten am höchsten sind. Optimal wäre dagegen ein Emissionsniveau von 12 Einheiten (Punkt E*), da sich hier die EGK- und die GKA-Kurve schneidet. Wird an diesem Punkt der zulässige Grenzwert festgelegt, dann wird sichergestellt, dass das Unternehmen aus ökonomischer Sicht effizient produziert. Das Unternehmen kann sein Emissionsvolumen von 26 auf 12 Einheiten zurückführen, indem es entweder weniger produziert oder Filter zur Emissionsvermeidung einbaut. Der Grenzwert stellt sicher, dass ein Brancheneintritt nur für

314 *Fritsch*, S. 88.
315 *Fritsch*, S. 107.
316 Vgl. dazu oben Teil 3:A.III.2.b).
317 *Bofinger*, S. 263.

solche Wettbewerber möglich ist, die auf dem effizienten Niveau ihre Produkte anbieten können.[318]

bb) Abgaben und Gebühren

Eine weitere Möglichkeit, das optimale Emissionsniveau E* zu erreichen, ist die Einführung einer Emissionsgebühr.[319] Da die Abgabe pro Emissionseinheit anfällt, wird der Verursacher vor die Wahl gestellt, entweder die Gebühr zu bezahlen oder die Emission zu vermeiden.[320] Rationale Unternehmensleiter werden den Emissionsausstoß des Unternehmens solange senken, bis die Grenzkosten der Emissionsvermeidung die Höhe der Emissionsgebühr erreicht. Wie Abbildung 7 zeigt, führt eine Emissionsgebühr von 3 Euro zu einem effizienten Ergebnis von 12 Einheiten, da in diesem Punkt die privaten und die sozialen Grenzkosten identisch sind. Durch die Einführung der Gebühr wird das Unternehmen in die Lage versetzt, seine Kosten zu minimieren, indem es den Ausstoß von 26 auf 12 Einheiten reduziert. Unterhalb dieses Niveaus, sind die Grenzkosten der Emissionsvermeidung höher als die Emissionsgebühr von 3 Euro. In diesem Fall wird das Unternehmen es vorziehen, die Gebühr zu bezahlen, anstatt seine Emissionen zu verringern. Die Kosten, die dem Unternehmen durch die Einführung einer Emissionsabgabe entstehen, setzen sich aus der Gesamtgebühr und den gesamten Grenzkosten der Emissionsvermeidung zusammen. In Abbildung 7 werden sie durch den schattierten Bereich gekennzeichnet. Da diese Kosten geringer sind als die Gebühr, die das Unternehmen zahlen müsste, wenn es seinen Ausstoß gar nicht zurückführen würde, hat das Unternehmen einen Anreiz sein Emissionsvolumen auf das optimale Niveau festzusetzen.[321]

---

318 Vgl. *Pindyck/Rubinfeld*, S. 844.

319 Der „klassische" Ansatz externe Effekte mittels einer Steuer bzw. Abgabe zu internalisieren ist die nach dem britischen Ökonomen *Arthur Pigou* benannte Pigou-Steuer. Die Pigou-Steuer ist eine Lenkungsabgabe, die weniger einen fiskalischen Zweck verfolgt, sondern vielmehr dazu dient, das Verhalten der Adressaten gezielt in eine bestimmte Richtung zu steuern. Der Verursacher einer negativen Externalität soll hiernach so besteuert werden, dass die sozialen und privaten Grenzkosten bei der gesamtwirtschaftlich optimalen Ausbringungsmenge identisch sind. *Pigou*, The Economics of Welfare, 2. Auflage, London 1924.

320 *Fritsch*, S. 111.

321 *Pindyck/Rubinfeld*, S. 845.

Abbildung 7:[322] *Grenzwerte und Gebühren*

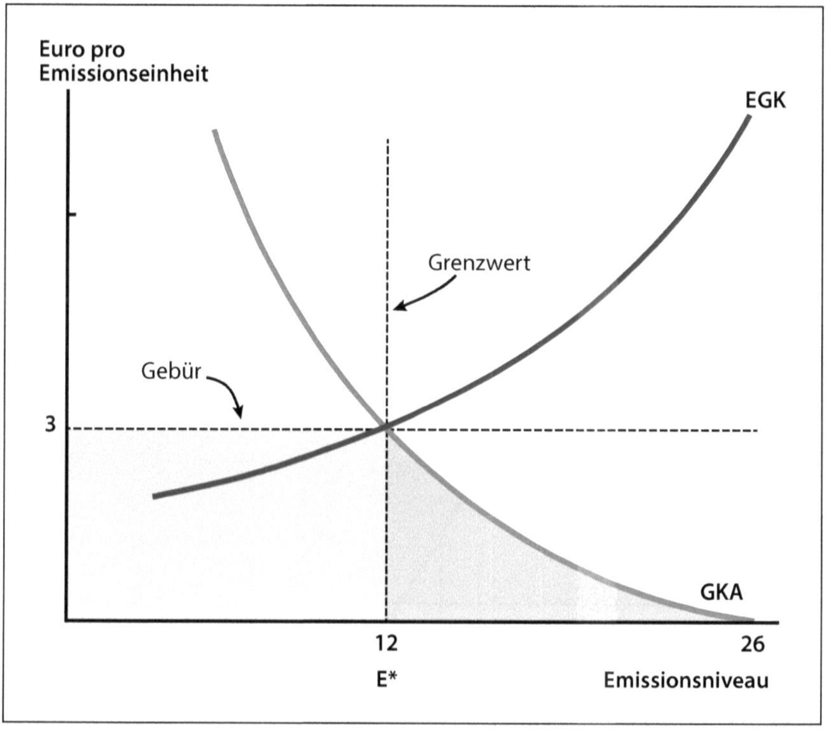

Gebühren haben gegenüber Grenzwerten einige ökonomische Vorteile. Das gilt insbesondere, wenn Unternehmen aufgrund der Emissionen die gleichen sozialen Grenzkosten verursachen, jedoch unterschiedliche Vermeidungskosten haben. Abbildung 8 verdeutlicht, warum in einem solchen Fall Gebühren einem Grenzwert vorzuziehen sind. GKA_1 und GKA_2 sind die Grenzkostenkurven der Emissionsvermeidung zweier Unternehmen. Der Emissionsausstoß beträgt ursprünglich jeweils 14 Einheiten. Angenommen das Ziel einer Regulierung besteht darin den gesamten Schadstoffausstoß um die Hälfte zu verringern. Verlangt der Gesetzgeber von beiden Unternehmen, dass sie ihre Emissionen um 7 Einheiten reduzieren, dann steigen die Grenzkosten der Vermeidung für Unternehmen 1 von 3 Euro auf 3,75 Euro, während sie für Unternehmen 2 von 3 Euro auf 2,50 Euro fallen. Da die zusätzlichen Vermeidungskosten für Unternehmen 1 höher sind,

322 Abbildung 7 entspricht Abbildung 18.5 bei *Pindyck/Rubinfeld*, S. 843.

als die ersparten Aufwendungen für Unternehmen 2, kommt es zu keiner effizienten Lösung. Ein effizientes Ergebnis wird dagegen durch die Erhebung einer Emissionsgebühr von 3 Euro erzielt. Die Gebühr bewirkt, dass das Unternehmen 1 seinen Ausstoß um 6 Einheiten und Unternehmen 2 seinen Ausstoß um 8 Einheiten senkt. Zwar führt die Emissionsgebühr zu demselben Emissionsniveau, erreicht dies aber zu geringeren Kosten als ein für alle Unternehmen geltender Emissionsgrenzwert.[323]

Abbildung 8:[324] *Grenzwerte und Gebühren*

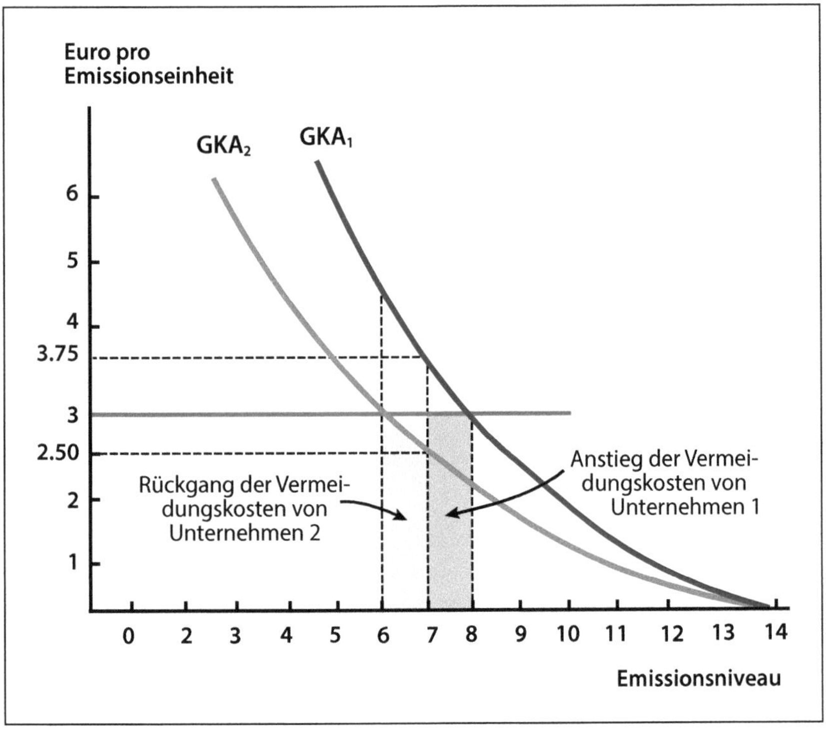

Ein weiterer Vorteil besteht darin, dass von Gebühren ein noch stärkerer Anreiz ausgeht neue Produktionsverfahren zu entwickeln, die dazu beitragen, den Emissionsausstoß zu reduzieren. Angenommen eine Vorschrift setzt das Emissionsniveau auf 8 Einheiten fest. Wenn das Unternehmen 1 durch den Einsatz neuer

323 *Pindyck/Rubinfeld*, S. 846.

324 Abbildung 8 entspricht der Abbildung 18.6 bei *Pindyck/Rubinfeld*, S. 847.

Produktionsmethoden seine Grenzkosten von GKA_1 auf GKA_2 senken kann, dann wird es sich dafür entscheiden, weil es dadurch die Kosten zur Einhaltung des Grenzwerts verringern kann. Statt 3 Euro betragen die Grenzkosten zur Emissionsvermeidung nur noch 2 Euro. Die Einführung einer Emissionsgebühr in Höhe von 3 Euro würde dagegen einen noch stärkeren Anreiz geben in den technischen Fortschritt zu investieren. Durch die neue Technik verringern sich nämlich nicht nur die Vermeidungskosten für die ersten 6 reduzierten Einheiten, sondern es lohnt sich zudem das Emissionsniveau um 2 weitere Einheiten von 8 auf 6 Einheiten zu reduzieren, weil die Grenzkosten der Emissionsreduktion geringer sind, als die Höhe der Emissionsgebühr.[325]

Grenzwerte erweisen sich dann als vorteilhaft, wenn die externe Grenzkostenkurve sehr steil verläuft, die Grenzkostenkurve der Emissionsvermeidung dagegen relativ flach ist.

cc) Handelbare Zertifikate

Das optimale Emissionsniveau kann auch durch handelbare Emissionszertifikate erreicht werden. Hierbei wird den Unternehmen gestattet, Schadstoffe bis zu einer bestimmten Menge freizusetzen. Nur wer ein Schädigungsrecht besitzt, ist zur Schädigung in einem entsprechenden Umfang pro Periode berechtigt. Unternehmen, die mehr Schadstoffe freisetzen, können mit Geldbußen belegt werden.[326] Die Gesamtsumme der erlaubten Emissionen wird von der Regulierungsbehörde so gewählt, dass sie der gewünschten Höchstsumme an Schadstoffen entspricht.[327] Entscheidend ist, dass die Schädigungsrechte handelbar sind, also gekauft und verkauft werden können. Werden die Rechte gehandelt, bildet sich durch das Zusammenspiel von Angebot und Nachfrage ein Marktgleichgewicht, bei dem der Preis für ein Zertifikat den Grenzkosten der Emissionsvermeidung aller Unternehmen entspricht. Ist der Preis für ein Zertifikat höher als die Grenzvermeidungskosten, ist es für ein Unternehmen vorteilhaft, die Emission zu unterlassen und das Recht zu verkaufen. Liegen die Grenzvermeidungskosten dagegen über dem Zertifikatskurs, werden Unternehmen ihre Emissionsrechte nutzen oder neue hinzukaufen.[328]

Die Wirkung von Zertifikaten zeigt Abbildung 8. Es wird unterstellt, dass beide Unternehmen Emissionszertifikate besitzen, die ihnen das Recht einräumen, bis zu 7 Einheiten an Schadstoffen freizusetzen. Da Unternehmen 1 relativ hohe

---

325 *Pindyck/Rubinfeld*, S. 847.

326 *Bofinger*, S. 263.

327 *Pindyck/Rubinfeld*, S. 849.

328 *Fritsch*, S. 124.

Grenzkosten der Emissionsvermeidung hat, wird es für ein Emissionszertifikat, das die Emission einer Schadstoffeinheit erlaubt, bis zu 3,75 Euro bezahlen. Für Unternehmen 2 liegt der Wert eines solchen Zertifikats dagegen nur bei 2,50 Euro, weil jeder höhere Preis über den eigenen Grenzkosten der Emissionsvermeidung liegt. Für Unternehmen 1 ist es daher lohnenswert sein Zertifikat für einen Preis zwischen 2,50 Euro und 3,75 Euro an Unternehmen 1 zu veräußern.[329]

Handelbare Emissionszertifikate schaffen einen Markt für negative Externalitäten. Der Vorteil dieses Ansatzes liegt darin, dass er die positiven Merkmale eines Grenzwertsystems mit den Kostenvorteilen eines Gebührensystems vereint. Ebenso wie bei einem Grenzwertsystem legt der Gesetzgeber die Gesamtzahl der Zertifikate und damit auch die Emissionsobergrenze fest. Da die Zertifikate handelbar sind, ist es möglich, den aus gesellschaftlicher Sicht optimalen Emissionsausstoß mit minimalen Kosten zu erzielen.[330]

dd) Verhandlungen

Coase hat 1960 in seinem Aufsatz „The Problem of Social Costs" gezeigt,[331] dass negative Externalitäten auch durch rein private Verhandlungen pareto-optimal internalisiert werden können. Dies setzt allerdings voraus, dass die Handlungsrechte eindeutig spezifiziert, frei übertragbar und die Transaktionskosten, d.h. die Kosten der Information, Koordination und Durchsetzung, gleich Null sind.[332] Das Coase-Theorem beruht auf folgender Überlegung: Bei vollständiger Information und Markttransparenz, wäre es für jeden Marktakteur möglich, sich Klarheit darüber zu verschaffen, von wem er mit nicht kompensierten Kosten belastet wird. Sind die Transaktionskosten vernachlässigbar gering, dann könnten sich die betroffenen Parteien mit den Schädigern in Verbindung setzen und Ausgleichszahlungen aushandeln.[333] Auf diese Weise würde sich eine effiziente Allokation der Rechte und Güter ganz unabhängig von der originären Zuteilung der Handlungsrechte ergeben.[334] Es ist daher irrelevant, ob die

---

329 Beispiel nach *Pindyck/Rubinfeld*, S. 849.

330 *Pindyck/Rubinfeld*, S. 850.

331 *Coase*, 3 J. L. & Econ., 1960, 1-44.

332 Zum Coase-Theorem *Schäfer/Ott*, S. 72 ff.; *Cooter/Ulen*, S. 89: „When transaction costs are zero, an efficient use of resources results from bargaining, regardless of the legal assignment of property rights".

333 *Bitter*, S. 152.

334 Die Bezeichnung Coase-Theorem geht auf den Nobelpreisträger *George Stigler* zurück, der diesen Begriff erstmalig 1966 verwendet hat, vgl. *Stigler*, The Theory of Price, 3. Auflage, New York Mc Millan, S. 113: „The Coase theorem asserts that under perfect competition private and social costs will be equal".

Rechtsordnung dem Verursacher der Externalität ein Recht auf diese Schädigung zubilligt oder ihn dafür haftbar macht.[335]

Das wird deutlich, wenn man sich das Beispiel mit dem Kohlekraftwerk in Erinnerung ruft.[336] *Ohne Schadenshaftung* wird das Unternehmen sein Emissionsniveau nur zurückführen, wenn es als Gegenleistung eine Ausgleichszahlung erhält. Sowohl der Emittent als auch die Geschädigten haben ein Interesse daran, den Schadstoffausstoß zurückzuführen. Würde das Kraftwerk seine Emissionen von 26 auf 18 Einheiten reduzieren, bliebe den Geschädigten ein Grenzschaden in Höhe von 4 Euro erspart. Dieser Betrag ergibt sich aus der Differenz zwischen dem Grenzschaden (EGK) bei einem Emissionsniveau von 26 Einheiten und dem Grenzschaden bei einem Emissionsniveau von 18 Einheiten. Das Kohlekraftwerk kann dieses Niveau erreichen, indem es Grenzkosten (GKA) in Höhe von 1 Euro aufwendet. Da der externe Grenznutzen über den privaten Grenzkosten der Emissionsvermeidung liegt, bestehen Möglichkeiten zur Allokationsverbesserung. Die Geschädigten werden dem Unternehmen daher eine Kompensation anbieten, damit es seine Emissionen zurückführt. Das Kraftwerk wird das Angebot annehmen, wenn die Zahlung die privaten Kosten der Emissionsvermeidung abdeckt, also einen Betrag von mindestens 1 Euro umfasst. Da die Geschädigten bereit sind für die Reduktion einen Betrag zwischen 0 und 4 Euro aufzuwenden, wird es zu einem entsprechenden Geschäft kommen. Ein Vertrag stellt die Parteien im Vergleich zur Ausgangslage besser und führt mithin zu einer pareto-optimalen Ressourcenallokation. Vereinbarungen werden solange zustande kommen bis die Differenz zwischen externen Grenzschaden und privaten Grenzvermeidungskosten gleich null ist.[337] Daraus folgt, dass ein geringeres Emissionsniveau als 12 Einheiten nicht erreicht werden könnte, weil in diesem Fall die privaten Kosten zur Emissionsvermeidung den externen Grenzschaden übersteigen. Der Wohlfahrtsgewinn setzt sich aus dem Gewinn von Schädiger und Geschädigten zusammen.

Im Fall mit *Schadenshaftung*, ist dem Emittenten die Erzeugung externer Kosten untersagt, jedoch hat er die Möglichkeit, den Geschädigten ihr Abwehrrecht abzukaufen. Ein Vertrag wird zustande kommen, wenn den Geschädigten wenigstens der entstehende Schaden ersetzt wird. Sind die Grenzkosten der Schadensreduktion größer als der externe Grenzschaden, kann der Emittent die Geschädigten durch seine ersparten Aufwendungen kompensieren.[338] Ein Potential für derartige Vereinbarungen ist solange gegeben, bis die privaten Grenzkosten

335 *Cooter/Ulen*, S. 87.

336 Zur „Bargaining-Theory“ *Cooter/Ulen*, S. 78 ff.

337 *Fritsch*, S. 119.

338 *Fritsch*, S. 119.

der Emissionsvermeidung die gleiche Höhe aufweisen wie der Grenzschaden. An diesem Punkt ist das Optimum der negativen Externalität erreicht.[339]

Die Fälle zeigen, dass sich ein effizientes Ergebnis auch durch Verhandlungen unabhängig von der jeweiligen Zuordnung der Handlungsrechte einstellen kann. Dies gilt allerdings nur, wenn die Transaktionskosten gering sind.[340] Häufig ist jedoch schon unklar, wer genau den Schaden verursacht hat bzw. wie hoch Kosten und Nutzen eines bestimmten Verhaltens sind. Während Vertragsgläubiger es grundsätzlich in der Hand haben, externe Effekte mittels des Vertragsrechts zu internalisieren, scheidet eine solche Möglichkeit bei Deliktsgläubigern aus. Man stelle sich etwa vor, jedes potentielle Unfallopfer im Straßenverkehr müsste vor dem Unfall mit sämtlichen potenziellen Schädigern in Verhandlungen treten, um das optimale Sorgfaltsniveau auszuhandeln.[341] Das dies ein Ding der Unmöglichkeit ist, liegt auf der Hand. Verhandlungen zwischen den Beteiligten werden zwar in vielen Fällen ein probates Mittel zur Internalisierung externer Effekte sein, jedoch stößt diese Lösung an Grenzen, wenn keinerlei vertragliche Beziehungen zwischen den Beteiligten bestehen oder die Verhandlungsmacht des Verursachers übermäßig groß ist. Bei bestimmten Geschäften, wie der Kreditvergabe von Banken, zeigt sich jedoch, dass eine Internalisierung externer Risiken mittels vertraglicher Instrumente durchaus zu effizienten Lösungen führen kann.[342]

Bevor der möglichen Internalisierung von unternehmerischen Risiken nachgegangen wird, soll die ökonomische Bedeutung von bestandsgefährdenden Risiken aufgezeigt werden.

B. Ökonomische Bewertung von Insolvenzrisiken

Bestandsgefährdende Risiken wecken häufig negative Assoziierungen. Bei einer Insolvenz der Gesellschaft ist die Gefahr nicht nur groß, dass die Gläubiger Forderungen abschreiben müssen, sondern auch die Arbeitnehmer ihren Arbeitsplatz verlieren. Auf den ersten Blick erscheint es daher plausibel, wenn gefordert wird, dass derartige Risiken nicht eingegangen werden dürfen. Dabei wird jedoch übersehen, dass von bestandsgefährdenden Risiken auch überragende positive externe Effekte ausgehen können.

---

339 *Fritsch*, S. 120.

340 *Richter/Furubotn*, S. 13 ff. sprechen von der „sonderbaren Welt kostenloser Transaktionen".

341 *Fritsch*, S. 128.

342 Dazu unten Teil 3:B.II.1.

I. Schaffung neuer Güter und Technologien

Die Erzeugung neuer Güter und Technologien setzt das Eingehen bestimmter Risiken voraus. Sich dem Wettbewerb zu entziehen, bedeutet sich mit dem Marktaustritt abzufinden.

1. Der Wettbewerbsdruck

Ökonomisches Handeln ist stets unsicherheitsbehaftet. Es birgt die Gefahr, dass Erwartungen nicht erreicht werden und Verluste eintreten. Die Absage an eine bestimmte Entscheidung bedeutet jedoch umgekehrt, dass die Marktchancen ungenutzt bleiben. Wie sich im Folgenden zeigen wird, führt der Wettbewerbsdruck gerade in schnelllebigen Märkten zu verbesserten Produkten und fallenden realen Preisen.[343]

a) Preiswettbewerb

Die Folgen des Preiswettbewerbs zeigen sich bei homogenen Gütern. Ein Unternehmen, das für ein substituierbares Gut einen höheren Preis verlangt als die Konkurrenz, wird seinen Kundenstamm verlieren. Der Wechsel der Kunden zu den günstigeren Anbietern vollzieht sich umso schneller, je transparenter die Marktpreise sind.[344] Die Transparenz führt zugleich dazu, dass sich der Marktpreis und die Marktkosten annähern. Liegt der Marktpreis über den Marktkosten, dann besteht ein Anreiz für die Anbieter ihren Absatz und ihren Gewinn zu steigern, indem sie ihren Preis unter das Marktniveau absenken. Hierdurch können sie neue Kunden ansprechen und ihren Marktanteil vergrößern. Das hat zur Folge, dass die übrigen Mitbewerber ihre Preise senken, weil sie anderenfalls den Markt verlassen müssten. Je näher eine Marktsättigung heranrückt, desto stärker sind sie gezwungen, mit tieferen Preisen breitere Käuferschichten anzusprechen. Im Ergebnis führt dies dazu, dass alle Unternehmensgewinne sinken und den Anbietern nur noch die Erträge verbleiben, die notwendig sind, um sie am Markt zu halten.[345]

Der Preiswettbewerb führt jedoch nicht nur dazu, dass sich der Marktpreis und die Kosten annähern, sondern auch dazu, dass neue Produktionsmethoden (sog. „Prozessinnovationen“) entwickelt werden. Unternehmen werden neue Herstellungsmethoden einsetzen, wenn diese zur Absenkung ihrer Produktkosten führen und sich dadurch höhere Gewinne erzielen lassen. Die Aussicht auf den höheren Ertrag ist somit der Anreiz für die Marktanbieter die Innovationen einzuführen

343 *Fisher/McGowan/Greenwood*, S. 129.
344 Vgl. *Fisher/McGowan/Greenwood*, S. 21.
345 Vgl. *Fisher/McGowan/Greenwood*, S. 21.

und unternehmerische Risiken einzugehen. Über den Wettbewerbsdruck werden die Unternehmen überdies gezwungen, die Kostensenkungen an ihre Kunden weiterzugeben. Kann der Innovator seinen Produktpreis unter den Marktpreis senken, dann gewinnt er zusätzliche Kunden und realisiert noch höhere Erträge. Wollen die Mitbewerber keine Marktanteile verlieren, dann werden sie ebenfalls neue Produktionsmethoden entwickeln und ihren Preis absenken. Im Ergebnis führt dies dazu, dass der Marktpreis auf das effiziente Kostenniveau gedrückt wird. Je schneller die Marktanbieter neue Produktionsmethoden einführen und je langsamer die Konkurrenz ist, desto eher wird es den innovativen Unternehmen gelingen einen zusätzlichen Profit zu erwirtschaften.[346]

b) Qualitätswettbewerb

Im Unterschied zu Märkten auf denen homogene Güter gehandelt werden, richtet sich die Nachfrage auf Märkten mit differenzierten Gütern nicht nur nach dem Preis, sondern auch nach der Qualität der Produkte. Der Wettbewerb wird hier in Form der Produkt- als auch in Form der Prozessinnovation ausgetragen.[347]

Die Anbieter differenzierter Produkte laufen Gefahr, Marktanteile zu verlieren, wenn sie den Wünschen ihrer Kunden nach bestimmten Produkteigenschaften nicht gerecht werden. Im schlimmsten Fall droht ihnen der Marktausschluss. Auf einem solchen Markt zwingt der Wettbewerb die Anbieter nicht nur dazu ihre Produkte zu verbessern, sondern auch dazu neue Produkte zu entwickeln. Bringt ein Unternehmen ein überlegenes Produkt auf den Markt, dann kann es hierfür einen höheren Preis veranschlagen als die Konkurrenz für ihre Produkte. Die Kunden werden das bessere Produkt vorziehen und bereit sein einen Preisaufschlag zu bezahlen. Dieser Aufpreis zeigt, dass das Preis-/Leistungsverhältnis des Produkts besser ist als bei anderen Produkten. Das Unternehmen, das die Produktinnovation eingeführt hat, wird seinen Absatz erhöhen können und durch den höheren Gewinn für das eingegangene Risiko und die Kosten der Entwicklung entschädigt. Gelingt es der Konkurrenz nicht gleich gute Produkte einzuführen, fällt der Gewinn für den Innovator noch höher aus, weil er sich für eine gewisse Dauer eine überlegene Marktstellung erarbeiten kann. Wie bei den Prozessinnovationen sind auch hier die Gewinnchancen aus der Einführung der Produktinnovation sowohl der Anreiz als auch die Belohnung dafür, dass das Unternehmen die Risiken auf sich nimmt. Durch den Wettbewerbsdruck wird die Konkurrenz gezwungen, der Innovation nachzueifern und ein ebenso gutes

---

346 Vgl. *Fisher/McGowan/Greenwood*, S. 22.

347 *Fisher/McGowan/Greenwood*, S. 30.

Preis-/Leistungsverhältnis anzubieten.[348] Unternehmen, die sich dem Wettbewerb entziehen, verlieren Marktanteile und werden langfristig aus dem Markt gedrängt.

c) Wem nützt der Wettbewerb?

Nutznießer des Wettbewerbs sind vor allem die Kunden. Sie profitieren, weil die Anbieter dazu angehalten werden, ihre Produkte laufend zu verbessern und ihre Preise zu senken.[349] Bei homogenen Gütern erhalten die Kunden durch die Einführung von Prozessinnovationen die gleichen Produkte zu günstigeren Preisen. Bei differenzierten Produkten profitieren sie von einem besseren Preis-/Leistungsverhältnis. Sie erwerben die Produkte zu niedrigeren Preisen und erhalten zugleich eine bessere Qualität.

Vom Wettbewerb profitieren jedoch auch die Hersteller der innovativen Erzeugnisse. Zwar besteht bei der Entwicklung eines neuen Produkts stets das Risiko, dass sie technologisch nicht umsetzbar ist oder von den Kunden nicht angenommen wird. Erweist sich die Innovation aber als Erfolg, kann das Unternehmen auf einen höheren Ertrag hoffen. Gelingt es den Mitbewerbern nicht, ähnliche Innovationen zu entwickeln, kann der Innovator neue Kunden gewinnen und seine Marktposition ausbauen. Dagegen machen die Unternehmen, denen es nicht oder nur sehr langsam gelingt, ihre Produkte zu erneuen oder ihre Produktionsmethoden zu optimieren, Verluste, weil sich ihre Kunden von ihnen abwenden. Scheuen Unternehmen Produkt- oder Prozessinnovationen, dann droht ihnen langfristig der Marktausschluss, da sie schlicht nicht mehr wettbewerbsfähig sind. Insolvenzen sind *prima facie* nicht das Ergebnis einer „räuberischen Preispolitik", sondern Ausdruck eines funktionierenden Wettbewerbs, da ineffiziente Unternehmen zum Marktaustritt bewegt werden. Die Gewinnaussichten sind für die Unternehmen ein Anreiz, die Produktionsmethoden zu optimieren oder neue innovative Produkte auf den Markt zu bringen. Verluste dienen dagegen als eine Art Sanktion für solche Unternehmen, die ineffizient produzieren und die „gewünschten" Güter nicht herstellen.[350] Wenn Unternehmen das Eingehen bestimmter Risiken untersagt wird (z.B. aufgrund gesetzlicher Vorgaben), besteht die Gefahr, dass ökonomisch erwünschte Innovationen unterbleiben und Marktstrukturen bestehen bleiben, die zu suboptimalen Ergebnissen führen. Ineffiziente Unternehmen könnten am Markt verbleiben, obwohl andere Unternehmen in der Lage wären, bessere und günstigere Produkte anzubieten.

---

348 *Fisher/McGowan/Greenwood*, S. 36.

349 *Fisher/McGowan/Greenwood*, S.129.

350 Vgl. *Fisher/McGowan/Greenwood*, S. 23.

Das Eingehen unternehmerischer Risiken ist jeder Wettbewerbsordnung immanent und aus ökonomischer Sicht ausdrücklich erwünscht. Das gilt auch für solche Risiken, die im Falle ihres Misserfolgs zur Insolvenz eines Marktakteurs führen können. Das lässt sich am Beispiel der Entwicklung des Systems/360 verdeutlichen.[351]

d) IBMs System/360

Die International Business Machines Corporation (IBM) mit Sitz in Armonk bei North Castle im US-Bundesstaat New York war bis Ende der 1940er Jahre im Lochkartengeschäft tätig und stieg in den 1950er Jahren in den Computer-Markt ein. Die ersten Modelle, die IBM herstellte, basierten noch auf der Vakuum-Röhren-Technik. Sie wurden 1954 ausgeliefert und fanden sowohl im kommerziellen als auch im wissenschaftlichen Bereich großen Anklang. Gegen Ende der 1950er Jahre nahm das Unternehmen die Vakuum-Röhren-Modelle vom Markt und ersetzte sie durch schnellere Transistor-Modelle. Als besonders populär erwies sich die 1400er Serie, deren Absatzzahlen neue Rekorde erreichten.

Trotz dieser Erfolge plante IBM die Einführung einer neuen Serie. Ziel war es nicht nur die eigenen Modelle, sondern vor allem die der Konkurrenz in den Schatten zu stellen. IBM war sich darüber im Klaren, dass sich der Computermarkt durch einen harten Wettbewerbsdruck auszeichnete und jedes Zögern die Gefahr vergrößerte als Marktführer verdrängt zu werden. Die Wettbewerbsintensität des EDV-Markts wird anhand einiger Aussagen deutlich. So wies *Reginald Jones*, ehemaliger Chairman und Chief Executive von General Electric (GE) in den 1970er Jahren darauf hin: „der Wettbewerb im Geschäft mit Computersystemen würde die Anbieter ununterbrochen zwingen, bessere Produkte zu niedrigeren Preisen auf den Markt zu bringen, um ihre alten Kunden zu halten und neue Kunden zu gewinnen. Jedes Mal, wenn wir versuchten einen Computer zu verkaufen, gab es eine Menge anderer Leute, die an die Tür des Kunden klopften und auch versuchten, ihm einen Computer zu verkaufen. Man musste etwas mit einem besseren Preis-/Leistungsverhältnis herausbringen als die existierenden Konkurrenzprodukte. Man wusste genau, dass die anderen einen überholen würden. Es ist ein dauerndes Bockspringen." *Winston R. Hindle*, Vizepräsident von Digital Equipment Corporation (DEC)[352] schrieb, dass „es in der (EDV)-Industrie, kein

351 Ausführlich zur IBM/360 *Fisher/McGowan/Greenwood*, S. 6 ff.

352 DEC war ein Pionier in der Computerindustrie und wurde 1998 vom Konkurrenten Compaq übernommen, das seit 2002 zu Hewlett-Packard gehört.

Zurückschauen gibt. Wenn man über die Vergangenheit nachdenkt und selbstzufrieden ist, werden die aggressiveren Konkurrenten einen schnell überholen."

Am 07. April 1964 stellte IBM das System/360 der Öffentlichkeit vor.[353] Die IBM/360 war das bis dahin größte private Investitionsvorhaben der Industriegeschichte. Die Projektkosten betrugen ca. 5 Milliarden US-Dollar (entspricht ca. 40 Milliarden US-Dollar heute). Damit übertrafen sie nicht nur den damaligen Jahresgewinn des Unternehmens von 3,2 Milliarden US-Dollar, sondern auch die Kosten des sog. „Manhattan-Projekts" zum Bau der Atombombe. Wegen der schier unglaublichen Summe bezeichnete das Wirtschaftsmagazin Fortune die Entwicklung des Systems/360 auch als „IBM's $ 5,000,000,000 Gamble".[354] Für *Bob Evans*, dem damaligen Projektleiter, war das Vorhaben eine sog. „Bet the Company Decision", weil der Fortbestand von IBM maßgeblich vom Erfolg dieses einzelnen Vorhabens abhing. Die Einführung des Systems/360 erwies sich als Riesenerfolg. IBM gelang es nicht nur seine Marktführerschaft im Computergeschäft auszubauen, sondern auch einen Standard zu setzen, der über Jahre nach seinem Gleichen suchte. In der Rückschau bezeichnete *Evans* die IBM/360 als „a damn good risk, and a lot less risk than it would have been to do anything else, or to do nothing at all".[355]

Der Markterfolg der IBM/360 hatte viele Gründe: Zunächst wies das neue Modell im Vergleich zu den Konkurrenzprodukten ein deutlich verbessertes Preis-/Leistungsverhältnis auf. Die bisherige Transistoren-Technik wurde durch die Solid-Logic-Technologie (SLT) ersetzt, die auf die Technik der integrierten Schaltkreise zurückgriff. Die Erkenntnisse, die IBM aus der neuen Technologie gewann, verschafften dem Unternehmen einen entscheidenden Wissensvorsprung gegenüber der Konkurrenz, den es für den späteren Übergang zu den vollintegrierten Schaltkreisen nutzen konnte. Ein weiterer Vorteil des neuen Systems bestand darin, dass es mit anderen IBM-Systemen kompatibel war. Vor der Markteinführung der IBM/360 war jedes System eine Neuschöpfung, mit eigener Systemstruktur, Peripherie und Software. Wechselten die Nutzer das System, mussten die bisher verwendeten Programme gelöscht und neu geschrieben werden. Das System/360 bot dagegen Prozessoren an, die übertragen werden konnten, sofern nur ausreichend Speicher und periphere Geräte vorhanden waren.[356] Dies verschaffte den Nutzern eine große Flexibilität und IBM einen entscheidenden Wettbewerbsvorteil. Mit der Einführung des neuen Modells gelang

353 *Fisher/McGowan/Greenwood*, S. 6.

354 Vgl. Fortune, Sept. 1966, S. 118 ff.

355 Zitat abgedruckt in der Fortune, Sept. 1966, S. 118.

356 *Fisher/McGowan/Greenwood*, S. 7.

es IBM einen neuen Industriestandard zu etablieren, dessen Weiterentwicklungen 80 bis 90 Prozent aller EDV-Hersteller folgten.[357] Im Gegensatz zu den Vorgängermodellen war das System auch nicht auf einen Anwendungsbereich beschränkt, sondern konnte sowohl im wissenschaftlichen als auch im kommerziellen Bereich eingesetzt werden.

Es erklärt sich von selbst, dass die Entwicklung der IBM/360 auch eine Reihe von Gefahren in sich barg: Für IBM bestand die Gefahr, dass der Markt die neue SLT-Technik ablehnen und auf Produkte der Konkurrenz ausweichen würde. Im Falle eines Misserfolgs wäre IBM gezwungen den Markt zu verlassen und einen Insolvenzantrag zu stellen. Zugleich war die Gefahr groß, dass die Wettbewerber ein ebenso gutes Produkt durch bloße Verbesserung der Transistor-Technologie entwickeln und dieses schneller und günstiger auf den Markt bringen würden.[358] Ein weiteres Risiko lag schließlich darin, dass die Kompatibilität zur Verlangsamung der Prozessoren führen bzw. die Herstellungskosten die Kompatibilitätsvorteile aufwiegen würden.

e) Zwischenergebnis

Wie am Beispiel der IBM/360 gezeigt wurde, kann das Eingehen von bestandsgefährdenden Risiken dazu führen, dass ein Unternehmen seine Marktposition entscheidend verbessern kann und positive externe Effekte durch das Bereitstellen neuer Produkte erzeugt werden. Gerade in schnelllebigen Industrien, wie dem EDV-Markt kommen Unternehmen nicht umhin ihre Produkte laufend zu verbessern und unternehmerische Risiken einzugehen. Sich dem Konkurrenzdruck zu entziehen, bedeutet sich aus dem Marktgeschehen zurückzuziehen. Das Nichteingehen von Risiken bedeutet häufig eine sehr viel größere Gefahr für den Fortbestand eines Unternehmens als sich dem Wettbewerbsdruck zu fügen und an den Marktchancen zu partizipieren.

Im Folgenden soll untersucht werden, welche an der Aktiengesellschaft beteiligten Gruppen ein Interesse an der Eingehung von (bestandsgefährdenden) Risiken haben. Wie sich zeigen wird, konfligieren die Interessen zum Teil erheblich.

357 Die Zeit, Das Hardwaremuseum (XIV): die IBM/360, vom 10.01.1997.

358 Diesen Weg wählte die Konkurrenz der Control-Data-Corporation (CDC), die kurz nach der Einführung des IBM System/360 den CDC 6600 auf den Markt brachte. Obwohl dieses System dem System/360 überlegen war, konnte IBM seinen Nimbus nutzen und seine Marktführerschaft erfolgreich verteidigen.

2. *Risikoeinstellungen der Stakeholder*

Die Risikoeinstellung der Stakeholder wird an einem Beispielsfall verdeutlicht: Die Software AG hat ein Eigenkapital in Höhe von 100.000 Euro. Die Schulden betragen 20.000 Euro. Das Unternehmen beschäftigt 80 fest angestellte Mitarbeiter. Da die Geschäfte der Software AG schon seit Jahren stagnieren berät der Vorstand am 25. Mai 2013 über zwei alternative Projekte, die einen Einsatz von jeweils 100.000 Euro verlangen: Bei Projekt A werden nach einem Jahr sicher 120.000 Euro an die Gesellschaft zurückfließen. Bei Projekt B sind dagegen drei Ausgänge möglich: 1) Es besteht eine Wahrscheinlichkeit von 25 Prozent, dass nach einem Jahr ein Cashflow von 280.000 Euro erzielt wird. 2) Mit einer Wahrscheinlichkeit von 50 Prozent wird ein Kapitalrückfluss von 140.000 Euro nach einem Jahr erreicht. 3) Es besteht eine 25-Prozent-Gefahr, dass es zu einem Totalverlust kommt und der Vorstand wegen Überschuldung und negativer Fortführungsprognose die Eröffnung des Insolvenzverfahrens beim zuständigen Amtsgericht beantragen muss. Der Diskontierungssatz beträgt 10 Prozent.

Aus ökonomischer Sicht ist Projekt B trotz des Insolvenzrisikos vorzugswürdig: Während der Erwartungswert von Projekts A lediglich 120.000 Euro beträgt,[359] weist Projekt B einen Erwartungswert von 140.000 Euro auf.[360] Auch der Nettobarwert ist höher. Während Projekt A einen Nettobarwert von nur NPV(A) = 9,1 Euro aufweist,[361] hat Projekt B einen Nettobarwert von NPV(B) = 27,3 Euro.[362]

a) Risikoaversion der Vorstände

Ein rationaler Vorstand hat kein Interesse an der Eingehung bestandsgefährdender Risiken. Das gilt jedenfalls, soweit er nicht selbst Aktionär ist oder an den Gewinnen der Gesellschaft nicht partizipiert.

Das ergibt sich aus folgender Überlegung: Manager handeln risikoavers. Sie bevorzugen Projekte, deren Nettobarwert und Risiko niedrig sind. Bei einer Insolvenz der Gesellschaft, droht den Managern nicht nur der Verlust ihres Arbeitsplatzes, sondern auch die Einbuße ihres in der Unternehmung gebunden „Humankapitals". Da dieses Investment vertragsspezifisch ist und das Arbeits-

---

359 Berechnung des Erwartungswerts: $\mu(A)$ = 120.000 Euro * 1 = 120.000 Euro.

360 Berechnung des Erwartungswerts: $\mu(B)$ = 280.000 Euro * 0,25 + 140.000 Euro * 0,5 + 0 Euro * 0,25 = 140.000 Euro.

361 Berechnung des Nettobarwerts: NPV(A) = -100.000 Euro + 120.000 Euro/1,1 = 9,1 Euro

362 Berechnung des Nettobarwerts: NPV(A) = -100.000 Euro + 140.000 Euro/1,1 = 27,3 Euro

platzrisiko nicht wegdiversifiziert werden kann, hängt der Wert des Humankapitals vom Fortbestand ihrer Anstellung ab.[363] Arbeitnehmer erwerben häufig fachspezifische Kenntnisse, die außerhalb eines bestimmten Arbeitsverhältnisses wertlos sind oder zumindest einen erheblichen Wertabschlag hinnehmen müssen. Ein Manager, der sich auf den Einkauf von Textilien in Asien spezialisiert hat, wird dieses Fachwissen nicht vollständig beim Kauf von Software einsetzen können, da der Handel mit Software spezielle EDV-Kenntnisse verlangt. Ein unfreiwilliger Wechsel des Arbeitgebers ist für ihn damit mit sog. „*sunk costs*" verbunden. Die Risikoaversion des Vorstands erklärt sich aber auch aus einer weiteren Überlegung: Da ein Misserfolg häufig als Indiz einer falschen Unternehmenspolitik gedeutet wird, wird sich eine Insolvenz negativ auf die Reputation des Vorstands auswirken und sein wirtschaftliches Fortkommen auf dem Arbeitsmarkt nachhaltig erschweren.[364]

Ein rationaler Vorstand wird sich im Beispielsfall für Projekt A aussprechen, weil die Gefahr eines unternehmerischen Fehlschlags hier nicht besteht und die Reputation bzw. das Humankapital am wenigsten gefährdet werden.[365]

b) Risikoaversion der Gläubiger

Rationale Gläubiger sind an einer risikoarmen Strategie ihrer Schuldnerin interessiert. Sie nehmen nur begrenzt an den Gewinnen der Unternehmung teil, tragen jedoch uneingeschränkt das Verlustrisiko.

Das Kernrisiko des Gläubigers ist das Ausfallrisiko. Hiermit ist die Gefahr gemeint, dass ein Schuldner auf eine Forderung des Gläubigers nicht leistet (sog. „Bonitätsrisiko") oder die Sicherheiten hinter dem erwarteten Wert zurückbleiben (sog. „Besicherungsrisiko").[366] Da die Gefahr einer Insolvenz das Ausfallrisiko des Gläubigers erhöht, hat er an einer zu riskanten Unternehmenspolitik seiner

363 *Bainbridge*, 57 Vand. L. Rev. 2004, 83, 113; *Easterbrook/Fischel*, S. 99; Vgl. *Gordon*, 69 U. Chi. L. Rev. 2002, 1233, 1245: "Managers generally make large firm-specific human capital investments in their firms and thus are risk-averse; shareholders in public firms generally are reasonably well-diversified (or at least have the opportunity to be) and thus are generally risk-neutral. Managers therefore might well choose projects with lower expected returns but less variance than shareholders otherwise would prefer. Executive stock options can solve this mismatch by compensating executives for the additional risk of the shareholder-preferred projects".

364 *Ruffner*, S. 234.

365 Vgl. auch *Rudolph*, S. 184.

366 *Ruzik*, BKR 2009, 133, 134.

Schuldnerin kein Interesse.[367] Das gilt im Grundsatz selbst dann, wenn das riskante Projekt im Vergleich mit dem risikoarmen Projekt einen höheren Kapitalwert aufweist und somit vorteilhaft wäre. Während die Eigentümer der Gesellschaft an den Chancen eines Projekts voll partizipieren, nehmen die Gläubiger nur insoweit teil, als der Gewinn aus dem Projekt dazu genutzt wird, um ihre Forderungen bei Fälligkeit zu erfüllen. Übersteigt der Gewinn jedoch den Betrag der Verbindlichkeiten, dann profitieren hiervon ausschließlich die Aktionäre bzw. der Vorstand, soweit entsprechende Vergütungsregelungen existieren. Die Gesellschaftsgläubiger nehmen an diesen Zusatzerträgen nicht teil, tragen aber das erhöhte Ausfallrisiko.[368] Sie werden deshalb jeder Geschäftsstrategie widersprechen, die auf Kosten zusätzlichen Ausfallrisikos die Rentabilität des Unternehmens erhöhen soll. Während die Aktionäre ein Interesse am *return on investment* haben, geht es den Gläubigern nur um den *return of investment*.[369]

Ein rationaler Gläubiger wird vorliegend daher zu Projekt A tendieren, da der Erwartungswert aus seiner Sicht 20.000 Euro beträgt und kein Ausfallrisiko aufweist.[370] Projekt B ist dagegen unsicher und hat nur einen Erwartungswert von 15.000 Euro.[371]

c) Risikoanreiz der Aktionäre

Aktionäre weisen einen hohen Risikoappetit in Bezug auf die Entscheidungen des Vorstands auf. Sie tendieren zu jedem Projekt mit einem positiven Nettobarwert.[372] Ist der Kapitalwert dagegen negativ, decken also die Rückflüsse nicht den

---

367 Ähnlich *Klöhn*, ZGR 2008, 110, 113; *Adams*, 20 Hofstra. L. Rev. 1991, 117, 125 ff.; *Davies*, EBOR 7 (2006), 301, 304 f.; *Lin*, 46 Vand. L. Rev. 1993, 1485, 1489 f.

368 *Baird/Jackson*, 55 U. Chi. L. Rev. 1988, 738, 787 f.; *Schwarcz*, 17 Cardozo L. Rev. 1996, 647, 650; *Klöhn*, ZGR 2008, 110, 113; *McDaniel*, 13 J. Corp. L. 1988, 205, 225 ff.

369 Treffend das Zitat von Will Rogers: „It's not so much the return on my money that concerns me as much as the return of my money", abgedruckt bei *Bainbridge*, 1 J. Bus. & Tech. L. 2006, 335, 357. Diese Aussage gilt natürlich nur, soweit man hybrides Fremdkapital und insbesondere sog. „Equity Kicker" oder partiarische Darlehen ausnimmt, die eine Gewinnbeteiligung vorsehen.

370 Berechnung des Erwartungswerts: $\mu(A) = 20.000 \text{ Euro} * 1 = 20.000 \text{ Euro}$.

371 Berechnung des Erwartungswerts: $\mu(B) = 20.000 \text{ Euro} * 0{,}75 + 0 \text{ Euro} * 0{,}25 = 15.000 \text{ Euro}$.

372 *Volkart*, S. 287; *Brealey/Myers/Allen*, S. 22: „How can the financial manager help the firm's stockholders? There is only one way: by increasing the market value of each stockholder's stake in the firm. The way to do that is to seize all investment opportunities that have a positive net present value".

Investitionsbetrag einschließlich der anzusetzenden Kapitalkosten ab, dann sollte die Investition nicht durchgeführt werden.[373] Bei mehreren Alternativen sollte der Vorstand das Projekt mit dem höchsten Nettobarwert auswählen.

aa) Aktionäre als Residualberechtigte

Die hohe Risikotoleranz der Aktionäre erklärt sich zunächst aus ihrer Stellung als Residualberechtigte. Nach § 271 Abs. 1 AktG wird unter die Aktionäre lediglich das nach der Berichtigung aller Verbindlichkeiten verbleibende Gesellschaftsvermögen verteilt.

Die Norm begründet das Recht auf Beteiligung am Liquidationserlös und legt zugleich den Verteilungsmaßstab fest.[374] Neben dem Gewinnanspruch nach § 58 Abs. 4 AktG handelt es sich um das wichtigste Vermögensrecht eines Gesellschafters. Ferner legt die Regelung die Subordination dieses Rechts gegenüber dem Anspruch der Gläubiger auf Befriedigung fest. Der Nachrang zeigt sich auch in der Regelung des § 57 Abs. 3 AktG, wonach vor Auflösung der Gesellschaft unter die Aktionäre nur der Bilanzgewinn verteilt werden darf. Diese Vermögensbindung wird durch § 271 Abs. 1 AktG in der Liquidation der Gesellschaft zwar aufgehoben, allerdings erst, wenn alle Gläubiger befriedigt sind.[375] Anders als das Gewinnrecht ist das Recht nach § 271 AktG nicht auf die Herbeiführung eines Verwendungsbeschlusses beschränkt. Die Verwendung des Liquidationserlöses ist vom Gesetzgeber mit der vollständigen Ausschüttung bereits vorgegeben und entsteht automatisch mit dem Eintritt der Voraussetzungen.[376] Während der Anspruch der Gläubiger losgelöst von einem Überschuss besteht und auch dann zu erfüllen ist, wenn das Eigenkapital der Gesellschaft durch Verluste gemindert ist, besteht der Residualanspruch der Aktionäre nur, soweit sämtliche Gläubiger befriedigt worden sind bzw. ihnen Sicherheit geleistet worden ist (vgl. § 225 AktG für die Kapitalherabsetzung; §§ 271, 272 AktG für die Auflösung und § 199 S. 2 InsO für die Insolvenz der Gesellschaft). Im Unterschied zum Darlehensvertrag (§§ 488 III, 490, 314 BGB) kann nach geltendem Aktienrecht nicht vereinbart werden, dass der einzelne Aktionär seine Einlage nur für eine bestimmte Zeit zur Verfügung stellt oder seine Beteiligung ordentlich oder aus wichtigem Grund kündigen kann.[377]

373 *Volkart*, S. 283; *Baums*, ZGR 2011, 218, 234.

374 *Henssler/Strohn*, AktG, § 271, Rn. 1.

375 Spindler/Stilz/*Bachmann*, AktG, § 271 Rn. 1.

376 Vgl. Hüffer/*Koch*, AktG, § 271 Rn. 2.

377 *Baums*, WPS No. 48, S. 3.

Da die Aktionäre nur das Restvermögen der Gesellschaft erhalten, sind sie daran interessiert, dass der Vorstand Projekte wählt, die einen möglichst hohen Kapitalwert haben. Je stärker die Streuung des Erwartungswerts ist, desto höher ist für sie der realisierbare Gewinn und desto eher besteht ein Anspruch auf Beteiligung am Liquidationserlös gemäß § 271 Abs. 1 AktG bzw. ein Anspruch auf Dividende nach § 58 Abs. 4 AktG.

bb) Begrenzung des Verlustrisikos

Ein zweiter Grund für den erhöhten Risikoappetit der Aktionäre ergibt sich aus der beschränkten Haftung nach § 1 Abs. 1 Satz 2 AktG.

Zwar ist es bei einer juristischen Person denkbar, dass auch die Gesellschafter für die Verbindlichkeiten der Gesellschaft aufkommen müssen. Dies zeigt schon das Beispiel der Kommanditgesellschaft auf Aktien, bei der mindestens ein Gesellschafter persönlich haftet. Auch schließt das Aktiengesetz es nicht aus, den Aktionär aus eigener schuldrechtlichen Verpflichtung neben der Gesellschaft haften zu lassen, etwa wenn er sich für Schulden der Gesellschaft verbürgt.[378] Dem Grundsatz nach begrenzt § 1 Abs. 1 Satz 2 AktG jedoch die Haftung der Aktionäre auf die ihnen obliegende Einlage.[379] Damit schreibt das Gesetz das Trennungsprinzip fest und macht klar, dass es sich bei der juristischen Person und den Gesellschaftern um eigenständige Rechtspersönlichkeiten handelt, die in Bezug auf ihre Rechte und Pflichten, wie auch auf ihr Vermögen zuordnungsrechtlich voneinander zu unterscheiden sind.[380] Diese Trennung gilt jedoch nicht uneingeschränkt, weil es geboten sein kann, der Selbständigkeit der juristischen Person Grenzen zu setzen. Eingebürgert hat sich hierfür das Bild des „Durchgriffs“ auf die hinter der juristischen Person stehenden Verbandsmitglieder, häufig in Kombination mit der Metapher vom „Schleier der juristischen Person“.[381] Dieser schützende Schleier des Rechtsträgers wird in Ausnahmefällen durchstoßen und damit das Trennungsprinzip durchbrochen, wenn sich das Rechtsgefühl gegen die Anwendung dieses Prinzips sträubt.[382]

Das Haftungsprivileg versetzt die Aktionäre in den Stand einen Teil der Ausfallrisiken auf Dritte zu verlagern. Führt ein fehlgeschlagenes Projekt zur Illiquidität oder Überschuldung der Aktiengesellschaft, dann tragen nicht nur die

---

378 Spindler/Stilz/*Fock*, AktG, § 1 Rn. 35.

379 Spindler/Stilz/*Fock*, AktG, § 1 Rn. 37.

380 *Heider*, in: MünchKomm. AktG, § 1 Rn. 45.

381 Spindler/Stilz/*Fock*, AktG, § 1 Rn. 38. Der Haftungsdurchgriff ist in der englischsprachigen Literatur bekannt unter der Formel: „piercing the corporate veil“.

382 Vgl. *Heider*, in: MünchKomm. AktG, § 1 Rn. 62 ff.

Gesellschafter die Grenzkosten dieser Transaktion, weil deren Residualanspruch gemäß § 271 I AktG entwertet wird, sondern auch die Fremdkapitalgeber und sonstigen Gläubiger, weil deren Forderungen im Insolvenzverfahren nicht mehr voll befriedigt werden.[383]

cc) Risikosenkung durch Diversifikation

Das Interesse der Aktionäre an risikoneutralen Entscheidungen des Vorstands erklärt sich schließlich aus ihrer Fähigkeit das eigene Anlagerisiko durch ein breit gestreutes Portfolio zu reduzieren.

Die Effekte, die durch eine Diversifikation erzielt werden können, wurden erstmals von dem Nobelpreisträger *Harry Markowitz* in der Portfoliotheorie beschrieben.[384] Markowitz ging von einem risikoaversen Anleger aus, der für sein Portfolio eine möglichst hohe Rendite bei einem möglichst geringen Risiko anstrebte. Die Portfoliotheorie stellt klar, dass ein Anleger es selbst in der Hand hat, einen Teil des Anlagerisikos, das sog. „unsystematische Risiko", durch eine geeignete Diversifikation zu eliminieren. Voraussetzung ist hierfür jedoch, dass die Kurse der Wertpapiere nicht perfekt positiv miteinander korrelieren. Im Unterschied zum unsystematischen Risiko kann das sog. „systematische Risiko" oder „Marktrisiko", dem alle Unternehmen gleichermaßen ausgesetzt sind, nicht wegdiversifiziert werden.[385] Für das systematische Risiko erhält der Anleger am Kapitalmarkt eine Risikoprämie, deren Höhe sich nach dem Beta-Koeffizienten bemisst.[386] Der Beta-Koeffizient beschreibt wie stark die Rendite eines Wertpapiers auf Renditeschwankungen des Marktportfolios reagiert.[387] Das Marktportfolio hat definitionsgemäß ein Beta von 1, konjunkturanfällige Wertpapiere ein Beta von >1 und konjunkturrobuste Werte ein Beta von <1.[388] Je höher das Beta

383 *Klöhn*, ZGR 2008, 110, 113.

384 *Markowitz*, Portfolio Selection, 7 J. Fin. 1952, 77 ff.

385 Vgl. nur *Brealey/Myers/Allen*, S. 188: "But there is also some risk that you can't avoid, regardless of how much you diversify. This risk is generally known as market risk. Market risk stems from the fact that there are other economy wide perils that threaten all businesses".

386 Vgl. zum sog. "Capital Asset Pricing Model" (CAPM) *Sharpe*, Capital Asset Prices: A Theory of Market Equilibrium under Conditions of Risks, 19 J. Fin. 964, 425 ff.

387 *Fleischer/Schmolke*, ZHR 173 (2009), 649, 656; *Brealey/Myers/Allen*, S. 193: "The beta of an individual security measures its sensitivity to market movements".

388 Vgl. *Brealey/Myers/Allen*, S. 193: "Stocks with betas greater than 1.0 tend to amplify the overall movements of the market. Stocks with betas between 0 and 1.0 tend to move in the same direction as the market, but not as far. Of course, the market is the portfolio of all stocks, so the „average" stock has a beta of 1.0".

eines Wertpapiers ist, desto höher ist das systematische Risiko und umso höhere Risikozuschläge können am Kapitalmarkt verlangt werden.[389]

Ein rationaler Aktionär wird sich an mehreren Unternehmen beteiligen, um den Diversifikationseffekt auszunutzen.[390] Je unähnlicher die Geschäfte der Gesellschaften sind, desto eher kann er das unsystematische Risiko seiner Beteiligung eliminieren.[391] Da ein Aktionär zur Risikostreuung selbst in der Lage ist, profitiert er nicht von einem risikoavers handelnden Vorstand:[392] „Shareholders can diversify the risks of their corporate investments. Thus, it is in their economic interest for the corporation to accept in rank order all positive net present value investment projects available to the corporation, starting with the highest risk adjusted rate of return first. Shareholders don't want (or shouldn't rationally want) directors to be risk averse. Shareholders' investment interests, across the full range of their diversifiable equity investments, will be maximized if corporate directors and managers honestly assess risk and reward and accept for the corporation the highest returns available that are above the firm's cost of capital."[393]

Im vorliegenden Fall haben die Aktionäre ein starkes Interesse daran, dass sich der Vorstand für Projekt B entscheidet. Aus ihrer Sicht weist Projekt B einen Erwartungswert von 85.000 Euro auf.[394] Projekt A hat demgegenüber nur einen Erwartungswert von 20.000 Euro.[395]

3. *Zwischenergebnis*

Aus volkswirtschaftlicher Sicht haben Aktionäre grundsätzlich die richtige Risikoeinstellung. Sie tendieren sie zu jedem Projekt, das einen positiven Kapitalwert

---

389 *Fleischer/Schmolke*, ZHR 173 (2009), 649, 656.

390 *Brealey/Myers/Allen*, S. 193: "Wise investors don't put all their eggs into just one basket: They reduce their risk by diversification".

391 Vgl. *Markowitz*, 7 J. Fin. 1952, 77, 89: "A portfolio with sixty different railway securities, for example, would not be as well diversified as the same size portfolio with some railroad, some public utility, mining, various sorts of manufacturing, etc. The reason is that it is generally more likely for firms within the same industry to do poorly at the same time than for firms in dissimilar industries".

392 So *Brealey/Myers/Allen* (Fn. 22), S. 197: "If investors can diversify on their own, they will not pay any extra for firms that diversify"; *Jungmann*, in: FS K. Schmidt 2009, 831, 841; *Fleischer/Schmolke*, ZHR 173 (2009), 649, 675.

393 *Gagliardi v. TriFoods Int'l Inc.*, 683 A.2d 1049, 1052 (Del. Ch. 1996).

394 Berechnung des Erwartungswerts:
$\mu(B)$ = 100.000 Euro * 0,25 + 120.000 Euro * 0,5 + 0 Euro * 0,25 = 85.000 Euro.

395 Berechnung des Erwartungswerts:
$\mu(A)$ = 20.000 Euro * 0,75 + 0 Euro * 0,25 = 15.000 Euro.

aufweist und versetzen damit den Vorstand in die Lage, ökonomisch richtige Entscheidungen zu treffen. Dies führt langfristig nicht nur zu einer Steigerung des Unternehmenswerts, sondern bei Abwesenheit von negativen Externalitäten auch zu einem Anstieg der gesamten sozialen Wohlfahrt. Stakeholder mit vertraglich fixierten Ansprüchen haben dagegen eine Tendenz, zu wenig riskante Projekte zu wählen.[396] Sie nehmen eine Bestandsgefährdung selbst dann nicht in Kauf, wenn eine solche aus ökonomischer Sicht angezeigt wäre. Eine Ausrichtung an diesem Interesse führt dazu, dass zu wenig positive Externalitäten in Gestalt von neuen Gütern und Technologien bereitgestellt werden.

II. Externalisierung von Ausfallrisiken

Bestandsgefährdende Risiken sind ökonomisch erwünscht, sofern ihr Kapitalwert positiv ist. Der ökonomische Nutzen solcher Geschäftsentscheidungen besteht allerdings nur insoweit, als von ihnen keine negativen Externalitäten ausgehen.

1. Das Kreditrisiko der Finanzgläubiger

Eine Externalisierung der Gefahren durch das Eingehen von bestandsgefährdenden Risiken könnte sich zunächst auf dem Kreditmarkt ergeben.

a) Internalisierung bei Kenntnis

Im Ausgangspunkt ist eine Externalisierung jedenfalls dann unmöglich, wenn der Gläubiger vertragliche Beziehungen zu der Gesellschaft unterhält und über die Wahrscheinlichkeit einer Insolvenz richtig und vollständig informiert ist. Kann er das Verlustrisiko seiner Investition exakt bestimmen, dann ermöglicht ihm das Vertragsrecht, dass er durch die Transaktion nicht schlechter gestellt wird als ohne Vertrag. Bei Verträgen verhilft dem Gläubiger insbesondere das ihm zustehende *Vetorecht*, dass ihm keine Nachteile aufgebürdet werden.

So wird z.B. eine Bank von einem Kreditnehmer einen höheren Zins fordern, wenn dieser im Vergleich zu einem durchschnittlichen Kreditnehmer über geringere Sicherheiten verfügt. Das höhere Ausfallrisiko des Kreditgebers wird dann durch eine entsprechend hohe Risikoprämie bereits vor einer möglichen Insolvenz ausgeglichen und von dem Kreditnehmer getragen. Soweit der Vertragspartner über das Insolvenzrisiko umfassend informiert ist und sich freiwillig auf die Transaktion einlässt, kann selbst ein vermögensloser Schuldner die Ausfallgefahr des Gläubigers nicht einseitig erhöhen.[397]

---

396 *Easterbrook/Fischel*, S. 403; *Ruffner*, S. 166.
397 Treffend *Adams*, S. 57.

Die auf *Arrow* und *Debreu* zurückgehende Welt vollkommenen Wissens und vollständiger Vorausschau verdeutlicht, dass eine Externalisierung der Kosten nicht möglich ist, solange die Parteien alle Informationen augenblicklich und kostenlos erhalten.[398] Allerdings entspricht eine solche Modellwelt nicht der Realität. In der wirklichen Welt werden Entscheidungen unter erheblichen Zeit- und Kostendruck getroffen. Die Transaktionskosten sind häufig so hoch, dass rational handelnde Parteien deutlich weniger Informationen einholen, als sie für ihr Entscheidungskalkül bräuchten. Mitunter sind die Kosten sogar prohibitiv hoch, was einer Beschaffung von Informationen ganz entgegensteht.

b) Asymmetrische Informationen

Der Begriff der asymmetrischen Information beschreibt ein Kernproblem der ökonomischen Vertrags- und Marktanalyse. Gemeint ist nicht nur ein Mangel an Informationen überhaupt, sondern eine ungleiche Verteilung der Informationen auf die Transaktionspartner.[399]

Eine Information ist asymmetrisch, wenn eine Partei über sie verfügt oder diese beschaffen kann und die andere Partei sie nicht hat oder diese nicht zum gleichen Preis erhalten kann.[400] Ungleiche Informationsstände sind unschädlich und für die ökonomische Analyse letztlich ohne Bedeutung, wenn man davon ausgehen könnte, dass die an der Transaktion beteiligten Personen, die Unkenntnis der Gegenpartei nicht zum eigenen Vorteil ausnutzen würden. Dazu gehört, dass die Parteien alle relevanten Informationen wahrheitsgemäß vorlegen und sich auch dann vertragsgemäß verhalten, wenn eine Seite dies nicht kontrollieren kann und vertragliche Verstöße ohne Sanktionen möglich wären. Zum Problem werden asymmetrische Informationen, wenn man von einem derartigen Verhalten gerade nicht ausgehen kann. Bei der Untersuchung von Markttransaktionen, die durch asymmetrisch verteilte Informationen geprägt sind, geht die ökonomische Analyse des Rechts davon aus, dass der einzelne an der Maximierung seines persönlichen Nutzens orientiert ist und sich über verbindliche Absprachen hinwegsetzen wird, wenn ihm das Vorteile verschafft.[401]

---

398 Vgl. *Arrow/Debreu*, 22 Econometrica 1954, 265.

399 *Spremann*, ZfB 60 (1990), 561, 564.

400 *Engert*, S. 15.

401 *Franke/Hax*, S. 460.

Auf dem Kreditmarkt ist die Informationsasymmetrie zum Nachteil des Kreditgebers und zum Vorteil des Kreditnehmers besonders stark ausgeprägt.[402] Es werden drei Zeitabschnitte ungleicher Informationen unterschieden:[403]

- **Informationsasymmetrien ex ante:** Die Informationsasymmetrie kann sich bereits vor Ausreichung des Kredits auf bestimmte Tatbestände beziehen. In Betracht kommen alle Informationen, die über die Kreditvergabe mitentscheiden und bereits vor Auszahlung der Kreditsumme vorliegen. Dazu gehören z.B. die (wahre) finanzielle Situation des Kreditnehmers, die Qualität seiner Produkte, seine Beziehungen zu Lieferanten, Kunden, Arbeitnehmern und anderen Stakeholdern, Marktanteile und Projektanalysen. Im Fall der „Hidden Information" hat der Kreditnehmer Informationen über seine Kreditwürdigkeit, die der Kreditgeber nicht hat. Für den Kreditgeber besteht damit die Gefahr, dass der Kreditnehmer die wirkliche Situation vor Vertragsschluss verschleiert, um seinen eigenen Nutzen zu erhöhen.[404]
- **Informationsasymmetrien interim**: Ein asymmetrischer Informationsstand kann auch nach Ausreichung des Kredits und vor Fälligkeit der Rückzahlung bestehen. Hier besteht die Gefahr, dass das Unternehmen den Kreditgeber nach Auszahlung der Kreditsumme schädigt. So steigt für Aktionäre mit zunehmender Verschuldung der Anreiz, Projekte mit einer höheren Ausfallgefahr zu realisieren als ursprünglich vorgesehen. Mitunter werden sogar Projekte mit negativen Nettobarwert, solchen mit positivem Ertragswert vorgezogen. Die Neigung zur „Überinvestition" erklärt sich daraus, dass Aktionäre an den Profiten überproportional partizipieren, während die Gläubiger für das erhöhte Insolvenzrisiko kein Äquivalent erhalten. Eine hohe Verschuldungsquote kann darüber hinaus aber auch dazu führen, dass die Aktionäre Investitionen trotz positivem Kapitalwert nicht zustimmen und es so zu einer „Unterinvestition" kommt.[405] Die Unsicherheit hinsichtlich des Verhaltens des Vertragspartners nach Vertragsschluss wird auch als „Moral Hazard" oder „Hidden Action" bezeichnet.[406]

---

402 Mit dieser Formulierung ist indes nur gemeint, dass die kreditsuchende Gesellschaft einen Informationsvorsprung vor seinem Kapitalgeber hat. Ökonomisch wird die Informationsungleichheit vom Unternehmen bzw. deren Eigentümern oder Gesellschaftern getragen. Vgl. *Jensen/Meckling*, 3 J. Fin. Econ. 1976, 306, 319, 337, 345.

403 *Engert*, S. 16; angelehnt an *Hartmann-Wendels/Pfingsten/Weber*, S. 98 ff.

404 *Perridon/Steiner/Rathgeber*, S. 571.

405 *Perridon/Steiner/Rathgeber*, S. 577.

406 *Franke/Hax*, S. 458.

- **Informationsasymmetrien ex post**: Ein asymmetrischer Informationsstand kann schließlich nach Fälligkeit der Kreditforderung bestehen. Für den Kreditnehmer kann theoretisch ein Anreiz bestehen, seine Zahlungsunfähigkeit vorzutäuschen. Allerdings dürfte dies bei der Kreditvergabe praktisch wenig relevant sein, da den Kreditgebern die Mittel der Zwangsvollstreckung bzw. das Insolvenzverfahren offen stehen.[407]

aa) Adverse Selektion

Wie ausgeführt kann die Informationsasymmetrie zwischen Kreditgeber und Kreditnehmer bereits vor Ausreichung des Kredits bestehen. Welche Auswirkungen das für den Kreditmarkt haben kann, wird nachfolgend gezeigt:

(1) Gefahr der Kreditrationierung

Auf das Problem der Negativauslese (*adverse selection*) hat erstmals der Ökonom und Nobelpreisträger *George Akerlof* hingewiesen. In seinem bekannten Aufsatz aus dem Jahre 1970 beschreibt er anschaulich die Auswirkungen asymmetrischer Informationen ex ante am Beispiel des Gebrauchtwagenmarkt, auf dem sowohl gute als auch schlechte Fahrzeuge gehandelt werden.[408] Der Markt ist durch einen ungleichen Wissensstand gekennzeichnet: Während die Verkäufer die Qualität ihrer Fahrzeuge kennen, ist den Käufern nur die durchschnittliche Qualität aller Fahrzeuge, nicht aber die individuelle Qualität bekannt. *Akerlof* unterstellt, dass zwischen den Anbietern und Nachfragern sowie unter den Nachfragern keine Informationen ausgetauscht werden können. Das hat zur Folge, dass alle Fahrzeuge auf dem Markt zum gleichen Preis gehandelt werden. Da die Käufer nicht zwischen guten und schlechten Autos unterscheiden können, werden sie höchstens einen Preis zahlen, der der durchschnittlichen Qualität auf dem Markt entspricht. Im Gegenzug werden Anbieter, deren Fahrzeuge eine höhere Qualität als die Durchschnittsqualität aufweisen, nicht bereit sein, diese Autos unter Wert zu verkaufen.[409] Es kommt zur adversen Selektion: Die Verkäufer von Fahrzeugen mit hoher Qualität ziehen sich vom Markt zurück, weil sie keinen angemessenen Preis erzielen können. Dies führt wiederum dazu, dass die durchschnittliche Qualität der verbleibenden Autos sinkt und die Käufer ihre Preisvorstellungen nunmehr hiernach ausrichten. Die Auslese setzt sich damit auf einem niedrigeren Qualitätsniveau fort. Der Prozess gleicht einer Abwärtsspirale, die dazu führt, dass nur

---

407 *Engert*, S. 16.

408 Zum „Lemon-Market“ *Akerlof*, 84 Quart. J. Econ. 1970, 488 ff.

409 *Akerlof*, 84 Quart. J. Econ. 1970, 488, 489.

noch Fahrzeuge schlechtester Qualität auf dem Markt verbleiben.[410] Ergebnis ist ein Marktgleichgewicht, in dem vorteilhafte Transaktionen zwischen den Parteien nicht mehr zustande kommen und der Markt ganz versagt.[411] Der Durchschnittspreis begünstigt damit die Anbieter der schlechten Fahrzeuge (sie erhalten mehr als den wahren Wert) und benachteiligt die Anbieter der guten Fahrzeuge (sie erhalten weniger als den wahren Wert). Mit anderen Worten findet eine Subventionierung der schlechten Qualität durch die gute Qualität statt. Weil die Anbieter der höheren Qualität kein Interesse an kostenlosen Subventionsleistungen haben, verlassen sie mangels anderer Reaktionsmöglichkeiten den Markt.[412]

Die These *Akerlofs* lässt sich auf den Kreditmarkt übertragen.[413] So ist ein Marktversagen wegen adverser Selektion theoretisch denkbar, wenn ein Kreditinstitut die Bonität einer Unternehmung nicht im Einzelfall beurteilen kann und die Ausfallprämie auf Basis des durchschnittlichen Insolvenzrisikos festsetzt. Ähnlich wie bei den Käufern von Gebrauchtwagen, fällt es den Kreditgebern schwer, gute und schlechte Schuldner auseinanderzuhalten. Das hat zur Folge, dass Banken bei der Kreditvergabe und der Berechnung des Zinssatzes ein durchschnittliches Ausfallrisiko zu Grunde legen. Eine Fremdkapitalaufnahme lohnt sich damit, analog zum Gebrauchtwagenbeispiel von *Akerlof*, nur für Schuldner, die ein größeres Insolvenzrisiko als der Marktdurchschnitt aufweisen. Unternehmen mit einem geringeren Insolvenzrisiko sind dagegen nicht bereit eine höhere Risikoprämie zu bezahlen und werden sich vom Markt zurückziehen. Da am Ende nur noch Kreditnehmer schlechtester Bonität auf dem Markt verbleiben, werden Banken ihre Kreditvergabe einstellen oder zumindest erheblich reduzieren. *Stiglitz* und *Weiss* sprechen auch von einer sog. „Kreditrationierung".[414] Diese kann auch darin bestehen, dass äußerlich gleich kreditwürdige Unternehmen teils Kredit erhalten und teils leer ausgehen. Ebenso kann es geschehen, dass zwar alle Unternehmen Kredit erhalten, aber doch in geringerem Umfang, als sie nachfragen.[415]

---

410 *Servatius*, S. 53.

411 *Franke/Hax*, S. 459.

412 *Fleischer*, S. 122, der auf das *Greshamsche* Gesetz verweist. Hierunter versteht man einen bei Doppelwährungen zu beobachtenden Vorgang, bei dem das schlechte Geld das gute Geld aus dem Kreislauf verdrängt.

413 Ausführlich zum „Credit Rationing" *Stiglitz/Weiss*, 71 Am. Econ. Rev. 1981, 383 ff.; *Keeton*, Equilibrium Credit Rationing, New York/London, 1979; *Perridon/Steiner*, S. 530; *Engert*, S. 20 ff.

414 *Stiglitz/Weiss*, 71 Am. Econ. Rev. 1981, 383, 408.

415 *Engert*, S. 23.

(2) Gegenstrategien

Wer den Ansatz von *Akerlof* mit der Realität vergleicht, stellt fest, dass es sowohl einen Markt für Gebrauchtwagen als auch einen funktionierenden Kreditmarkt gibt. Der Hauptgrund dafür liegt darin, dass der Markt selbst Lösungsansätze entwickelt hat, mit denen die Beteiligten ihre Informationsdefizite abbauen und der Kreditrationierung entgegenwirken können. Man unterscheidet drei Modelle: Das „Screening", das „Signaling", und die „Self Selection".[416] Ergänzt werden diese Verfahren durch die Möglichkeit der Zinsanpassung.

(a) Screening

Beim „Screening" versucht der Kreditgeber, seine Ungewissheit durch Tests abzubauen.[417] Während beim Erwerb eines Gebrauchtwagens sich die Einschaltung eines Sachverständigen anbietet, um etwaige Mängel im Vorfeld eines Vertragsschlusses aufzudecken, dienen die Bewertungen von Rating-Agenturen im Vorfeld der Kreditvergabe dazu, das Ausfallrisiko des Kreditnehmers oder Emittenten von Unternehmensanleihen zu bestimmen. Darüber hinaus werten Banken vor einer Kreditvergabe historische Daten aus, um hieraus den Credit-VaR zu bilden und eine verlässliche Abschätzung des Kreditrisikos abzuleiten.

Wie die Finanzmarktkrise gezeigt hat, eignet sich das Screening jedoch nur bedingt, um die Informationsasymmetrien bei Vertragsschluss vollständig abzubauen. Historische Daten sind allenfalls ein Indiz für eine ähnliche Verteilung des Ausfallrisikos in der Zukunft. Schon wegen der Existenz der oben erwähnten „Unknown Unknowns" verbietet sich eine unbesehene Übertragung des Datenmaterials zur Bestimmung zukünftiger Ereignisse. Zu bedenken ist auch, dass dem Kreditgeber durch die Testverfahren Kosten entstehen, die indirekt den Zins für den Kredit erhöhen und damit echte gesamtwirtschaftliche Wohlfahrtseinbußen darstellen.

(b) Signaling

Das „Signaling" ist aus Sicht des Kreditnehmers eine Möglichkeit, mit der er das Vertrauen des Kreditgebers in seine Bonität gewinnen kann. Ausgangspunkt dieser Methode ist, dass rationale Kreditnehmer ein Interesse daran haben, so günstig wie möglich an Fremdkapital zu gelangen. Jeder Kreditnehmer besitzt daher einen Anreiz dem Kreditgeber zu „signalisieren", dass er das Ausfallrisiko nicht allein trägt.[418]

---

416 *Fleischer*, S. 123.
417 Hierzu *Fleischer*, S. 124.
418 Ähnlich *Servatius*, S. 55.

Das Signaling-Modell geht auf einen Beitrag des Ökonomen *Michael Spence* zurück, der das Problem der adversen Selektion auf dem Arbeitsmarkt untersuchte.[419] Ebenso wie *Akerlof* unterscheidet *Spence* zwei Vertragsparteien: Während die Arbeitnehmer ihre Produktivität kennen, sind die Arbeitgeber nur über die durchschnittliche Produktivität aller Arbeitnehmer informiert. Obwohl damit das Risiko eines informationsbedingten Marktversagens auf der Hand liegt, kommt es nach *Spence* nicht dazu: Da gute Arbeitnehmer auf dem Arbeitsmarkt ein höheres Gehalt erzielen können als schlechte Arbeitnehmer, haben sie einen Anreiz den Arbeitgebern ihre überdurchschnittliche Qualität zu signalisieren. Als ein solches Signal dient etwa die Ausbildung. Guten Arbeitnehmern fällt es gegenüber weniger guten Arbeitnehmern leichter bessere Ausbildungsnachweise vorzulegen. Erkennen Arbeitgeber, dass eine höhere Ausbildung ein Signal für eine höhere Produktivität darstellt, dann werden sie bereit sein, Bewerbern mit einem höheren Ausbildungsniveau ein höheres Gehalt zu bezahlen.[420] Da eine höhere Ausbildung für weniger begabte Arbeitnehmer viel mehr an Kosten und Mühe mit sich bringt, lohnt es sich für sie, trotz der besseren Bezahlung nicht, den Ausbildungsnachweis zu erwerben.[421] Im Ergebnis stellt sich für *Spence* ein Signalisierungsgleichgewicht ein, in dem Bewerber höherer Produktivität ein höheres Gehalt erhalten als Bewerber niedrigerer Produktivität.[422]

Das Modell lässt sich auf den Kreditmarkt anwenden. Das stärkste Signal des Kreditnehmers ist das Eigenkapital. Es ist empirisch belegt, dass Gläubiger nur dann geneigt sind, Fremdkapital zur Finanzierung eines Unternehmens beizusteuern, wenn die Eigentümer einen Teil der notwendigen Mittel selbst aufbringen und diese Mittel vorrangig haften.[423] Unter Eigenkapital versteht man den Wert des Vermögens, der nach Abzug aller Verbindlichkeiten einem Unternehmen zu einem bestimmten Zeitpunkt verbleibt.[424] Es ist damit nichts anderes als eine Geldziffer, die den Überschuss der Aktiva über die Schulden angibt. Sie kann positiv oder negativ sein. Aus Sicht der Kreditgeber stellt das Eigenkapital eines Unternehmens die Höhe des Vermögenspolsters dar, das übrig bliebe, wenn alle vor- oder gleichrangigen Verbindlichkeiten getilgt wären.[425] Den Gläubigern ge-

---

419 *Spence*, Job Market Signaling, 87 Quart. J. Econ. 1973, 355 ff.; *ders.*, Market Signaling: Information Transfer in Hiring and Related Practices, Cambridge (Mass.) 1974.

420 *Richter/Furubotn*, S. 295.

421 *Franke/Hax*, S. 462.

422 *Fleischer*, S. 124.

423 *Servatius*, S. 55.

424 *K. Schmidt*, S. 515 ff.

425 *Baums*, ZHR 175 (2011), 160, 162.

genüber wirkt das Eigenkapital eines Unternehmens als „Risikopuffer"[426] bzw. als „Selbstbehalt" der Residualberechtigten.[427] Indem die Eigentümer Kapital einsetzen, signalisieren sie den übrigen Kapitalgebern, dass sie zur Verhinderung eigener Verluste auf die Verlässlichkeit der Ergebnisprognosen hinwirken und sich das Insolvenzrisiko in einem adäquaten Rahmen hält.[428] Der Eigenkapitalbeitrag der Eigentümer wird treffend als „Glaubwürdigkeitssignal" bezeichnet.[429] Auf welche Art und Weise das Eigenkapital aufgebracht wird, ist von nachgelagerter Bedeutung: Während die hiesige Rechtsansicht einen formal als Eigenkapital ausgewiesenen Kapitalbetrag der Gesellschafter fordert, besteht im angelsächsischen Rechtsraum ein solches Bedürfnis nicht.[430] *Davies* bringt dies klar zum Ausdruck, indem er ausführt: „Creditors are not interested in any legal capital but in getting shareholders' funds in the company".[431] Ähnliches gilt für die Dividendenpolitik des Unternehmens. Wird viel Kapital ausgeschüttet, kann dies von den Kreditgebern als Signal gedeutet werden, dass das Unternehmen erfolgreich wirtschaftet.[432]

Das Signaling ist eine geeignete Methode zum Abbau von Informationsasymmetrien. Indes ist sie nicht widerspruchsfrei. Insbesondere kann man aus der Höhe des Eigenkapitals nicht ohne weiteres auf die Risikoneigung des Kreditnehmers schließen. Zwar wird man im Grundsatz davon ausgehen können, dass eine hohe Eigenkapitalquote eine geringere Risikobereitschaft indiziert,[433] jedoch könnte dies auch darauf hindeuten, dass das Unternehmen besonders riskant ist oder vom Markt überbewertet wird. So haben Familienunternehmen oftmals ein Interesse daran, den Fortbestand des Unternehmens als Lebensgrundlage um jeden Preis zu erhalten. Ökonomisch begründetes Verhalten kann hier nicht unterstellt werden.[434]

(c) Selbstselektion

Eine Variante des Screening ist das Modell der „Self Selection" oder „Selbstselektion". Hier bietet der schlechter informierte Vertragspartner dem besser informierten Vertragspartner eine Auswahl von Verträgen an, die so gestaltet sind, dass

426 *Baums*, ZHR 175 (2011), 160, 168.
427 Treffend *Adams*, S. 34.
428 *Servatius*, S. 55.
429 *Adams*, S. 40.
430 *Servatius*, S. 56.
431 Vgl. *Servatius*, EBOR 7 (2006), 461.
432 *Perridon/Steiner/Rathgeber*, S. 577.
433 Sehr anschaulich hierzu *Cumming/Johan*, S. 36 ff.
434 *Servatius*, S. 58.

der besser informierte Partner durch seine Entscheidung für einen bestimmten Vertrag wesentliche Informationen preisgibt.[435] Die Selbstselektion kommt auf unterschiedlichen Märkten zum Einsatz. Im Versicherungsbereich gelingt es den Anbietern von Versicherungen meist nicht die individuelle Schadensanfälligkeit ihrer Nachfrager zu erkennen. Wenn den Versicherten aber Verträge mit und ohne Selbstbeteiligung angeboten werden, dann offenbaren die Versicherungsnehmer durch ihre Entscheidung für den einen oder den anderen Vertrag, wie sehr sie mit einem Schadensfall rechnen.[436] Im Marktgleichgewicht führt dies dazu, dass Nachfrager mit einer höheren Schadenserwartung höhere Prämien zahlen als Nachfrager mit einer niedrigeren Schadenserwartung.[437]

Auf Kreditmärkten erfolgt die Selbstselektion dadurch, dass sich bestimmte Kreditverträge nur für Unternehmen mit guter Bonität lohnen, während Unternehmen mit schlechter Bonität angesichts dieser Vertragsbedingungen auf die Kreditaufnahme verzichten.[438] Deutlich wird dies bei der Bestellung von privaten Kreditsicherheiten eines beschränkt haftenden Gesellschafters oder seiner Angehörigen. Besteht ein Kreditgeber etwa auf die Einräumung eines Grundpfandrechts oder eine Sicherungsübereignung, so ist die Finanzierung für den Eigner des Unternehmens weniger attraktiv, wenn das Ausfallrisiko hoch ist. Da eine hohe Insolvenzgefahr besteht, ist es sehr wahrscheinlich, dass der Kreditgeber im Schadensfall auf die Sicherheiten zugreift. Bei einer richtigen Kombination von Risikoprämie und Sicherheiten werden Unternehmen mit hohem Insolvenzrisiko von einer Kreditierung absehen oder einen Vertrag mit einem höheren Zinssatz wählen. Die Bestellung von Sicherheiten erweist sich als ein wirksames Instrument der Selbstselektion: Es trägt nicht nur dazu bei, dass die Qualitätsunsicherheit im Vorfeld der Kreditvergabe reduziert wird, sondern auch dazu, dass die Verhaltensunsicherheit gesenkt wird, weil der Anreiz des Kreditnehmers nach Kreditausreichung zu einer riskanteren Geschäftspolitik überzugehen abnimmt, wenn er fürchten muss, mit seinem Privatvermögen zu haften.[439]

Die Selbstselektion ist eine gute Möglichkeit zum Abbau von Informationsdefiziten. In der Kreditpraxis mangelt es indes oft an verfügbaren Sicherheiten bzw. an der Bereitschaft solche zu bestellen. Hinzu kommt, dass die Sicherheitenbestellung

---

435 *Franke/Hax*, S. 463.

436 *Rothschild/Stiglitz*, 90 Quart. J. Econ. 1976, 629, 630.

437 *Fleischer*, S. 126.

438 *Engert*, S. 19.

439 *Engert*, S. 20; Kritisch *Kürsten*, ZfbF 49 (1997), 819, 827 f., der darauf hinweist, dass die Bestellung privater Sicherheiten eine riskante Geschäftsstrategie auch erst attraktiv machen kann.

und -bewertung die Abwicklung eines Kredits teurer machen, was dazu führen kann, dass die Parteien davon absehen, ein Kreditverhältnis einzugehen.[440] Zudem besteht die Gefahr, dass die Senkung des Kreditrisikos durch die Hinzunahme eines anderen Risikos aufgewogen wird. Häufig ist der Wert einer Sicherheit nicht feststellbar oder ändert sich während der Kreditlaufzeit.[441] Bei Bürgschaften setzt sich das Problem ungleicher Informationen fort. Der Geldgeber weiß nicht, ob bzw. wie bemittelt der Bürge im Sicherungsfall sein wird. Ebenso wenig kann er überprüfen, ob der Bürge im Hinblick auf seine eigenen Vermögensverhältnisse die nach dem Bürgschaftsvertrag vorgesehene Sorgfalt walten lässt. Für den Kreditgeber ist das Sicherheitenrisiko damit nichts anderes als das Kreditausfallrisiko.[442] Es ist deshalb nicht verwunderlich, dass das Problem der effizienten Gestaltung von Sicherungsverträgen in der ökonomischen Literatur einen gleich großen Stellenwert besitzt wie die Effizienz des Kreditvertrags selbst.[443]

(d) Anpassung des Zinssatzes

Eine weitere Methode zur Steuerung des Kreditrisikos ist die Anpassung des Zinssatzes. Je höher die Gefahr des Kreditausfalls ist, desto höher ist der Risikoaufschlag. Für den Kreditgeber hat das den Vorteil, dass er aus den Zinsen laufend Erträge erzielen und damit einen Teil seines Rückzahlungsanspruchs zeitlich vorverlagern kann. Indes begegnet diese Methode Bedenken. Abgesehen von den gesetzlichen Restriktionen (vgl. § 138 Abs. 2 BGB, Wucher), erweist sich ein Zinsaufschlag auch aus ökonomischen Erwägungen als begrenztes Mittel der Risikosteuerung.

Zunächst folgt aus dem Problem der adversen Selektion, dass ein zu hoher Zinssatz dazu führt, dass sich Unternehmen mit einem geringen Kreditrisiko vom Markt zurückziehen werden. Da nur noch Unternehmen minderer Kreditwürdigkeit übrig bleiben, verschärft sich das Problem der Kreditrationierung. Für die Kreditgeber empfiehlt sich daher, einen Zinssatz zu bestimmen, der das durchschnittliche Ausfallrisiko nicht aller Kreditnehmer abbildet. Auf diese Weise könnten Schuldner mit besserer Bonität gewonnen und damit das Ausfallrisiko im Hinblick auf das gesamte Portfolio gesenkt werden.[444] Ein weiterer Nachteil besteht darin, dass zu hohe Zinsen einen Anreiz zu opportunistischem Verhalten setzen. Ist die Prämie bezahlt, dann lohnt es sich, sie auszunutzen. Die Unterneh-

440 *Servatius*, S. 62.
441 *Servatius*, S. 63.
442 Treffend *Servatius*, S. 63.
443 So etwa *Adams*, Ökonomische Analyse der Sicherungsrechte, Athenäum, 1980.
444 *Perridon/Steiner/Rathgeber*, S. 575 (Risikoabgeltungsthese).

mensleitung hat eine Tendenz dazu riskantere Projekte einzugehen, was dazu führt, dass der Rückzahlungsanspruch des Kreditgebers entsprechend gefährdet wird (*Adverse-incentive-Effekt*).[445]

Die Adjustierung des Kreditzinses ist aus ökonomischer Sicht damit nur begrenzt geeignet, um das Ausfallrisiko zu steuern. Gleiches gilt für den Abschluss von Ausfallversicherungen. Obwohl solche Versicherungen etwa im Bereich des Waren- und Ausfuhrverkehrs anzutreffen sind, haben sie sich im Banken- und Finanzierungsbereich bisher kaum etablieren können.[446]

bb) Moral Hazard

Die Unsicherheit, ob sich der Transaktionspartner gemäß den eigenen Erwartungen verhält, wird als „Moral Hazard" bezeichnet.[447] Nach Ausreichung des Kredits kann der Kreditgeber nicht ohne weiteres kontrollieren, ob sich das Unternehmen an die im Kreditvertrag festgelegten Abreden hält. Nachträglich eintretende Umstände können verschwiegen oder die Mittel für andere, risikoreichere Projekte eingesetzt werden. Diese Verhaltensunsicherheit gefährdet die Realisierbarkeit des Rückzahlungsanspruchs und beeinflusst damit das Ausfallrisiko des Kreditgebers.[448]

Die mangelnde Beobachtbarkeit des Kreditnehmers führt zu einem diskretionären Handlungsspielraum, den der Kreditnehmer unter der Annahme rationalen Verhaltens zur Maximierung seines eigenen Vorteils ausnutzen wird. Da das Verhalten des Kreditnehmers nicht mit dem Interesse des Kreditgebers übereinstimmen muss, entsteht eine „Principal-Agent-Beziehung", die zur Senkung des Marktwerts des Fremdkapitals führen kann. *Jensen/Meckling* sprechen auch von sog. „Agency-Kosten" und zählen hierzu:[449]

1. die Kosten des Prinzipals zur Überwachung des Agenten (*monitoring costs*),
2. Begrenzungskosten, die dem Agenten dadurch entstehen, dass er dem Prinzipal mitunter vertraglich zugesichert hat, bestimmte Handlungen, die dem Interesse des Prinzipals zuwiderlaufen, zu unterlassen (bonding costs),
3. den Residualverlust als die in Geld bewertete Nutzeneinbuße, die dadurch entsteht, dass der Agent Handlungen auswählen kann, die mit dem Wohlfahrtsoptimum des Prinzipals nicht übereinstimmen (residual loss).

---

445 *Dorndorf/Frank*, ZIP 1985, 65, 73; *Servatius*, S. 61.

446 *Servatius*, S. 61.

447 *Franke/Hax*, S. 459; *Richter/Furubotn*, S. 174.

448 *Servatius*, S. 53; *Perridon/Steiner/Rathgeber*, S. 577.

449 *Jensen/Meckling*, 3 J. Fin. Econ. 1976, 305, 308: „We define *agency costs* as the sum of: (1) the monitoring expenditures by the principal, (2) the bonding expenditures by the agent, (3) the residual loss". Übersicht nach *Perridon/Steiner/Rathgeber*, S. 581.

Der Wert des Fremdkapitals kann durch mehrere Gründe beeinträchtigt werden: Zum einen kann der Anstieg der Verschuldung dazu führen, dass die Wahrscheinlichkeit eines Ausfalls ansteigt und etwaige Insolvenzkosten den Marktwert des Unternehmens weiter reduzieren. Zum anderen kann ein Anreiz des Schuldners bestehen nach der Kreditausreichung zu einer riskanteren Geschäftstätigkeit überzugehen.

(1) Anreiz zur Überinvestition

Aktionäre haben grundsätzlich die richtigen ökonomischen Anreize auf das Management einzuwirken. Da Verluste den Wert ihrer Einlage mindern, haben sie ein Interesse daran, dass der Vorstand Projekte mit positivem Nettobarwert auswählt. Mit schwindendem Eigenkapital verflüchtigt sich jedoch dieser Disziplinierungseffekt: Je geringer die Differenz zwischen dem Unternehmenswert und der Summe der Verbindlichkeiten ist, desto leichter ist es für die Gesellschafter sich auf Kosten der Gläubiger zu bereichern. Ist das Eigenkapital aufgezehrt oder negativ, besteht die Gefahr, dass sie mit dem Fremdkapital der Gläubiger spielen.[450] In der Literatur wird auch von einem Anreiz zur „Überinvestition“[451] oder vom „betting the creditor's money“ gesprochen.[452]

Aktionäre haben bei hoher Verschuldungsquote eine Tendenz bestandsgefährdende Projekte auszuwählen. Stellen sich die Erträge ein, profitieren hiervon, abzüglich der fixen Zahlungen auf die Verbindlichkeiten, die Anteilseigner. Realisiert sich dagegen das Insolvenzrisiko, tragen auch die Gläubiger den Verlust, weil deren Ansprüche im Insolvenzverfahren nicht voll befriedigt werden.[453] Für die Kreditgeber besteht somit die Gefahr, dass das Management nach Ausreichung des Kredits Projekte auswählt, die ausschließlich den Wert des Eigenkapitals, nicht aber den Unternehmenswert insgesamt steigern. Unter Umständen kann sich das Management im Interesse der Anteilseigner sogar zugunsten von Projekten mit negativen Kapitalwerten entscheiden.[454] Dies wird an einem Beispiel deutlich:

---

450 *Engert*, ZGR 2004, 813, 824.

451 So *Perridon/Steiner/Rathgeber*, S. 580; ähnlich *Baums*, ZGR 2011, 218, 244: Anreiz zu „wertvernichtenden Investitionen“.

452 Vgl. *Milgrom/Roberts*, S. 495 f.; *Brealey/Myers*, S. 510; *Jensen/Meckling*, 3 J. Fin. Econ. 1976, 305, 334 ff.; *Ross/Westerfield/Jaffe*, S. 438 ff.; *Bainbridge*, 1 J. Bus. & Tech. L. 2006, 355 ff.; *Lin*, 46 Vand. L. Rev. 1993, 1485, 1488 ff.; *Fleischer*, ZGR 2004, 437, 446 f.

453 *Baums*, ZGR 2011, 218, 244.

454 *Baums*, ZGR 2011, 218, 244; vgl. auch *Lin*, 46 Vand. L. Rev. 1993, 1485, 1491: „The foregoing discussion indicates that if the management of a financially distressed

Die Software AG steht am Rande Zahlungsunfähigkeit. Der Unternehmenswert beträgt 10.000 Euro und setzt sich allein aus einem Bankguthaben zusammen. Zugleich hat die Gesellschaft Verbindlichkeiten in Höhe von 15.000 Euro, die in zwölf Monaten fällig werden. In dieser Situation berät der Vorstand der Software AG über zwei mögliche Investitionen, die beide einen Einsatz von 10.000 Euro verlangen: Projekt A ist eine sichere Kapitalanlage und führt nach einem Jahr zu einer Zahlung von 15.000 Euro. Projekt B ist ein unsicheres Termingeschäft und hat zwei mögliche Ausgänge zur Folge: Mit einer Wahrscheinlichkeit von 10 Prozent führt das Projekt zu einem Cashflow von 80.000 Euro. Es ist allerdings zu 90 Prozent wahrscheinlich, dass das Projekt scheitert und der Unternehmenswert auf 0 Euro sinkt. Der Diskontierungszinssatz beträgt 10 Prozent. Es drohen keine negativen externen Effekte.

Aus ökonomischer Sicht sollte sich der Vorstand für Projekt A entscheiden: Zum einen ist der Erwartungswert mit 15.000 Euro[455] deutlich höher als der Erwartungswert von Projekt B mit 8.000 Euro.[456] Zum anderen hat Projekt A mit 3,64 Euro auch einen positiven Kapitalwert,[457] der von Projekt B ist dagegen negativ und beträgt -2,73 Euro.[458] Obwohl Projekt B damit nicht vorzugswürdig ist, haben rationale Aktionäre ein Interesse daran, dass sich der Vorstand gerade für dieses Projekt entscheidet. Denn im Unterschied zu Projekt A bietet Projekt B die Chance, dass der Unternehmenswert auf 80.000 Euro ansteigt und damit, nach Begleichung der Verbindlichkeiten, ein Restvermögen verbleibt, das im Fall einer Liquidation unter die Aktionäre aufgeteilt werden kann (vgl. § 271 Abs. 1 AktG). Für die Aktionäre ergibt sich somit ein anderer Erwartungswert: Während der Erwartungswert bei Projekt A 0 Euro beträgt,[459] ist er bei Projekt B 6.500 Euro.[460] Die hohe Wahrscheinlichkeit, dass Projekt B scheitert und die Insolvenz der

company engages in extraordinarily risky activities, the upside gain accrues to shareholders while creditors bear the downside risk. Shareholders have a strong incentive to gamble with the firm's assets to the detriment of creditors, regardless of whether such high risk investments maximize the expected value of the company. These investments offer the only chance that some money will be available for shareholders after debts are repaid".

455 Berechnung des Erwartungswerts: $\mu(A) = 15.000$ Euro * 1 = 15.000 Euro.

456 Berechnung des Erwartungswerts: $\mu(B) = 80.000$ Euro * 0,1 + 0 Euro * 0,9 = 8.000 Euro.

457 Berechnung des Nettobarwerts: npv(A) = -10.000 + 15.000/1,1 = 3,64 Euro.

458 Berechnung des Nettobarwerts: npv(B) = -10.000 + 8.000/1,1 = -2,73 Euro.

459 Berechnung des Erwartungswerts für die Aktionäre: $\mu(A) = 0$ Euro * 1 = 0 Euro.

460 Berechnung des Erwartungswerts für die Aktionäre: $\mu(B) = 65.000$ Euro * 0,1 + 0 Euro * 0,9 = 6.500 Euro.

Gesellschaft damit ausgelöst wird, ist für die Aktionäre kaum von Bedeutung. Durch die Auswahl dieses Projekts riskieren sie allenfalls den Verlust ihrer Kapitaleinlage, die in dem Zeitpunkt der Investitionsentscheidung ohnehin weitgehend aufgezehrt ist. Da sie für Verluste, die darüber hinausgehen nicht einstehen müssen, können sie das Ausfallrisiko teilweise auf die Gläubiger verlagern, deren Ansprüche im Fall der Insolvenz nicht befriedigt werden (*risk shifting*). Würde es nach den Gläubigern gehen, müsste Projekt A ausgewählt werden. Dieses Investitionsprojekt gewährleistet, dass die Forderungen der Gläubiger in Höhe von 15.000 Euro in einem Jahr voll befriedigt werden. Projekt B weist dagegen nicht nur ein niedrigeren Erwartungswert in Höhe von 1.500 Euro auf,[461] sondern auch die sehr hohe Wahrscheinlichkeit eines Forderungsausfalls.

Das nach dem Kapitalwertkriterium unvorteilhafte Projekt B führt zu einer Umverteilung der Risiken zu Lasten der Gläubiger, die mit einer Steigerung des Marktwerts des Eigenkapitals verbunden ist.[462]

(2) Anreiz zur Unterinvestition

Wie *Stewart C. Myers* in einem Beitrag aus dem Jahre 1977 gezeigt hat, kann für die Eigentümer einer verschuldeten Gesellschaft auch ein Anreiz bestehen, eine nach dem Kapitalwertkriterium vorteilhafte Investition nicht durchzuführen, weil damit nur die Position der Gläubiger, nicht aber ihre eigene Lage verbessert würde: „The firm financed with risky debt will, in some states of nature, pass up valuable investment opportunities – opportunities which could make a positive net contribution to the market value of the firm".[463] Das Problem der „Unterinvestition" taucht vorwiegend bei jungen Unternehmen auf, deren Marktwert unsicher ist und als reale Haftungsgrundlage für die Gläubiger ausscheidet. Verbessern die Erträge aus einem Investitionsprojekt vorrangig die Position der Gläubiger, werden Aktionäre sich weigern selbst dann weiteres Eigenkapital beizusteuern, wenn das Projekt einen positiven Beitrag zur Unternehmenswertsteigerung beiträgt.[464] Das zeigt sich an einem Beispiel:

Eine Aktiengesellschaft befindet sich am Rande der Insolvenz. Der Unternehmenswert beträgt 8.000 Euro und besteht allein aus einem Bankguthaben. Die Verbindlichkeiten betragen 10.000 Euro und werden in einem Jahr fällig. Stellen die Eigentümer zusätzliche Eigenmittel in Höhe von 5.000 Euro bereit,

461 Berechnung des Erwartungswerts für die Gläubiger: $\mu(B) = 15.000 \text{ Euro} * 0,1 + 0 \text{ Euro} * 0,9 = 1.500 \text{ Euro}$.

462 *Rudolph*, S. 178.

463 *Myers*, 5 J. Fin. Econ. 1977, 147, 149.

464 *Rudolph*, S. 179.

dann könnte die Geschäftsführung eine Investition tätigen, die den Unternehmenswert auf 14.000 Euro ansteigen lässt. Trotz des positiven Kapitalwerts der Investition werden rationale Aktionäre den Kapitalbeitrag nicht leisten. Ihr Residualanspruch würde nach der Investition und der Begleichung der Verbindlichkeiten lediglich 4.000 Euro (14.000 Euro – 10.000 Euro) betragen und damit um 1.000 Euro geringer sein, als der Eigenkapitalaufwand. Die Gläubiger würden den Eigenkapitaleinsatz der Gesellschafter dagegen begrüßen, weil dadurch ihre Position abgesichert wird.

(3) Fortführung statt Liquidation

Eine letzte Fallgruppe behandelt den Anreiz der Manager in Insolvenznähe im Zweifel für eine Fortführung des Unternehmens und gegen eine Liquidation zu votieren.[465] Aktionäre erhalten einen Liquidationsüberschuss erst nachdem sämtliche Verbindlichkeiten berichtigt worden sind (vgl. § 271 Abs. 1 AktG). Da die Aktionäre eines überschuldeten Unternehmens von einer Liquidation nicht profitieren, haben sie kein Interesse daran, dass das Unternehmen sofort abgewickelt wird. Stattdessen werden sie sich für eine Fortführung des Unternehmens aussprechen, weil sie hoffen, dass ein Überschuss irgendwann wieder erzielt wird. Gläubiger tendieren dagegen eher zu einer sofortigen Auflösung der Gesellschaft, wenn hierdurch ihre Ansprüche teilweise befriedigt werden und die Unternehmensfortführung ihr Ausfallrisiko nur erhöht. Führt die Liquidation nicht zu einem Überschuss und besteht eine geringe Wahrscheinlichkeit, dass das Unternehmen im Rahmen einer Restrukturierung gerettet werden kann, haben Manager Anreize mit dem Geld der Gläubiger zu spekulieren. Die Tendenz zur Bestandserhaltung zeigt sich an einem Beispiel:

Eine Aktiengesellschaft hat Verbindlichkeiten in Höhe von 100.000 Euro, die in einem Jahr fällig werden. Wird die Gesellschaft heute abgewickelt, kann ein Liquidationserlös in Höhe von 80.000 Euro sicher erzielt werden. Bei einer Fortführung des Unternehmens besteht hingegen eine Chance von 20 Prozent, dass es in die Gewinnzone zurückkehrt und nach einem Jahr für 300.000 Euro veräußert werden kann. Jedoch ist es zu 80 Prozent wahrscheinlich, dass die Restrukturierung misslingt und der Veräußerungserlös am Ende des Jahres lediglich 20.000 Euro beträgt. Der Erwartungswert der Restrukturierung beträgt damit 76.000 Euro.[466]

465 Vgl. *Lin*, 46 Vand. L. Rev. 1993, 1485, 1494 ff.

466 Berechnung des Erwartungswerts: μ = 300.000 Euro * 0,2 + 20.000 Euro * 0,8 = 76.000 Euro.

Aus ökonomischer Sicht sollte das Unternehmen abgewickelt werden. Der Erwartungswert ist höher, als der Veräußerungserlös nach einer Restrukturierung. Von einer Fortführung des Unternehmens würden hingegen nur die Aktionäre profitieren. Für sie besteht eine Chance von 20 Prozent, dass ein Gewinn von 20.000 Euro erzielt wird nachdem die Gläubiger befriedigt worden sind.[467] Umgekehrt käme eine Liquidation nur den Gläubigern zugute, deren Forderungen zuerst befriedigt werden. Vorstände, die im Interesse der Aktionäre handeln, werden sich daher für eine Fortführung des Unternehmens entscheiden und damit gegen die werthaltigere Alternative der Abwicklung.

(4) Praktische Relevanz

Für Aktionäre einer verschuldeten Gesellschaft kann ein Anreiz bestehen, die Gläubiger zu übervorteilen. Ob bzw. inwieweit die Gefahr einer Gläubigerausbeutung tatsächlich besteht, wird nachfolgend untersucht.

Die Gefahr der Überinvestition dürfte in der Publikumsgesellschaft eine eher untergeordnete Rolle spielen.[468] Nach § 76 I AktG leitet der Vorstand die Gesellschaft. Er entscheidet gemäß § 77 AktG über Fragen der Geschäftsführung und somit auch darüber in welche Projekte das Unternehmen Gelder investiert. Wie bereits dargestellt wurde, hat der Vorstand grundsätzlich kein Interesse daran, übermäßig große Risiken einzugehen. Im Unterschied zu den Aktionären erbringt er mit seinem Humankapitaleinsatz ein vertragsspezifisches Investment, das er nicht diversifizieren kann. Führt ein Projekt zum Untergang des Unternehmens, dann ist der Wert dieses Investments weitgehend verloren, weil es für eine Vielzahl von anderen Unternehmen nicht verwendet werden kann. Ökonomisch gesprochen, entstehen dem Vorstand durch die Insolvenz eines Unternehmens „versunkene Kosten". Gleiches gilt für seine Reputation. Diese wird durch eine Insolvenz stark beeinträchtigt, was das berufliche Fortkommen des Vorstands auf

467 Berechnung des Erwartungswerts: $\mu = 20.000 \text{ Euro} * 0{,}2 + 0 \text{ Euro} * 0{,}8 = 4.000 \text{ Euro}$ (Es besteht eine Chance von 20 Prozent, dass das Unternehmen für 30.000 Euro veräußert werden kann. In diesem Fall bleibt den Aktionären nach Abzug der Verbindlichkeiten ein Überschuss in Höhe von 20.000 Euro. Dagegen ist es zu 80 Prozent wahrscheinlich, dass die Restrukturierung scheitert und das Unternehmen nur für 2.000 Euro veräußert werden kann. In diesem Fall würden die Gesellschafter nichts erhalten.).

468 Ebenso *Klöhn*, ZGR 2008, 110, 149; *Bainbridge*, 1 J. Bus. & Tech. L. 2006, 335, 355 ff.; *Spindler*, EBOR 7 (2006), 339, 342; *Tung*, 1 J. Bus. & Tech. L. 2006, 607, 623: „Whatever the explanation, it is far from clear that endgame overinvestment by shareholder-wealth-maximizing managers is a serious problem". *Perridon/Steiner/Rathgeber*, S. 578 weisen darauf hin, dass empirische Studien nur schwache Hinweise auf Agency-Konflikte beim Finanzierungsverhalten deutscher Aktiengesellschaften gezeigt haben.

dem Managermarkt nachhaltig erschwert. Selbst wenn die Insolvenz unvermeidbar war, bewirkt dies, dass dem Vorstand ein Makel anhaftet, den er nur schwer beseitigen kann. Das Management hat ein Interesse an stabilen Ergebnissen.[469] Auch werden risikoarme Projekte bevorzugt, weil dadurch die Anstellung am wenigsten gefährdet wird. So werden Manager z.B. bestehende Produktlinien ausbauen, anstatt in riskante, innovative Produkte mit hohem Marktpotential zu investieren. Zudem werden sie auf eine Ausschüttung der Dividende verzichten und eine Reinvestition der Mittel in unterdurchschnittlich profitable Projekte bevorzugen.[470] Von einer Investition in bestandsgefährdende Vorhaben, zumal mit negativem Nettobarwert, profitieren Manager grundsätzlich nicht. Die Gefahr der Gläubigerausbeutung ist somit wenig begründet.

Zwar lässt sich hiergegen einwenden, dass die Eigentümer eines Unternehmens es selbst in der Hand haben die Risikoaversion des Vorstands durch anreizorientierte Vergütungen, wie etwa Aktienoptionen, abzubauen.[471] Die Erfolgsbeteiligung würde das Arbeitsplatzrisiko kompensieren und die Manager dazu bewegen, hoch riskante Projekte durchzuführen. Auch kann man erwägen, dass in Insolvenznähe der Anreiz zur Überinvestitionen gerade deshalb besteht, weil nur ein hoher Ertrag die drohende Insolvenz abwenden und den Humankapitaleinsatz des Managements sichern kann. In Insolvenznähe ist jedoch zu beachten, dass das Unternehmen primär von seinen Kreditgebern abhängig ist. Die Aktionäre sind nicht bereit, Eigenkapital in die Gesellschaft nachzuschießen, wenn dieses dazu verwendet wird, Forderungen der Gläubiger abzusichern.[472] Für die Fremdkapitalgeber gilt dies nicht. Sie haben auch in Insolvenznähe einen Anreiz zur Kreditvergabe, sofern nur die Konditionen der Finanzierung stimmen. Obwohl eine Gläubigerausbeutung in Insolvenznähe droht, ist der Vorstand gerade hier auf die Kreditgeber angewiesen. Er wird daher Strategien, die dem rationalen Interesse der Gläubiger zuwiderlaufen, ablehnend gegenüberstehen. Gegen diesen Standpunkt kann man zwar einwenden, dass sich das Unternehmen in einer „Endspielsituation“ befindet, in denen Reputationsmechanismen und das Interesse an einer langfristigen Zusammenarbeit keine Anreizwirkung mehr entfalten. Häufig geht es jedoch um Situationen, in denen riskante Projekte schon gar nicht

469 Ebenso *LoPucki/Whitford*, 141 U. Pa. L. Rev. 1993, 669, 684; *Tung*, 1 J. Bus. & Tech. L. 2006, 607, 622.

470 *Rudolph*, S. 184.

471 *Klöhn*, ZGR 2008, 110, 149 f..; vgl. *Arnold*, Die Steuerung des Vorstandshandelns, 2007, S. 115 ff.

472 Siehe oben zur Unterinvestition Teil 3:B.II.1.b) bb) (2).

ohne weitere Liquidität durchgeführt werden können.[473] Dies gilt umso mehr als Kreditgeber die Möglichkeit haben, der Gesellschaft durch Kündigung des Kredits die notwendige Liquidität zu entziehen.[474] Bei Aktiengesellschaften mit breit gestreutem Gesellschafterkreis besteht darüber hinaus ein Desinteresse der Aktionäre auf Entscheidungen des Vorstands einzuwirken. Je kleiner die Einflussmöglichkeit eines Aktionärs ist, desto weniger wird er versuchen seinen Einfluss geltend zu machen. Dieses Phänomen der rationalen Apathie, führt in der Praxis zu einer Hauptversammlungspräsenz von zumeist nicht mehr als 60 Prozent des stimmberechtigten Kapitals.[475]

Die Gefahr der Gläubigerausbeutung besteht ebenso wenig in geschlossen Gesellschaften. Hier sitzen die Aktionäre entweder selbst im Vorstand oder bekleiden Ämter im Aufsichtsrat. Auch ohne formelles Weisungsrecht sind sie in der Lage, den Vorstand zu überwachen und ihn in Konfliktfällen dazu anzuhalten, in ihrem Interesse zu handeln.[476] Indes fällt es den Gläubigern gerade bei geschlossenen Gesellschaften leicht, die Aktionäre mittels vertraglicher Regelungen von solchen Einflussnahmen abzuhalten. In der internationalen Finanzierungspraxis kommen insbesondere sog. „Covenants“ als Mittel der Risikosteuerung zum Einsatz.

c) Risikosteuerung durch Covenants

aa) Begriff und Rechtsnatur

Unter Covenants wird die Verpflichtung eines Emittenten oder Kreditnehmers verstanden, für die Dauer der Anleihe bzw. des Kredits einen bestimmten Zustand aufrechtzuerhalten oder ein bestimmtes Verhalten zu unterlassen.[477] Der besondere Beitrag dieser Vertragsklauseln liegt in ihrer Funktion als Krisenindikator, der eine sich abzeichnende Krise frühzeitig für den Gläubiger erkennbar macht und die Einleitung außergerichtlicher Maßnahmen zur Beseitigung der Insolvenzgefahr ermöglicht. Damit kann nicht nur ein individuell festlegbarer Auslöser für freie Verhandlungen geschaffen, sondern auch eine Vorabvereinbarung hinsichtlich der in diesem Fall zu ergreifenden Maßnahmen getroffen werden.[478]

473 Treffend *Klöhn*, ZGR 2008, 110, 150.

474 *Klöhn*, ZGR 2008, 110, 150.

475 Vgl. Handelsblatt vom 07.06.2012: „Die Rückkehr der Privataktionäre“. Abrufbar im Internet unter: http://www.handelsblatt.com/unternehmen/management/strategie/dax-konzerne-die-rueckkehr-der-privataktionaere/6708560.html.

476 *Klöhn*, ZGR 2008, 110, 150.

477 *Kaulamo*, in: Habersack/Mülbert/Schlitt, S. 634.

478 *Drukarczyk/Schöntag*, in Gottwald: Insolvenzrechts-Handbuch, § 3 Rn. 19.

Unklar ist, welche Rechtsnatur Covenants haben. Zum Teil werden sie als vertragliche Nebenpflicht oder bloße Obliegenheit eingestuft.[479] Während Vertragspflichten den Schuldner im Interesse des Gläubigers zu einer bestimmten Handlung veranlassen sollen,[480] sind Obliegenheiten Verpflichtungen im eigenen Interesse, deren Verletzung weder einen Anspruch auf Erfüllung noch auf Schadensersatz begründen.[481] Die belastete Person handelt, wenn sie gegen eine Obliegenheit verstößt, nicht rechtswidrig, sondern büßt nur eine günstige Rechtsstellung ein.[482] So verliert z.B. ein Käufer, der seiner Rügeobliegenheit aus § 377 HGB nicht nachkommt, die Möglichkeit zur Geltendmachung von Gewährleistungsrechten. Im Unterschied dazu geht es bei Covenants darum, dass eine Vertragsverletzung konkret vereinbarte Rechtsfolgen, wie z.B. Kündigungsrechte oder Nachbesicherungsansprüche auslöst. Der Schuldner verzichtet bei einem Bruch der Covenants nicht bloß auf eine Gelegenheit seine Rechtsposition zu verbessern, sondern erleidet eine konkrete Rechtseinbuße.[483] Für die Einordnung als vertragliche Nebenpflicht spricht zudem, dass der Gläubiger sein Ausfallrisiko nur dann wirksam begrenzen kann, wenn er über einen entsprechend vollstreckbaren Anspruch verfügt.[484]

Unklar ist weiter, ob Covenants selbständige oder unselbständige Nebenpflichten sind.[485] Selbständig sind Nebenpflichten dann, wenn sie trotz ihrer Subordination unter die Hauptleistungspflicht eine eigenständige Bedeutung haben. Sie gewähren dem Gläubiger einen Erfüllungsanspruch und sind selbständig einklagbar. Zu ihnen zählen z.B. Auskunftspflichten sowie die Pflicht zur Mitwirkung bei der Beschaffung von Unterlagen oder dem Einholen von Genehmigungen.[486] Unselbständige Nebenpflichten sichern dagegen nur die Hauptleistungspflicht ab. Eine eigene Funktion kommt ihnen nicht zu und ihre Verletzung löst allenfalls einen Schadensersatzanspruch aus.[487] Beispiele sind Sorgfalts-, Obhuts- oder Aufklärungspflichten.[488] In der Literatur wird teilweise vertreten, dass Covenants nicht

---

479 So aber *Wittig*, WM 1996, 1381, 1385.
480 *Wieling*, AcP 176 (1976), 334, 348.
481 Vgl. *Kramer*, in: MünchKomm. BGB, Einl. § 241, Rn. 50; Staudinger/*Olzen*, BGB, § 241, Rn. 120.
482 Staudinger/*Olzen*, BGB, § 241, Rn. 124; *Wieling*, AcP 176 (1976), 334, 348.
483 Treffend *Runge*, S. 66.
484 *Kusserow/Dittrich*, WM 2000, 745, 751.
485 *Runge*, S. 68.
486 Erman/*Hohloch*, BGB, § 242 Rn. 74; Palandt/*Grüneberg*, BGB, § 242 Rn. 25.
487 Palandt/*Grüneberg*, BGB, § 242 Rn. 25.
488 Erman/*Hohloch*, BGB, § 242 Rn. 74.

einklagbare Nebenpflichten seien, weil ihre vorrangige Aufgabe darin bestehe den Kapital- und Zinsleistungsanspruch des Gläubigers zu sichern. Es liege daher nicht im Interesse des Gläubigers, in die Unternehmensführung einzugreifen und die Einhaltung der Covenants gerichtlich durchzusetzen.[489] Covenants seien nur Nebenpflichten des Schuldners, die nach dem Grundsatz von Treu und Glauben i.S.d. § 242 BGB ohnehin dem Schuldverhältnis zu Grunde liegen.[490] Dieser Standpunkt wird zu Recht kritisiert. Das Ziel von Covenants, das Ausfallrisiko zu minimieren, kann wirkungsvoll nur dann erreicht werden, wenn die festgelegten Pflichten auch gerichtlich durchgesetzt werden können. Bei Darlehen hat der Darlehensgeber schon wegen der Gefahr des opportunistischen Verhaltens des Kreditnehmers ein ureigenes Interesse daran in die Geschäftsführung eingreifen zu können. Eine effiziente Internalisierung bestandsgefährdender Risiken lässt sich nur dann erreichen, wenn die in den Covenants festgelegten Verhaltenspflichten dem Kreditgeber einen einklagbaren Erfüllungsanspruch vermitteln.[491] Grenzen der Klagbarkeit resultieren jedoch daraus, dass die Verpflichtung, die eingeklagt werden soll, unter dem Gesichtspunkt der Vollstreckbarkeit hinreichend konkret sein muss. Hinzu kommt, dass Covenants, die in die Kompetenz der Gesellschafterversammlung eingreifen und bestimmte Umstrukturierungsmaßnahmen, wie die Verschmelzung mit anderen Gesellschaften untersagen, sich auf die kreditnehmende Gesellschaft nicht auswirken.[492]

bb) Anwendungsbereich

Obwohl Covenants theoretisch in jeder Vertragsbeziehung vorkommen könnten, beschränkt sich ihr Anwendungsbereich zumeist auf die Finanzierung von Kapitalgesellschaften. Die hohen Transaktionskosten und das zur Anwendung von Covenants erforderliche Fachwissen erklären zudem, warum Covenants in erster Linie von Banken eingesetzt werden.[493]

(1) Anleihemarkt

Covenants finden traditionell Anwendung bei Unternehmensanleihen (*bonds* bzw. *notes*). Eine Anleihe ist ein Instrument der Finanzierung, bei dem der Emittent ein Darlehen in Teilbeträge aufteilt, langfristig ausreicht und der Emission einheitliche Konditionen (hinsichtlich Zinssatz, Ausgabepreis, Laufzeit, Zeichnungsfrist und

---

489 So *Kusserow/Dittrich*, WM 2000, 745, 751.

490 *Kusserow/Dittrich*, WM 2000, 745, 752.

491 Ähnlich *Kästle*, S. 72 f.

492 *Kästle*, S. 73; *Runge*, S. 71; *Köndgen*, in: Prütting, S. 134, Fn. 26.

493 *Heinrich*, S. 133.

Liberierungsdatum) zu Grunde legt.[494] Dabei handelt es sich oft um eine Fremdemission, bei der eine Bank oder ein Bankenkonsortium die Anleihen für eigene Rechnung am Markt platziert. Für den Emittenten hat dies den Vorteil, dass er nicht nur von der höheren Fachkunde der beteiligten Kreditinstitute, sondern auch von ihrer besseren Distributionsmöglichkeit profitiert. Anleihen können zum Börsenhandel zugelassen werden, was den Gläubigern eine zusätzliche Gewinnmöglichkeit eröffnet, zugleich aber die Gefahr birgt, dass sich bestimmte Ereignisse wertmindernd auf den Marktpreis auswirken können.[495] Daher ist es üblich, dass in die zwischen Emittenten und Gläubigern bestehenden Anleihebedingungen (*indentures*) sog. „Event-Risk"-Covenants aufgenommen werden. Hierdurch verpflichtet sich der Emittent bestimmte Maßnahmen, die das Ausfallrisiko steigern könnten, während der Laufzeit der Anleihe zu unterlassen oder nur in beschränktem Maß einzugehen.[496] Kommt der Schuldner der Verpflichtung nicht nach, kann die Anleihe sofort zum Nennwert fällig gestellt werden.[497]

Bond Covenants haben zudem eine große Bedeutung bei der Kompensation einer schlechten Bonität des Anleiheschuldners.[498] Während Emittenten mit einem sehr guten Rating in der Regel keine Covenants akzeptieren müssen, können Unternehmen mit einem schlechteren Rating ihre Kreditwürdigkeit durch die Aufnahme von Covenants steigern und damit die Akzeptanz der Anleihe fördern sowie deren Kapitalkosten senken.[499] Covenants sind insoweit ein Signal, mit dem die Glaubwürdigkeit der Bonität gesteigert werden kann. Das gilt insbesondere bei sog. „High-Yield-Bonds", die sich ohne Covenants am Markt kaum behaupten könnten.[500]

(2) Kreditgeschäft

Obwohl Covenants seit langem von angelsächsischen Banken verwendet werden, ist ihre Verbreitung im deutschen Kreditmarkt traditionell gering. Die Ursachen liegen vor allem in der unterschiedlichen Rechtstradition: Zum einen werden im angelsächsischen Rechtskreis Kreditfinanzierungen häufig als Anleihen ver-

494 *Hartwig-Jacob*, S. 20.

495 *Heinrich*, S. 135.

496 *Droste zu Vischering*, S. 22.

497 *Servatius*, S. 34.

498 *Welch*, S. 468.

499 Vgl. *Drukarczyk/Schöntag*, in: Gottwald, Insolvenzrechts-Handbuch, § 3 Rn. 23.

500 *Kästle*, S. 42 f.; *Dittrich/Kusserow*, WM 2000, 745, 749; *Servatius*, S. 34. High-Yield oder auch Junk-Bonds sind langfristige, festverzinsliche Wertpapiere, die von den etablierten Ratingagenturen in der Ratingklasse „Spekulationsgrad" bewertet werden, vgl. *Heinrich*, S. 135 Fn. 60.

brieft und am Kapitalmarkt gehandelt.[501] Das erklärt auch warum die aus dem Bond-Bereich bekannten Covenants Eingang in das Kreditgeschäft gefunden haben. Im deutschen Raum gibt es dagegen zumeist unverbriefte Darlehen, so dass eine entsprechende Übertragung aus dem Anleihemarkt nicht stattgefunden hat.[502] Darüber hinaus erklärt sich die unterschiedlich starke Verbreitung aus den Unterschieden beider Rechtskreise hinsichtlich der Möglichkeit zur Vertragsgestaltung.[503] Im Common Law wird die Risikotragung zwischen den Parteien, wegen der begrenzten Möglichkeit der ergänzenden Vertragsauslegung, meist sehr detailliert und abschließend geregelt.[504] Schon dieser Umstand trägt dazu bei, dass Covenants traditionell eine größere Bedeutung zukommt als im kontinentaleuropäischen Rechtsraum. Die Vertragspflichten sind hierzulande standardisiert und weisen eine hohe Dichte an gesetzlichen Regelungen (§§ 488 ff. BGB) auf, die durch die AGB der Banken ergänzt wird. Ein Bedürfnis an einer zusätzlichen Verwendung von Covenants besteht daher nur in begrenztem Umfang.[505] Das zeigt auch ein Blick auf das System des Gläubigerschutzes. Während im Common Law die Kapitalerhaltung über Covenants gesichert wird, geschieht dies im deutschen Rechtskreis primär durch gesetzliche Regelungen (z.B. § 30 GmbHG, § 57 AktG). Zwar macht letzteres die Risikosteuerung nicht überflüssig, jedoch bietet dies einen gewissen Anreiz, sich unbesichert auf eine Kreditvergabe einzulassen.[506]

Hieraus kann jedoch nicht der Schluss gezogen werden, Covenants seien in Deutschland weitgehend unbekannt und kaum verbreitet.[507] Insbesondere bei Groß- und Konsortialkrediten (*syndicated loans*) sind Covenants weit verbreitet.[508] Hinzu kommt, dass die gesetzlichen Vorschriften zur Kapitalerhaltung nicht alle Unternehmen betreffen und die Regeln auch nur bedingt geeignet sind das Ausfallrisiko des Gläubigers zu minimieren. Insbesondere kann durch die Regelungen nicht verhindert werden, dass eine Insolvenz der Gesellschaft durch Verluste aus der Unternehmenstätigkeit ausgelöst wird. Die verstärkte Bonitätsprüfung des

501 *Droste zu Vischering*, S. 23.
502 *Servatius*, S. 37.
503 So auch *Kästle*, S. 50.
504 Ausführlich *Bratton*, EBOR 7 (2006), 39, 49 ff.
505 *Servatius*, S. 38.
506 *Servatius*, DStR 2004, 1176, 1180.
507 *Drukarczyk/Schöntag*, in Gottwald: Insolvenzrechts-Handbuch, § 3 Rn. 22.
508 Bei Großkrediten schließen sich Banken häufig zu einem Konsortium zusammen und erreichen durch die Aufteilung der Risiken eine Diversifikation und damit eine Absenkung des Ausfallrisikos.

Kreditnehmers als Folge der Eigenkapitalregeln nach Basel II hat ebenfalls dazu geführt, dass Covenants Einzug in die deutsche Kreditpraxis gefunden haben.[509]

(3) Projektfinanzierung

Ein weiteres Gebiet auf dem Covenants vorkommen, ist der Bereich der Projektfinanzierung. Bei einer Projektfinanzierung erfolgt die Rückzahlung der Kreditsumme weitgehend aus dem wirtschaftlichen Ertrag des Projekts. Dabei handelt es sich zumeist um Großvorhaben, wie z.B. die Rohstoffgewinnung, der Anlagebau oder der Aufbau von Breitbandnetzen.[510] Da diese Projekte einen sehr hohen Kapitalbedarf erfordern, sehen sich Kreditgeber nicht nur die finanzielle Situation des Kreditnehmers bzw. die Verwertbarkeit von Sicherheiten an, sondern vielmehr die finanzielle Tragfähigkeit des Projekts selbst.[511] Wegen der hohen Investitionskosten und der geringen Eigenkapitalbasis des Kreditnehmers erfolgt die Projektfinanzierung zumeist *mezzanin*, d.h. anstelle eines hohen anfänglichen Zins- und Tilgungsaufwands wird ein Nachrang der Kreditgeber vereinbart und die Vergütung erst nach erfolgreicher Fertigstellung des Projekts gezahlt (*accrued interest*).[512] Weil die Ausfallgefahr maßgeblich von der Wirtschaftlichkeit des Projekts abhängt, sind die Kreditgeber daran interessiert möglichst frühzeitig über negative Entwicklungen unterrichtet zu werden. Zu diesem Zweck werden in den Covenants umfangreiche Kontroll- und Überwachungsvorschriften vereinbart.[513]

(4) Akquisitionsfinanzierung

Ein anderes Anwendungsfeld von Covenants ist die Akquisitionsfinanzierung. Mangels genügender Eigenmittel finanzieren Unternehmen den Erwerb von anderen Unternehmen zu einem großen Anteil mit Fremdkapital. Im Unterschied zu den herkömmlichen Formen der Erwerbsfinanzierung, bestellt der Erwerber beim sog. „Leveraged Buy-Out" jedoch keine Sicherheiten an dem eigenen Gesellschaftsvermögen, sondern als Kreditsicherung dient vor allem das Vermögen der Zielgesellschaft. Die hohe Verschuldung führt zu einer Erhöhung des Leverage und damit zu höheren Ertragsaussichten für die Anteilseigner.[514] Leverage beschreibt dabei einen Effekt,

509 *Drukarczyk/Schöntag*, in Gottwald: Insolvenzrechts-Handbuch, § 3 Rn. *22*; *Berger*, ZBB 2008, 92, 98; *Servatius*, S. 39; *Heinrich*, S. 134.

510 *Westermann*, in: FS Brandner 1996, S. 579, 584; Kästle, S. 44 f.

511 *Stockmayer*, S. 95.

512 *Servatius*, S. 35.

513 *Heinrich*, S. 139.

514 *Becker*, DStR 1998, 1429.

wonach die Rendite des eingesetzten Eigenkapitals mit steigender Verschuldung zunimmt, solange die Gesamtkapitalrendite höher ist als der Fremdkapitalzins.[515]

Der Einsatz von Covenants bei Akquisitionsfinanzierungen erklärt sich im Wesentlichen aus zwei Gründen: Zumeist muss der Kaufpreis entrichtet werden, bevor das Eigentum an der Zielgesellschaft auf den Erwerber übergeht. Im Zeitpunkt der Kreditaufnahme verfügt dieser damit noch nicht über die Rechtsstellung, die Anteile der Gesellschaft bzw. deren Vermögen als Kreditsicherheit zu übertragen. Eine Deckung der Darlehensvaluta durch die Bestellung von Sicherheiten scheidet zum Stichtag damit aus.[516] Handelt es sich bei der Zielgesellschaft um eine AG oder GmbH, dann kann eine dingliche Besicherung zudem gegen die gesetzlich angeordnete Kapitalbindung verstoßen (§ 57 AktG bzw. § 30 GmbHG).[517] Da damit ein starkes Bedürfnis zur Steuerung des Ausfallrisikos besteht, drängen Kreditgeber in der Praxis darauf, dass sich der Erwerber Verhaltenspflichten unterwirft, die ihn davon abhalten, das Risikoprofil der Zielgesellschaft nachträglich zu ihren Lasten abzuändern.

(5) Venture-Capital-Finanzierung

Covenants finden schließlich Anwendung bei der Venture-Capital-Finanzierung.[518] Hier stellt ein Kapitalgeber meist jungen Unternehmen mit hohem Wachstumspotential (*start-ups*) Eigenkapital oder eigenkapitalverwandte Mittel auf begrenzte Zeit zur Verfügung.[519] Zudem wird die Unternehmensführung beratend unterstützt oder mit Personen des Investors besetzt. Auf diese Weise nimmt der Kapitalgeber an möglichen Erträgen des Unternehmens teil, trägt aber auch das Risiko eines unternehmerischen Fehlschlags. Im Gegensatz zum Kreditgeber stehen ihm jedoch weder dingliche Sicherheiten noch periodisch zu zahlende Zinsprämien zur Verfügung, die sein Ausfallrisiko kompensieren könnten. Seine Geschäftschance besteht vielmehr darin bei der Veräußerung seiner Beteiligung einen Spekulationsgewinn zu erzielen.[520] Das Bedürfnis nach einer Sicherung dieses Erlöses hat zur Herausbildung detaillierter Vertragswerke geführt, die neben einem Gesellschaftsvertrag, die aus dem Anleihebereich bekannten Covenants enthalten. Darin lassen sich Venture-Capital-Geber umfang-

515 *Perridon/Steiner/Rathgeber*, S. 521; *Franke/Hax*, S. 544.

516 *Treffend* Servatius, S. 36.

517 *Servatius*, S. 36.

518 Ausführlich zur Venture-Capital-Finanzierung *Cumming/Johan*, Venture Capital and Private Equity Contracting – An International Perspective, Oxford 2009.

519 *Heinrich*, S. 141.

520 *Winkler*, S. 25.

reiche Mitsprache-, Informations- und Kontrollrechte einräumen, die weit über den gesetzlichen Mindestumfang hinausgehen. So wird auf die Beschlussfassung etwa durch Stimmbindungsverträge mit den Gesellschaftern bzw. durch die Begründung von Zustimmungsrechten Einfluss genommen.[521]

cc) Zulässigkeit und Subordination

Covenants werden allgemein als rechtlich zulässig erachtet. Unter dem Blickwinkel des § 76 Abs. 1 AktG können sie jedoch dann problematisch werden, wenn sich der Vorstand dem Weisungsrecht eines Kreditgebers unterwirft. Bloße Informations- und Kontrollrechte sind dagegen unbedenklich.[522] Wo genau die kritische Grenze verläuft, die ein zur Leitungsautonomie verpflichteter Vorstand in Kreditverträgen nicht überschreiten darf, ist noch unklar. Unproblematisch dürfte es jedoch sein, wenn der Kreditgeber die Darlehensbelassung an die Einhaltung bestimmter betriebswirtschaftlicher Schlüsselgrößen knüpft. Die Gefahrenzone beginnt erst dort, wo er in die gesetzliche Organisationsstruktur der Gesellschaft eindringt. Dazu genügt weder eine bloße Konsultation vor wichtigen Unternehmensentscheidungen, noch eine vereinzelte Teilnahme an Vorstandssitzungen, wohl aber die alleinige Übernahme der Finanzangelegenheiten in Krisenzeiten einschließlich der exklusiven Verhandlungsführung mit allen Gesellschaftsgläubigern.[523]

Ob der Einsatz von Covenants dagegen zu einer Subordination der Darlehensforderung im Rahmen einer Insolvenz der Schuldnerin führt, ist dagegen umstritten. Nach § 39 Abs. 1 Nr. 5 InsO steht eine Forderung aus einer Rechtshandlung, die einem Gesellschafterdarlehen wirtschaftlich entspricht, einem Anspruch aus einem Gesellschafterdarlehen gleich. Derartige Forderungen werden daher in Bezug auf Hauptsache und Zinsen gemäß § 39 Abs. 1 Nr. 5, Abs. 3 InsO subordiniert und unterliegen den Anfechtungsvorschriften der § 135 InsO, § 6 AnfG in Bezug auf Rückzahlungen und Sicherheitenbestellungen.[524] Sollten Darlehen Dritter i.S.d. § 39 InsO einem Gesellschafterdarlehen gleichzustellen sein, hätte dies gravierende Auswirkungen auf die Unternehmensfinanzierung.[525] Es würden nicht nur weniger Kredite gewährt, vielmehr würde sich die Kreditaufnahme für viele Unternehmen derart verteuern, dass bestimmte Investitionen nicht mehr durchgeführt werden könnten. Die ökonomischen Konsequenzen wären immens.

---

521 *Heinrich*, S. 142.

522 Spindler/Stilz/*Fleischer*, AktG, § 76 Rn. 79; *Spindler*, in: MünchKomm AktG, § 76 Rn. 29.

523 Spindler/Stilz/*Fleischer*, AktG, § 76 Rn. 79.

524 Staudinger/*Freitag/Mülbert*, BGB, § 488 Rn. 84.

525 Vgl. *Weitnauer*, BKR 2005, 43, der von einem GAU spricht.

Darlehen Dritter wurden unter Zugrundelegung der §§ 32a, b GmbHG a.F. einem Gesellschafterdarlehen gleichgesetzt, wenn der Dritte einen weitgehenden unternehmerischen Einfluss ausüben kann und am Gesellschaftsvermögen oder den Gewinnen beteiligt ist.[526] Ob diese Grundsätze auch auf § 39 Abs. 1 Nr. 5 InsO zu übertragen sind, ist umstritten. Verwiesen wird in diesem Zusammenhang auf die umfangreiche Literatur zu diesem Thema.[527]

dd) Klassifizierung von Covenants

Obwohl sich der Inhalt von Covenants allein nach dem vertraglich Vereinbarten richtet, haben sich in der Kreditpraxis typische Klauseln herausgebildet, die der Gefahr des Moral Hazard und damit der Risikoverlagerung entgegenwirken sollen.[528] Man unterscheidet sog. „positive Covenants", „negative Covenants" und „financial Covenants".[529]

(1) Positive Covenants

Positive Covenants sind Vertragsklauseln, mit denen der Kreditgeber den Kreditschuldner zu bestimmten Handlungen verpflichtet.[530] Typische Inhalte solcher Klauseln sind:[531]

- die Verpflichtung zur Bewahrung des Geschäftsbetriebs,
- die Pflicht zur Beibehaltung der Gesellschafterstruktur (sog. „Ownership"-Klausel),
- die Pflicht zur Unterhaltung des Gesellschaftsvermögens,
- die Pflicht zum Abschluss von Versicherungen. Hierdurch soll verhindert werden, dass Vermögensgegenstände, die als Kreditsicherheit dienen oder für die Aufrechterhaltung des Geschäftsbetriebs erforderlich sind, ersatzlos wegfallen,

---

526 Vgl. BGH NJW 1989, 982; BGH NJW 1992, 3035.

527 Ausführlich hierzu *Servatius*, S. 426 ff.; *Runge*, S. 76 ff.; *Habersack*, ZIP 2007, 2145, 2148 f.; *Altmeppen*, NJW 2008, 3601, 3603; Staudinger/*Freitag/Mülbert*, BGB, § 488 Rn. 84 ff.

528 So etwa die Standards der Loan Market Association (LMA). Diese Standards sind mittlerweile in allen europäischen Märkten allgemein anerkannt und verbreitet. Siehe: http://www.lma.eu.com/default.aspx.

529 Ausführliche Darstellungen bei *Bratton*, EBOR 7 (2006), 39, 49 ff.; *Heinrich*, S. 156 ff.; *Runge*, S. 10 ff.; *Servatius*, S. 39 ff.; *Kästle*, S. 51 ff.

530 *Alberth*, WPg 1997, 744, 745.

531 *Drukarczyk/Schöntag*, in Gottwald: Insolvenzrechts-Handbuch, § 3 Rn. 21; *Servatius*, S. 40; *Kästle*, S. 53.

- die Pflicht zur Einhaltung gesetzlicher Vorschriften (z.B. des Umweltrechts),[532]
- die Pflicht zur Beibehaltung notwendiger Lizenzen und Patente,
- die Pflicht zur rechtzeitigen Bedienung aller Steuerschulden oder anderer Verbindlichkeiten (sog. „Cross-Default"-Klausel)
- Informationspflichten des Kreditschuldners.

Eine Risikoverlagerung kann der Kreditgeber insbesondere durch Informationspflichten frühzeitig erkennen. In der Praxis werden dem Kreditnehmer meist umfangreiche Mitteilungspflichten auferlegt, die über den gesetzlichen Mindestumfang hinausgehen. So kann der Kreditgeber etwa verlangen, dass der Kreditschuldner Business-Pläne aktualisiert und interne Projektanalysen offenlegt. Häufig wird auch auf die Aufstellung eines Quartalsberichts gedrängt, aus dem die aktuelle Gewinn- und Verlustlage bzw. Bilanz hervorgeht. Durch den Abgleich mit dem in der Kreditvergabe zu Grunde gelegten Business-Plan erhält der Kreditgeber einen Eindruck von der finanziellen Entwicklung des Kreditnehmers. Das versetzt ihn in die Lage sein Ausfallrisiko besser abschätzen zu können und im Bedarfsfall weitere Sicherheiten zu fordern oder bei einer negativen Entwicklung den Kreditvertrag zu kündigen.

Der Kreditnehmer wird auch dazu verpflichtet das Grundvermögen zum Verkehrswert anzusetzen sowie Belastungen nominell und effektiv anzuzeigen. Darüber hinaus wird der Schuldner in sog. „Material Adverse Change"-Klauseln angehalten, den Kreditgeber unverzüglich über Ereignisse zu informieren, wenn diese geeignet sind die Vermögens- und/oder Ertragslage ernstlich zu gefährden.[533] Hierzu gehören z.B. Konflikte mit Aufsichtsbehörden, Haftungsklagen oder sonstige „wesentliche Rechtsstreitigkeiten".[534] Ähnlich verhält es sich bei sog. „Change of Control"-Klauseln, mit denen der Kreditschuldner verpflichtet wird, Änderungen in der Gesellschafterstruktur anzuzeigen.[535] Der Kreditgeber kann sich ferner das Recht einräumen lassen, die Handelsbücher des Kreditschuldners laufend kontrollieren zu dürfen und das Unternehmen und deren Sachwerte zu inspizieren. Daneben werden sog. „Compliance Certificates" verlangt, mit denen sich der Vorstand zur Einhaltung der Covenants verpflichtet. Schließlich sichert

532 Obwohl sich diese Pflicht bereits aus dem Gesetz ergibt, bewirkt die Aufnahme in den Kreditvertrag, dass der Kreditgeber eigene Rechtsfolgen bzw. Sanktionen aus der Verletzung der Covenants herleiten kann.

533 *Kästle*, S. 54; *Servatius*, S. 41.

534 *Droste zu Vischering*, S. 50.

535 *Wand*, WM 2005, 1932, 1946.

der Kreditschuldner dem Gläubiger zu, unverzüglich Vertragsverletzungen (*defaults*) anzuzeigen.[536]

(2) Negative Covenants

Neben positiven Covenants existieren auch negative Covenants, die den Kreditschuldner dazu verpflichten, bestimmte Handlungen nicht oder nur mit Zustimmung des Kreditgebers vorzunehmen.[537]

So wird z.B. der Schuldner verpflichtet anderen Gläubigern keine dinglichen Sicherheiten oder Nutzungsrechte an seinem Vermögen zu bestellen.[538] Zweck der sog. „Negativklausel" (*negative pledge clause*) ist es, das Vermögen des Kreditnehmers als Haftungsmasse lastenfrei zu erhalten und eine vorrangige Befriedigung anderer Gläubiger zu verhindern.[539] Große Bedeutung hat dies insbesondere dann, wenn der Kreditgeber unbesichert geblieben und die Verwertbarkeit seines Anspruchs gefährdet ist.[540] Untersagt er zusätzlich die Veräußerung von Vermögensgegenständen, dann hat dies den Zweck, den Bestand und die Werthaltigkeit des Schuldnervermögens zu sichern.[541] Eine wichtige Ausnahme der Negativklausel ist in der Kreditpraxis die sog. „Gleichstellungsklausel". Hiernach ist der Schuldner zwar ausnahmsweise berechtigt sein Vermögen mit Sicherungsrechten zu belasten, jedoch nur insoweit, als dies nicht zu einer Rangverschlechterung des Kreditgebers führt. Sind dem Kreditgeber keine dinglichen Sicherheiten bestellt, dann darf der Schuldner eine Besicherung nur vornehmen, wenn er den Anspruch des Kreditgebers in gleicher Weise besichert.[542] Ähnliches gilt für die sog. „Gleichrangklausel" (*Pari-Passu*-Klausel). Damit wird sichergestellt, dass die Forderung des Kreditgebers den gleichen Rang erhält wie alle übrigen bestehenden und zukünftigen ungesicherten Forderungen anderer Gläubiger.[543] Ziel dieser Klausel ist es, die Bevorzugung anderer Gläubiger im Insolvenzfall zu verhindern. Die Möglichkeit der Errichtung einer Rangordnung besteht jedoch nur, soweit

536 *Heinrich*, S. 183.

537 Ausführlich *Bratton*, EBOR 7 (2006), 39, 51 ff.; *Servatius*, S. 42 f.; *Runge*, S. 10 ff.; *Kästle*, S. 57 ff.

538 *Bratton*, EBOR 7 (2006), 39, 52; *Köndgen*, in: Prütting, S. 131 f.; *Heinrich*, S. 174.

539 *Bratton*, EBOR 7 (2006), 39, 51.

540 *Runge*, S. 10. Zu beachten ist jedoch, dass ein rechtsgeschäftliches Verfügungsverbot gemäß § 137 S. 1 BGB keine dingliche Wirkung entfaltet, sondern den Kreditnehmer lediglich schuldrechtlich dazu verpflichtet derartige Verfügungen zu unterlassen (vgl. § 137 S. 2 BGB).

541 *Kusserow/Dietrich*, WM 2000, 745, 750.

542 Vgl. *Köndgen*, in: Prütting, S. 131; *Heinrich*, S. 175.

543 *Kaulamo*, in: Habersack/Mülbert/Schlitt, S. 635.

diese nicht gesetzlich vorgegeben ist und damit Raum für eine individualvertragliche Regelung bleibt. Im Unterschied zum US-amerikanischen Recht ist es dem Kreditgeber im deutschen Recht nicht möglich, mit seinem Schuldner zum Nachteil anderer Gläubiger den Vorrang seiner Forderung für den Insolvenzfall zu vereinbaren. Das ergibt sich bereits aus § 39 Abs. 2 InsO, wonach Gläubiger und Schuldner lediglich eine Rangrücktrittserklärung vereinbaren können.[544] Häufig finden sich in Kreditverträgen auch Covenants, die die Aufnahme zusätzlicher Darlehen beschränken (*restrictions on debt*). Damit soll nicht nur die Liquidität gesichert werden, die anderenfalls durch Zins- und Tilgungsleistungen vermindert werden würde, sondern auch eine Insolvenz durch Überschuldung abgewendet werden. Ähnliche Überlegungen gelten auch für Begrenzungen von Dividendenzahlungen an die Gesellschafter (*restrictions on dividends*).[545]

Der Gefahr der nachträglichen Erhöhung des Risikoprofils wird in der Praxis insbesondere dadurch begegnet, dass der Kreditgeber dem Kreditnehmer bestimmte Investitionen entweder untersagt oder von seiner Zustimmung abhängig macht (*restrictions on investments*).[546] Investitionsgrenzen verhindern, dass der Schuldner nach der Kreditvalutierung zu einer riskanteren Geschäftstätigkeit übergeht und das Ausfallrisiko auf den Geldgeber externalisiert. Dem Schuldner ist es dann z.B. nicht möglich sein Risikoprofil durch den Erwerb eines High-Tech-Unternehmens zu erhöhen oder Vermögensgegenstände in Insolvenznähe zu veräußern und den Erlös in riskante Finanzanlagen zu investieren.[547] Investitionsgrenzen können jedoch auch mit Kosten für den Schuldner verbunden sein. Das gilt vor allem dann, wenn sie dazu führen, dass der Schuldner auf ertragreiche aber riskantere Investitionsprojekte verzichten muss und damit der Unternehmenswert langfristig gesenkt wird. Covenants können auch darauf gerichtet sein die wirtschaftliche Identität des Kreditnehmers zu erhalten.[548] So wird z.B. dem Schuldner vorgeschrieben, dass er im selben Geschäftsbereich verbleiben muss, den Unternehmenszweck nicht ändern darf oder sich an anderen Unternehmen nur mit Zustimmung des Kreditgebers beteiligen darf. Der Grund für derartige Verbote liegt darin, dass der Geldgeber sein Kreditrisiko *ex ante* bestimmt und eine nachträgliche Änderung des Tätigkeitsbereichs sein Kreditrisiko erhöhen könnte, weil er in diesem Gebiet über weniger Erfahrung

544 So *Runge*, S. 41; *Merkel*, S. 199; *Ehricke*, in: MünchKomm. InsO, § 39 Rn. 62-63.

545 So *Bratton*, EBOR 7 (2006), 39, 54.

546 *Bratton*, EBOR 7 (2006), 39, 56; *Heinrich*, S. 170.

547 Beispiele nach *Bratton*, EBOR 7 (2006), 39, 57; *Heinrich*, S. 170.

548 *Runge*, S. 21.

verfügt.[549] Durch ein Verbot von Fusionen (*restrictions on mergers*) soll ein exzessives Wachstum des Kreditnehmers verhindert und damit die Liquidität des Unternehmens und die Rückführung der Forderung des Kreditgebers gesichert werden. Fusionen stellen für den Kreditgeber insbesondere dann ein Problem dar, wenn der Schuldner sein Unternehmen mit einem wirtschaftlich schwächeren Unternehmen verschmilzt. Trotz des Übergangs aller Rechte und Pflichten, birgt dies die Gefahr, dass die wirtschaftliche Leistungsfähigkeit des Kreditnehmers insgesamt beeinträchtigt und damit das Ausfallrisiko erhöht wird.[550]

(3) Financial Covenants

Mit Financial Covenants verpflichtet sich der Kreditschuldner während der Kreditlaufzeit zur Einhaltung einer bestimmten Kapitalstruktur oder bestimmter Finanzierungskennzahlen.[551] Sie nehmen entweder Bezug auf absolute Kennzahlen oder bestimmte Verhältnisangaben (*financial ratios*), und bezwecken die Sicherung des Schuldnervermögens.[552]

Financial Covenants erfüllen aus ökonomischer Sicht zwei wichtige Aufgaben: Zunächst sind sie für den Kreditgeber ein taugliches Mittel, mit dem die Informationsasymmetrie *ex interim* und die Ausfallgefahr begrenzt werden können.[553] Die Kennziffern müssen deshalb so gewählt werden, dass bei ihrer Einhaltung weder eine Überschuldung noch eine Zahlungsunfähigkeit droht und die Rückzahlung des Kredits im Fälligkeitszeitpunkt gesichert bleibt.[554] Darüber hinaus erweisen sich Financial Covenants als ein Frühwarnsystem, mit dessen Hilfe der Kreditgeber eine drohende Insolvenz des Kreditnehmers frühzeitig erkennen und noch abwenden kann.[555] Dem liegt die Erfahrung zugrunde, dass die Verletzung der Kennzahlen häufig zu einem Zeitpunkt geschieht, in dem die Eröffnung einer Insolvenz und damit der (teilweise) Forderungsausfall noch durch eine gezielte Einflussnahme auf die Geschäftsführung des Schuldners verhindert werden kann.[556] Zu beachten ist allerdings, dass die Überprüfung der finanziellen Situation in der Regel zu Bilanzstichtagen erfolgt und damit die Gefahr besteht, dass die Kennzahlen nicht die aktuelle wirtschaftliche Lage des Kredit-

549 *Diem*, § 22 Rn. 70.
550 *Diem*, § 22 Rn. 67.
551 *Kaulamo*, in: Habersack/Mülbert/Schlitt, S. 637.
552 *Servatius*, S. 43; *Kaulamo*, in: Habersack/Mülbert/Schlitt, S. 637.
553 Ähnlich *Wittig*, in: Schmidt/Uhlenbruck, Rn. 1.157.
554 *Wittig*, WM 1996, 1381, 1382.
555 *Thießen*, ZBB 1996, 19; *Wittig*, WM 1996, 1381, 1382.
556 *Runge*, S. 31; *Wittig*, WM 1996, 1381, 1386.

nehmers widerspiegeln.[557] Auch liefern die Finanzkennzahlen nur Auskunft über bilanzwirksame, nicht jedoch über bilanzneutrale Faktoren, zu denen etwa die Innovationskraft oder die Leistungsfähigkeit des Managements zählen.[558] Trotz dieser Vorbehalte übernehmen Financial Covenants eine wichtige Funktion bei der Risikointernalisierung und liefern einen unverzichtbaren Beitrag zur Analyse der wirtschaftlichen Situation des Kreditnehmers.[559]

Die Internalisierung des Ausfallrisikos durch bestandsgefährdende Risiken erfolgt zumeist über die Festlegung einer bestimmten Eigenkapitalquote (*net worth minimum*), die Vorgabe eines bestimmten Verschuldungsgrads (*debt equity ratio*), die Vereinbarung einer Liquiditätskennzahl (*current ratios*) und durch Zinsdeckungsklauseln (*interest coverage ratios*).

(a) Net Worth Covenants

Klauseln zur Eigenkapitalausstattung (*net worth covenants*) schreiben einen Mindestbetrag vor, den das Eigenkapital des Schuldners entweder absolut oder im Verhältnis zur Bilanzsumme nicht unterschreiten darf.[560]

Das Eigenkapital repräsentiert dabei den Betrag, der im Idealfall dem Schuldner verbleiben sollte, nachdem sämtliche Aktiva zu Buchwerten liquidiert und aus den Erlösen sämtliche Verbindlichkeiten, insbesondere die Kreditforderungen, zurückgeführt worden sind.[561] Anstelle des Eigenkapitals wird häufig auch das Reinvermögen der Gesellschaft zugrunde gelegt (*net tangible assets*). Für den Kreditgeber hat dies den Vorteil, dass die in ihrem Wert oft zweifelhaften immateriellen Vermögenswerte, wie z.B. der Firmenwert (*goodwill*), ausgeklammert werden. Für den Schuldner bedeutet dies, dass er bei der Berechnung des Mindestkapitals einen deutlich geringeren Wert ansetzen kann und die Kreditvergabe für ihn mit höheren Restriktionen verbunden ist.[562] Dient der Kredit der Finanzierung junger Unternehmen, dann wird der zu Beginn des Kreditvertrags vereinbarte Mindestbetrag stufenweise um einen bestimmten Betrag erhöht, um das Ausfallrisiko weiter zu senken (*step-up provisions*).[563] Net Worth Covenants haben gegenüber

---

557 *Küting/Weber*, S. 48; *Wittig*, in: Schmidt/Uhlenbruck, Rn. 1.159.

558 *Diem*, § 22 Rn. 10; *Wittig*, in: Schmidt/Uhlenbruck, Rn. 1.158; *Küting/Weber*, S. 49; *Runge*, S. 32.

559 Treffend *Küting/Weber*, S. 54; *Runge*, S. 32.

560 *Wittig*, in: Schmidt/Uhlenbruck, Rn. 1.146.

561 *Wittig*, in: Schmidt/Uhlenbruck, Rn. 1.147.

562 *Weitnauer*, ZIP 2005, 1443, 1445; *Runge*, S. 37; *Wittig*, WM 1996, 1381, 1382; *ders.*, in: Schmidt/Uhlenbruck Rn. 1.146 f.; *Heinrich*, S. 160.

563 *Heinrich*, S. 160.

dem gesetzlichen Kapitalschutz den Vorteil, dass der Schuldner zur jederzeitigen Erhaltung des für den Gläubiger wichtigen Eigenkapitals verpflichtet wird.[564]

(b) Debt Equity Ratios

Der Verschuldungsgrad des Kreditnehmers ist für die Bestimmung des Ausfallrisikos von maßgebender Bedeutung. Wie bereits dargelegt, neigen Aktionäre bei hoher Verschuldung ihres Unternehmens dazu, besonders riskante Geschäfte einzugehen. Da sie auch von Projekten mit negativem Ertragswert profitieren können, besteht die Gefahr, dass sie die erhöhte Insolvenzgefahr auf die Gläubiger der Gesellschaft externalisieren.

In der Praxis wird dieser Gefahr durch die Vereinbarung sog. „Verschuldungsklauseln" (*debt equity ratios*) Rechnung getragen.[565] Dies geschieht zumeist mittels relativer Kennzahlen, mit denen ein Mindestverhältnis zwischen Fremd- und Eigenkapital festgelegt wird, das während der Vertragslaufzeit vom Kreditschuldner nicht überschritten werden darf.[566] Das Fremdkapital wird dabei als *consolidated total debt* definiert und umfasst neben Finanzverbindlichkeiten, gestundete Verbindlichkeiten und Schulden aus Finanzierungs-Leasing-Verträgen.[567] Häufig wird anstelle des Eigenkapitals auch auf das *consolidated EBITDA* Bezug genommen.[568] Schließlich kann auch ein absoluter Höchstwert festgesetzt werden, bis zu dem sich der Kreditnehmer maximal verschulden darf. Verschuldungsklauseln sind in der Kreditpraxis ein effizientes Mittel zur Internalisierung des Ausfallrisikos. Sie vermitteln dem Kreditgeber nicht nur ein Mitspracherecht bei Finanzierungsfragen, sondern geben ihm auch die Möglichkeit, Fehlanreizen des Kreditnehmers frühzeitig entgegenzuwirken.

(c) Current Ratios

Ähnliches gilt für die Liquidität des Schuldners. Zur Vermeidung eines Forderungsausfalls wegen einer sich plötzlich einstellenden Zahlungsunfähigkeit, schreiben Kreditgeber und Kreditnehmer in sog. „Liquiditätsklauseln" (*cur-*

---

564 *K. Schmidt*, § 29 II 3; *Heinrich*, S. 160.

565 *Wittig*, in: Schmidt/Uhlenbruck Rn. 1.149.

566 *Diem*, § 22 Rn. 27 f.; *Weitnauer*, ZIP 2005, 1443, 1445; *Wittig*, WM 1996, 1381, 1382.

567 *Heinrich*, S. 161.

568 EBITDA ist eine betriebswirtschaftliche Kennzahl, die die Rentabilität eines Unternehmens wiedergibt und steht für: *earnings before interest, taxes, depreciation and amortization.* Im Unterschied zum EBIT, werden beim EBITDA neben dem Gewinn vor Zinsen und Steuern auch Abschreibungen auf Sachanlagen (depreciation) und die Amortisation von immateriellen Wirtschaftsgütern (amortization) hinzugezählt.

rent ratios) Verhältniszahlen fest, mit denen sichergestellt werden soll, dass das kurzfristig gebundene Umlaufvermögen die kurzfristigen Verbindlichkeiten des Schuldners abdeckt.[569] Das kurzfristige Umlaufvermögen setzt sich dabei gemäß § 266 Abs. 2 HGB aus den liquiden Mitteln, den sonstigen Wertpapieren und den Vorräten zusammen.[570] Eine Variante der current ratios sind *working capital requirements*, bei denen der Kreditnehmer verspricht ein bestimmtes Mindest-Nettoumlaufvermögen vorzuhalten.[571]

Die Einhaltung der Kennzahlen kann zum einen als Beleg dafür gesehen werden, dass der Kreditnehmer keine Investitionen mit negativem Nettobarwert eingeht. Denn anderenfalls würde sich mangels genügender Zahlungsrückflüsse auch die Liquiditätslage des Schuldners verschlechtern und unter den vorgegebenen Wert fallen. Zum anderen zeigt die Einhaltung, dass der Schuldner voraussichtlich selbst in der Lage sein wird, eine drohende Illiquidität und damit einen Forderungsausfall des Gläubigers abzuwenden, indem er entweder auf eigene Barmittel zurückgreift oder Forderungen eintreibt bzw. Gegenstände des Umlaufvermögens veräußert und in Geld umwandelt.[572] Die Liquiditätsklausel ist aus ökonomischer Sicht ein Instrument mit dem der Kreditgeber sein Ausfallrisiko senken und der Gefahr einer Risikoverlagerung *ex interim* entgegenwirken kann.

(d) Interest Coverage Ratios

Das Ausfallrisiko kann auch mithilfe von sog. „Zinsdeckungsklauseln" (*interest coverage ratios*) internalisiert werden. Sie legen fest, dass das Verhältnis des EBITDA des Kreditnehmers zu seinem Nettozinsaufwand nicht unter eine bestimmte Mindestgröße fallen darf.[573]

Im Unterschied zu den *debt equity ratios* wollen Zinsdeckungsklauseln nicht die Fähigkeit des Schuldners zur Kreditrückzahlung erhalten, sondern sicherstellen, dass er seine laufenden Zinsverbindlichkeiten bedienen kann. Ist der Kreditnehmer schon nicht imstande seine Zinsverbindlichkeiten zu erfüllen, ist es wahrscheinlich, dass eine Insolvenz wegen Überschuldung oder Illiquidität in absehbarer Zeit eintreten wird. Die Zahlungsunfähigkeit kann sich sogar noch schneller einstellen, weil nicht geleistete Zinsen zu Kreditkündigungen und damit

569 *Wittig*, WM 1996, 1381, 1383.

570 *Runge*, S. 39.

571 *Heinrich*, S. 163.

572 *Wittig*, WM 1996, 1381, 1383.

573 *Diem*, § 22 Rn. 25; *Wittig*, WM 1996, 1381, 1383; *ders.*, in: Schmidt/Uhlenbruck Rn. 1.150; *Runge*, S. 41.

zu einem Abzug der liquiden Mittel führen können.[574] Einem Kreditschuldner, dessen Gewinn vor Zinsen und Steuern, Abschreibungen und Amortisationen die Zinsverpflichtungen nicht deutlich übersteigt, fehlen zudem auf Dauer die finanziellen Mittel zur Schuldentilgung und zur Vornahme notwendiger Investitionen.[575] Aus Sicht des Kreditnehmers stellt sich die wirtschaftliche Lage des Kreditnehmers damit umso stabiler dar, je höher die Zinsdeckung ist.[576] Im Insolvenzrecht finden *interest coverage ratios* keine Entsprechung. Der Tatbestand der Zahlungsunfähigkeit des § 17 Abs. 2 InsO ist deutlich gröber und greift nur ein, wenn die Gesellschaft unfähig ist, fällige Geldschulden zu bedienen.[577]

ee) Rechtsfolgen: Events of Default

Eine Internalisierung des Ausfallrisikos setzt voraus, dass Covenants einen wirkungsvollen Sanktionsmechanismus vorsehen, mit dem Vertragsverletzungen des Kreditnehmers geahndet werden können. Die Aufnahme solcher Zusatzvereinbarungen ist vorteilhaft, wenn ihr Wert die durch sie verursachten Kosten, die aus der Einengung des Strategieraums des Managements und der hierin nicht begründeten Nichtrealisierung vorteilhafter Finanzierungs- und Investitionsmöglichkeiten entstehen, übersteigt.[578] In der Kreditpraxis hat sich in den letzten Jahren ein Katalog typischer Rechtsfolgen herausgebildet, in deren Mittelpunkt sog. „Events of Defaults" stehen.

Die Überwachung der vertraglich statuierten Kriterien erfolgt über die vereinbarten Informationspflichten des Schuldners. In der Regel ist der Schuldner zur Mitteilung einer Verletzung des Covenant (*breach of covenant*) und zur Vorlage kurz- und langfristiger Erfolgsrechnungen verpflichtet. Zu den Unterlagen gehören monatliche betriebswirtschaftliche Auswertungen, viertel- oder halbjährliche Zwischenbilanzen und testierte Jahresabschlüsse. Um eine enge Überwachung sicherzustellen, wird dem Schuldner die Kontinuität der Bilanzierungs- und Bewertungsmethoden aufgetragen. Zudem wird vereinbart, ob die Kennzahlen ständig oder nur an bestimmten Stichtagen einzuhalten sind. Während für das Stichtagskonzept praktische Erwägungen sprechen, muss bei einer kontinuierlichen Überwachung verstärkt auf Meldepflichten zurückgegriffen werden.[579] In der Praxis wird oftmals vereinbart, dass die Kennzahlen nur an bestimmten

574 *Wittig*, WM 1996, 1381, 1383.

575 *Wittig*, WM 1996, 1381, 1383; *ders.*, in: Schmidt/Uhlenbruck Rn. 1.151.

576 *Wittig*, WM 1996, 1381, 1383; *ders.*, in: Schmidt/Uhlenbruck Rn. 1.151.

577 *Heinrich*, S. 162 mit Verweis auf *Hüffer*, AktG, § 92 Rn. 8.

578 *Drukarczyk/Schöntag*, in Gottwald: Insolvenzrechts-Handbuch, § 3 Rn. 23.

579 *Drukarczyk/Schöntag*, in Gottwald: Insolvenzrechts-Handbuch, § 3 Rn. 25.

Stichtagen nicht unterschritten werden dürfen oder ein *breach of covenant* erst dann vorliegt, wenn es ihm innerhalb einer bestimmten Frist (etwa ein bis drei Monate) nicht gelingt, die Kennzahl wieder zu erreichen.[580]

(1) Kreditkündigung

Der Bruch eines Covenant berechtigt den Kreditgeber zur Kündigung und sofortigen Fälligstellung der Darlehensvaluta zum Nennwert.[581] Häufig sieht der Kreditvertrag vor, dass die Kündigung erst nach dem Verstreichen einer zur Abhilfe bestimmten Frist (*grace period*) zulässig ist.[582] Da die Kreditkündigung die wirtschaftliche Existenz des Unternehmens gefährden kann, kommt sie nur in Ausnahmefällen zur Anwendung, wenn dem Kreditgeber keine anderen milderen und gleich wirksamen Sanktionsmittel zur Verfügung stehen. Mitunter sehen Kreditverträge vor, dass das Kündigungsrecht nur ausgeübt werden kann, wenn der Schuldner die festgelegten Finanzkennzahlen an mehreren, aufeinanderfolgenden Stichtagen nicht einhält (sog. „Mulligan"-Klausel).[583] In sog. „Equity Cure"-Klauseln wird den Gesellschaftern eines Kreditnehmers zudem das Recht eingeräumt, die Kündigung und damit die sofortige Fälligstellung des Darlehens durch die Zuführung von zusätzlichem Eigenkapital abzuwenden. Unter Eigenkapital fallen neben Kapitaleinlagen auch nachrangige Gesellschafterdarlehen.[584]

In der Praxis wird die Kündigung oftmals nur angedroht, mit dem Ziel den Kreditnehmer zu Neuverhandlungen und damit zur Änderung der Vertragskonditionen zu bewegen.[585] Im Ergebnis kann dies dazu führen, dass strengere Covenants, ein höherer Zinssatz oder eine beschleunigte Tilgung vereinbart werden, zusätzliche Sicherheiten einzuräumen sind oder der Kreditgeber einen größeren Einfluss auf die Geschäftsführung des Schuldners bekommt.[586] Die Einflussnahme auf die Geschäftsführung kann dadurch geschehen, dass wesentliche Transaktionen nur noch dann getätigt werden dürfen, wenn sie vorab mit den Kreditgebern besprochen werden oder ihre Zustimmung hierzu vorliegt. Für den Fall einer drohenden Insolvenz kann sich der Kreditgeber noch weitergehende Einwir-

580 *Droste zu Vischering*, S. 52 f.; *Servatius*, S. 44.

581 *Alberth*, WPg 1997, 744, 748; *Diem*, § 22 Rn. 39; *Kusserow/Dietrich*, WM 2000, 745, 748; *Thießen*, ZBB 1996, 19, 21; *Wittig*, WM 1996, 1381, 1387; *Servatius*, S. 45; *Runge*, S. 54; *Drukarczyk/Schöntag*, in Gottwald: Insolvenzrechts-Handbuch, § 3 Rn. 26.

582 *Köndgen*, in: Prütting, S. 133.

583 *Diem*, § 22 Rn. 39; *Runge*, S. 55.

584 *Runge*, S. 59.

585 *Alberth*, WPg 1997, 744, 748; *Thießen*, ZBB 1996, 19, 21.

586 *Thießen*, ZBB 1996, 19, 21; *Runge*, S. 58.

kungsrechte ausbedingen und die Geschäftsleitung davon abhalten, Unternehmensstrategien zu verfolgen, die den Wert des Fremdkapitals weiter beeinträchtigen. Der *Breach of Covenants* führt bei Unternehmen, deren Fortbestand von dem Kredit des Kreditgebers abhängig ist, dazu, dass die Einflussmöglichkeiten des Kreditgebers besonders groß sind.[587] Kreditgeber können möglichen Fehlanreizen des Managements entgegentreten und eine drohende Externalisierung von Risiken abwenden. Handelt es sich bei dem kriselnden Unternehmen um eine geschlossene Gesellschaft, dann fällt es dem Kreditgeber leicht, möglichen Einflussnahmen der Aktionäre auf das Management zu begegnen. Das Drohpotential der Kreditkündigung bewirkt zudem, dass sich die Kreditnehmer bei einem drohenden Bruch der Covenants zu Nachverhandlungen bereit erklären und neue Konditionen akzeptieren werden. Ökonomisch gesprochen findet eine Internalisierung der Ausfallrisiken durch die nachträglichen Verhandlungen statt.

(2) Nachbesicherung

Der Kreditvertrag kann darüber hinaus die Bestellung weiterer Sicherheiten vorsehen, wenn es zu einem Bruch der Covenants gekommen ist. Entweder handelt es sich hierbei um im Zeitpunkt des Vertragsschlusses bereits festgelegte Sicherheiten oder der Kreditgeber wird pauschal verpflichtet, bei Eintritt eines *Event of Default* zusätzliche Sicherheiten zu leisten.[588]

(3) Waiver Letter

Beeinträchtigt die Covenant-Verletzung das Ausfallrisiko des Kreditgebers nur unwesentlich oder ist anzunehmen, dass die verabredeten Kennzahlen in naher Zukunft wieder eingehalten werden, dann kann der Kreditgeber auch auf eine Sanktion verzichten und dem Schuldner einen sog. „Waiver Letter" erteilen, in dem er seinen Verzicht auf mögliche Rechtfolgen erklärt. Der *Waiver* wird in der Kreditpraxis oft mit einer Gebühr verbunden, die das erhöhte Kreditrisiko widerspiegelt.[589]

(4) Cross Default-Klausel

Haben die Parteien eine sog. „Cross Default"-Klausel in den Kreditvertrag aufgenommen, dann kann der Kreditgeber zur Kündigung des Vertrags bereits berechtigt sein, wenn der Schuldner Covenants verletzt, die mit anderen Gläubigern

587 Ähnlich *Thießen*, ZBB 1996, 19, 22.
588 *Runge*, S. 61.
589 *Thießen*, ZBB 1996, 19, 21; *Runge*, S. 58; *Alberth*, WPg 1997, 744, 748.

ein Interesse daran, dass möglichst wenige Risiken eingegangen werden, weil dies ihren Arbeitsplatz und ihren Lebensunterhalt am wenigsten gefährdet.[594] Hiergegen kann auch nicht eingewandt werden, dass sie die Möglichkeit haben, nach Erlangung der Kenntnis von dem Risiko, den Arbeitsvertrag zu kündigen. Im Gegensatz zu anderen Vertragsverhältnissen, sind Arbeitsverträge meist auf eine längere Dauer angelegt, da Arbeitnehmer vertragsspezifisches Fachwissen erwerben, deren Wert bei einer Beendigung des Arbeitsverhältnisses zumeist verloren wäre. Da die Kündigung des Arbeitsvertrags auch das Humankapital bedroht, eignet es sich nur bedingt, um das Management von der Eingehung bestandsgefährdender Risiken abzuhalten. Dies bedeutet allerdings noch nicht, dass die Arbeitnehmer bestandsgefährdenden Risiken ihres Arbeitgebers schutzlos ausgesetzt wären. Es bedeutet zunächst einmal nur, dass sie sich weniger gut gegen eine Ausbeutung schützen können, als z.B. Banken.[595]

Die Kontrolle des Vorstands durch Gläubiger, die in der Lage sind, sich wirksam zu schützen, kommt jedoch auch den Arbeitnehmern zugute. Sieht der Kreditvertrag einer Bank Financial Covenants vor, aufgrund derer das Unternehmen bestimmte bilanzielle Zielvorgaben nicht unterschreiten darf, dann profitieren hiervon auch weniger einflussreiche Gläubiger.[596] Es kommt zu einem „Spill-Over"-Effekt, weil die Arbeitnehmer mittelbar in den Schutzbereich der Covenants einbezogen werden. Sie „reiten", bildlich gesprochen, „frei" auf den Covenants, ohne die Kosten hierfür tragen zu müssen. Auch wenn den Arbeitnehmern keine unmittelbaren Rechte aus den Covenants zustehen, profitieren sie von ihrer disziplinierenden Wirkung. Die Relativität der Covenants wird durchbrochen, da es im Hinblick auf den erweiterten Wirkungsbereich zu einer personellen Inkongruenz der Träger von Kosten und Vorteilen kommt.[597] Den Arbeitnehmern kommen darüber hinaus gesetzliche Schutzvorschriften zugute. Das gilt insbesondere für das Insolvenzrecht. Lohn- und Gehaltsforderungen aus der Zeit vor der Insolvenzeröffnung sind nach § 38 InsO zwar einfache Insolvenz-

594 Eine zu geringe Risikoakzeptanz dürfte allerdings auch nicht im rationalen Interesse der Arbeitnehmer sein. Denn andernfalls müsste das Unternehmen über kurz oder lang wegen mangelnder Wettbewerbsfähigkeit den Markt verlassen. Arbeitnehmer sind vielmehr daran interessiert, dass das Unternehmen gerade so viel Risiko eingeht, um ihren Arbeitsplatz nicht zu gefährden und das Unternehmen nicht wegen mangelnder Wettbewerbsfähigkeit in die Insolvenz zu schicken.

595 *Adams*, S. 64 weist insofern treffend darauf hin, dass Arbeitnehmer, trotz ihrer vertraglichen Beziehung zur Gesellschaft, als Zwangsgläubiger einzuordnen sind.

596 *Klöhn*, ZGR 2008, 110, 153.

597 Treffend *Heinrich*, S. 261.

forderungen, die beim Insolvenzverwalter nach § 174 InsO anzumelden sind. Sofern die Entgeltansprüche der Arbeitnehmer nach der Eröffnung des Insolvenzverfahrens entstehen, sind sie jedoch als Masseverbindlichkeiten vorweg zu berichtigen (§§ 53, 55 InsO). Einen weiteren Schutz bietet die Regelung des § 165 SGB III. Hiernach haben Arbeitnehmer Anspruch auf Insolvenzgeld, wenn sie im Inland beschäftigt waren und bei einem Insolvenzereignis für die vorausgegangenen drei Monate des Arbeitsverhältnisses noch Ansprüche auf Arbeitsentgelt haben. Als Insolvenzereignis gilt neben der Eröffnung des Insolvenzverfahrens, die Abweisung des Insolvenzverfahrens mangels Masse oder die Beendigung der Betriebstätigkeit im Inland.

Eine Externalisierung der Kosten könnte sich jedoch in Bezug auf Warenlieferanten ergeben. Das gilt umso mehr, je stärker diese Gläubiger an die Gesellschaft gebunden sind und vertragsspezifische Investitionen, wie etwa Zulieferer in der Automobilindustrie, getätigt haben. Sie sind dann, ebenso wie die Arbeitnehmer, dem Risiko ausgesetzt, dass unternehmerische Fehlschläge ihrer Abnehmer zu einem Forderungsausfall führen. Die Gefahr, dass ihnen die Kosten dieser Fehlschläge unkompensiert aufgebürdet werden, besteht hier jedoch ebenso wenig. Das liegt zunächst daran, dass die Covenants auch ihnen gegenüber einen reflexiven Schutz entfalten. Hinzu kommt, dass die Rechtsbeziehungen zwischen Lieferanten und Abnehmern meist kurzfristig sind und die Gefahr einer Ausbeutung nur eingeschränkt besteht.[598] Lieferanten und Werkunternehmer sind zudem in der Lage, sich durch Eigentumsvorbehalte oder Pfandrechte effektiv zu schützen (vgl. §§ 449 Abs. 1, 158 Abs. 1 BGB; § 647 BGB).

3. *Externalisierung bei Zwangsgläubigern*

Während eine Externalisierung der Kosten durch die Eingehung existenzieller Risiken bei Vertragsgläubigern nicht zu befürchten ist, kann eine solche bei Personen bestehen, die das Entstehen ihrer Gläubigerposition nicht verhindern können (sog. „Zwangsgläubiger“).

Gemeint sind vor allem „Schädigungen unter Fremden“, bei denen die Parteien vor der Schädigung in keiner vertraglichen Beziehung standen und das Schadensrisiko nicht durch entsprechende Risikoaufschläge oder Verhaltenspflichten ausgleichen konnten.[599] Klassische Beispiele sind etwa Unfälle im Straßenverkehr, atomare Katastrophen oder Straftaten. Sind die Gläubiger, mangels vertraglicher Beziehung, nicht in der Lage ein angemessenes Haftungskapital des

598 Ebenso *Klöhn*, ZGR 2008, 110, 154.
599 *Adams*, S. 58.

Schädigers auszuhandeln, dann muss der Gesetzgeber tätig werden und einen Mindestwert festlegen. Anderenfalls geben Ersatzansprüche wie §§ 823 Abs. 1, 823 Abs. 2 BGB oder §§ 7, 18 StVG keine Möglichkeit zur Schadenskompensation, weil sie wirtschaftlich nicht werthaltig sind. Im Straßenverkehr geschieht dies z.B. durch § 1 PflVG, wonach der Halter eines Kraftfahrzeugs oder Anhängers mit regelmäßigem Standort im Inland verpflichtet ist, für sich, den Eigentümer und den Fahrer eine Haftpflichtversicherung zur Deckung der durch den Gebrauch des Fahrzeugs verursachten Personenschäden, Sachschäden und sonstigen Vermögensschäden abzuschließen, wenn das Fahrzeug auf öffentlichen Wegen oder Plätzen verwendet wird. Der Zwang zum Abschluss einer Haftpflichtversicherung verhindert eine Kostenexternalisierung und stellt aus ökonomischer Sicht eine sinnvolle Mindesteigenkapitalregel dar.[600] Gleiches gilt für die Regelungen zur Gefährdungshaftung (z.B. § 833 S. 1 BGB, § 7 Abs. 1 StVG, § 1 UmweltHG, § 1 ProdHaftG, §§ 25 ff. AtomG, § 1 Abs. 1 HaftPflG). Gemeinsamer Grundgedanke der Vorschriften ist, dass jeder, dem ein gefährliches Verhalten bzw. der Betrieb einer Anlage gestattet wird, unabhängig von seinem Verschulden für die Folgen aufkommen muss, wenn sich das darin liegende typische Risiko verwirklicht.[601] Die verschärfte Haftung verhindert, dass Unternehmen mit sehr geringer Eigenkapitalausstattung und beschränkt persönlicher Haftung in den Markt treten und sich solange die Gewinne aus ihrer Tätigkeit aneignen, bis sich das Schadenspotential verwirklicht und die Allgemeinheit mit den Kosten belastet wird.[602]

III. Das Problem der Systemrisiken

Eine Externalisierung der Kosten bestandsgefährdender Risiken ist im Grundsatz nicht zu befürchten. Dies gilt allerdings nur insoweit, als von einer Insolvenz des Unternehmens keine systemischen Risiken für die Gesamtwirtschaft ausgehen.

1. Ansteckungsgefahr im Finanzsektor

Seit der Finanzmarktkrise von 2008 ist der Begriff des systemischen Risikos in aller Munde. Politiker und Funktionäre gebrauchen ihn, um finanzielle Hilfspakete oder Bürgschaften des Staats zur Rettung nationaler Konzerne zu fordern. So hieß es etwa im Fall von Opel, der Staat müsse helfen, weil die Autoindustrie eine Schlüsselbranche sei.[603] Die Insolvenz berge nicht nur die Gefahr, dass tau-

600 *Adams*, S. 60.
601 Vgl. Palandt/*Sprau*, BGB, Einf. v. § 823 Rn. 6.
602 *Adams*, S. 60.
603 Vgl. Die ZEIT, Kein Geld für Opel!, 24.02.2009.

sende von Arbeitsplätzen vernichtet, sondern auch Zulieferer in den Abwärtssog geraten könnten. Ohne Zweifel hätte eine Insolvenz von Opel weitreichende Konsequenzen für den Arbeitsmarkt gehabt. Fraglich ist jedoch, ob dies genügt, um von einem systemischen Risiko sprechen zu können. Eine Insolvenz führt meist dazu, dass Arbeitsplätze abgebaut werden, verursacht jedoch nur selten den Zusammenbruch des gesamten Wirtschaftskreislaufs. Pekuniäre Effekte, d.h. bloße Vermögensverschiebungen von einer Partei zu einer anderen Partei sind eine mittelbare Folge der Ressourcenallokation und aus ökonomischer Sicht keine Form des Marktversagens. Auch realwirtschaftlich kann der Untergang eines Unternehmens irrelevant sein. So ist z.B. denkbar, dass Mitbewerber mit ihren Kapazitäten die Marktlücke schließen und neue Arbeitsplätze schaffen. Gerät eine ganze Wirtschaftsbranche in wirtschaftliche Schwierigkeiten, kann dies ein Zeichen dafür sein, dass sie sich, zumindest in dieser Größenordnung, überlebt hat. Ökonomen sprechen in diesem Zusammenhang auch von den „reinigenden Kräften" einer Rezession.[604]

Was besagt jetzt aber der Begriff des systemischen Risikos? Unabhängig von einer konkreten Definition bezeichnet er das Ansteckungsrisiko innerhalb der Finanzmärkte.[605] Banken haben als Finanzintermediäre eine wichtige ökonomische Funktion. Sie sammeln Geld von Millionen von Sparern und Anlegern und bündeln es, so dass Haushalte und Unternehmen auf dieses Kapital zugreifen können. Gehen Banken insolvent, dann kann dies dazu führen, dass dem Wirtschaftssystem notwendiges Kapital entzogen oder die Finanzierung wegen zu hoher Kapitalkosten erschwert wird. Das Ansteckungsrisiko ergibt sich dann vor allem aus der Gefahr des sog. „Dominoeffekts". Dieser zeichnet sich dadurch aus, dass gesunde Banken ihre Forderungen abschreiben müssen, die sie gegenüber dem insolventen Finanzinstitut haben und damit selbst in Schieflage geraten. Der Effekt ist dabei umso größer, je stärker die Verflechtung der Finanzinstitute ist.[606]

Ein zweiter Ansteckungseffekt folgt aus dem sog. „fire sale".[607] Die Schieflage einer Bank oder eines großen Hedgefonds kann dazu führen, dass das Finanzinstitut kurzfristig seine Wertpapiere auf dem Kapitalmarkt veräußern muss. Bei Banken kann sich die Notwendigkeit zum Verkauf durch die verschärften Eigenkapitalvorschriften noch verstärken. Sinkt durch die Verkäufe der Marktwert der Wertpapiere, dann erleiden auch andere Institute Verluste. Diese werden ihrerseits

604 *Inderst*, S. 1.
605 Ausführlich *Inderst*, S. 8 ff.
606 *Inderst*, S. 7.
607 Vgl. *Schwarcz*, Geo. L. J. 2008, 193, 214.

zum Verkauf der Wertpapiere gezwungen, wodurch eine Abwärtsspirale in Gang gesetzt wird.[608]

Eine dritte Ansteckungsgefahr beruht auf sog. „Informationseffekten". Wenn eine Bank in eine Schieflage gerät, dann wird oft vermutet, dass andere Banken ähnlich schlechte Geschäfte gemacht haben und die gleichen Risiken eingegangen sind.[609] Das kann zu einem *bank run* führen, bei dem Sparer aus Angst vor Verlusten ihre Einlagen massenweise abziehen. Da eine Bank jedoch nur einen geringen Teil aller Spareinlagen als Barmittel vorhält, funktioniert die Fristentransformation nicht mehr und der Bank droht die Zahlungsunfähigkeit.[610] Dies zeigt das Beispiel der Weltwirtschaftskrise in den 1930er Jahren. Als Reaktion auf den Börsensturz an der New Yorker Wall Street im Oktober 1929, forderten Millionen Sparer ihre Einlagen zurück und brachten das weltweite Finanzsystem zum Einsturz. Nicht nur Banken mussten die Insolvenz beantragen, sondern auch viele Industrie- und Handelsunternehmen, weil ihnen notwendige Finanzmittel fehlten. Ähnliches ereignete sich 2007 im Fall der britischen Bank Northern Rock, die sich infolge einer wirtschaftlichen Schieflage einem Ansturm ihrer Einleger ausgesetzt sah und so in die bedrohliche Nähe einer Zahlungsunfähigkeit geriet. Gleiches geschah 2012 als spanische und griechische Banken infolge der Eurokrise vor der Illiquidität standen.

Diese Ansteckungsgefahr kann zu einem „Systemschaden" führen. Nachteilige Effekte für die Realwirtschaft resultieren etwa daraus, dass beim Wegfall eines Kreditinstituts andere Banken diese Lücke nicht schließen, weil sie selbst von einer möglichen Insolvenz bedroht sind. Im schlimmsten Fall werden Kredite nicht mehr gewährt. Die Gefahr einer Liquiditätsklemme steigt, wenn sich die Finanzakteure kurzfristig finanzieren.[611]

2. Systemrisiken als negative Externalität

Ökonomisch betrachtet, sind systemische Risiken eine negative Externalität.[612] Ähnlich wie im Umweltbereich können sie als Emission oder negative Beeinträchtigung Dritter aufgefasst werden: So wie eine Fabrik die nachteiligen Folgen seiner Produktion auf die Umwelt nicht beachtet, ignoriert ein Finanzinstitut die Auswirkungen seiner Geschäfts- und Risikopolitik auf die Stabilität des Finanz-

608 *Inderst*, S. 8.

609 *Inderst*, S. 7.

610 Vgl. *Schwarcz*, Geo. L. J. 2008, 193, 199.

611 *Inderst*, S. 8.

612 Vgl. *Schwarcz*, Geo. L. J. 2008, 193, 204.

systems. Hierbei besteht die Gefahr, dass die möglichen sozialen Kosten mit der Größe des Finanzinstituts noch zunehmen. Banken haben sogar einen Anreiz, besonders groß und systemisch zu werden, weil dadurch die Wahrscheinlichkeit steigt, dass im Insolvenzfall ein Teil der privaten Kosten von der Allgemeinheit getragen wird.[613] Ein mittelbarer Schutz durch die Vereinbarung von Covenants besteht bei systemischen Risiken nicht. Banken sind nur schwer zu disziplinieren und der Marktmechanismus zur Festlegung eines angemessenen Eigenkapitals versagt, wenn Banken neben dem Einlagengeschäft auch im Eigenhandel tätig sind.[614] Wegen des Wettbewerbsdrucks sind sie dann gezwungen, die Eigenkapitalrendite zu steigern. Sind die Vorstände zudem am Ergebnis beteiligt, besteht ein Anreiz besonders viel Eigenkapital durch Fremdkapital zu substituieren.[615] Da die Fremdkapitalgeber gemäß § 271 Abs. 1 AktG vorrangig aus den Überschüssen bedient und das Eigenkapital durch die verbleibende Residualgröße verzinst wird, nimmt die Eigenkapitalrendite mit steigender Verschuldung zu, solange die Investitionsrendite größer ist als der Fremdkapitalzinssatz.[616] Diese Leverage-Chance kann den Vorstand dazu verleiten, „alles auf eine Karte zu setzen" und Geschäfte selbst dann einzugehen, wenn sie einen negativen Nettobarwert haben. Während den Aktionären im Falle eines Erfolgs der Residualgewinn zufällt, werden die Kosten im Falle einer Insolvenz „sozialisiert" und von der Allgemeinheit getragen.

Wegen der gesamtwirtschaftlichen Gefahren muss der Gesetzgeber Vorkehrungen treffen, die eine Internalisierung der Kosten systemischer Risiken gewährleistet. Die Regulierung kann dabei entweder an der Menge oder am Preis ansetzen.[617]

Das Spektrum an Vorschlägen für eine Mengenregulierung ist breit. Gefordert wird etwa eine Zerschlagung großer Finanzinstitute, um einen Ausfall hinnehmen zu können. Umschrieben wird diese Maßnahme auch mit dem Satz: „If a bank is too big to fail, it is too big". Andere Vorschläge zielen auf die Einführung eines Trennbankensystems, in dem es Banken verboten ist, Eigenhandel zu betreiben oder Kredite an größere Unternehmen auszureichen.[618] Zudem wird eine Beschränkung von Klumpenrisiken vorgeschlagen.[619] Hierzu können durch Großkreditlinien feste Obergrenzen für das Ausmaß an bilateralen Transaktionen

613 So *Sachverständigenrat*, Jahresgutachten 2009/10, Rn. 199.
614 Vgl. zu den Defiziten des Marktmechanismus *Baums*, ZHR 2011, 160, 189.
615 *Baums*, ZHR 2011, 160, 193. Zur Hebelwirkung ausführlich *Franke/Hax*, S. 525 ff.
616 *Perridon/Steiner/Rathgeber*, S. 521.
617 *Sachverständigenrat*, Jahresgutachten 2009/10 Rn. 199.
618 *Sachverständigenrat*, Jahresgutachten 2009/10 Rn. 200.
619 Ausführlich hierzu *Fleischer/Schmolke*, ZHR 173 (2009), 649 ff.

gesetzt oder die Kapitalunterlegung für bestimmte Risikokonzentrationen erhöht werden.[620] Andere fordern von Banken die Aufsetzung eines sog. „Living Will". Mit dieser Selbstabwicklungsverfügung soll sichergestellt werden, dass im Notfall systemisch relevante Teile vom Rest des Instituts abgetrennt werden können. Der Living Will wird von der BaFin überprüft und kann zurückgewiesen werden, wenn nicht zu erwarten ist, dass tatsächlich eine Abwicklung in wenigen Tagen möglich ist.[621] Bei der Preisregulierung geht es darum, systemisch relevanten Instituten zusätzliche Kosten aufzuerlegen, die im Idealfall genau den Vorteil, systemisch zu sein, kompensieren.[622] Man unterscheidet zwei Alternativen zur Ausgestaltung des Steuerungssystems: Einerseits können in Abhängigkeit von der Systemrelevanz weitere Eigenkapitalanforderungen erhoben werden. Andererseits kann von systemrelevanten Instituten eine Art Steuer gefordert werden, deren Höhe sich progressiv nach der Systemrelevanz bemisst.[623]

3. *Messung der Systemrelevanz*

Eine effiziente Internalisierung systemischer Risiken setzt voraus, dass die Systemrelevanz eines Instituts gemessen werden kann. Die dabei verwendeten Maße sollten so ausgestaltet sein, dass sie eine einwandfreie Zuordnung erlauben. Nimmt die Regulierungsdichte mit dem Ausmaß der Externalität zu, dann sollten die Messungen auch den systemischen Umfang erkennen lassen. Als Bezugsgrößen kommen die Größe des Instituts, der Grad der Vernetzung mit dem Rest des Finanzsystems, der Grad an Komplexität, die Korrelation des Portfolios eines Instituts mit dem anderer Institute und die Marktdominanz eines Instituts in einem Segment des Finanzmarkts in Betracht.[624]

Der Idealfall besteht darin, die systemische Relevanz in einem Risikomaß zu erfassen, um daraus Ansätze für eine Regulierung herzuleiten. Ein Ansatz ist das sog. „CoVaR-Modell".[625] Im Unterschied zum VaR-Ansatz betrachtet es nicht nur die Ausfallrisiken des einzelnen Instituts, sondern berücksichtigt auch etwaige Ansteckungs- und Rückkopplungseffekte. Es stellt den VaR des gesamten Finanzsektors dar, gegeben dass ein Finanzinstitut in eine wirtschaftliche Schieflage gerät. Die Differenz

620 *Sachverständigenrat*, Jahresgutachten 2009/10 Rn. 201.
621 *Sachverständigenrat*, Jahresgutachten 2009/10 Rn. 202.
622 *Sachverständigenrat*, Jahresgutachten 2009/10 Rn. 203.
623 *Sachverständigenrat*, Jahresgutachten 2009/10 Rn. 204.
624 Ausführlich *Sachverständigenrat*, Jahresgutachten 2009/10 Rn. 206.
625 Ausführlich *Adrian/Brunnermeier*, CoVaR (August 27, 2009). FRB of New York Staff Report No. 348; abrufbar unter SSRN: http://ssrn.com/abstract=1269446.

von CoVaR zum VaR des Finanzsystems kann als marginaler Beitrag eines Finanzinstituts zum gesamten systemischen Risiko angesehen werden. Mit dem CoVaR lässt sich ein direktes Maß des externen Effekts ermitteln, den der Ausfall eines Instituts verursachen würde. Obwohl das Model ein höchst ansprechendes Verfahren ist, sieht es sich dem Einwand ausgesetzt, dass es wenig praxistauglich ist, weil notwendiges Datenmaterial häufig nicht erlangt werden kann.[626] Ein anderes Modell, das von einigen Zentralbanken verwendet wird, ist das sog. „Netzwerkmodell". Es bildet das Finanzsystem als ein komplexes Netzwerk ab, in dem die Finanzinstitute als Knotenpunkte und die Verbindungen zwischen ihnen als finanzielle Verflechtungen definiert werden. Im Idealfall würde diese Abbildung den Vernetzungsgrad innerhalb des Finanzsystems exakt darstellen und das systemische Risiko, das von einem Finanzinstitut ausgeht, wiederspiegeln.[627]

Offensichtlich ist nicht jedes Finanzinstitut systemisch relevant. So weisen viele Hedge- oder Private-Equity-Fonds zwar einen hohen Verschuldungsgrad auf und neigen auch zu besonders riskanten Investments. Ihr Zusammenbruch wirkt sich jedoch nur selten auf die Stabilität des Finanzsystems aus.[628] Beim Zusammenbruch des US-amerikanischen Hedgefonds LTCM ergab sich die Systemrelevanz vor allem aus der großflächigen Vernetzung mit anderen Marktakteuren, die im Falle einer Insolvenz erhebliche Nachteile befürchten ließ.[629] Ob die Insolvenz eines Finanzinstituts zu systemischen Gefahren führt, muss immer im Einzelfall beurteilt werden. Die entscheidende Frage ist dabei, ob nach einem Zusammenbruch des Instituts, die Kapitalkosten für die Realwirtschaft dramatisch ansteigen oder die Finanzierung insgesamt erschwert wird.[630]

---

626 *Sachverständigenrat*, Jahresgutachten 2009/10 Rn. 207.

627 *Sachverständigenrat*, Jahresgutachten 2009/10 Rn. 207.

628 Ebenso *Schwarcz*, Geo. L. J. 2008, 193, 203, der treffend darauf hinweist: „Nevertheless, hedge funds, as operated in today's market environment, have greater systemic-risk potential than many other types of business organizations. These managers aggressively seek above-market profits and quick returns and employ investing strategies that may converge. But these characteristics are not intrinsic to the nature of a hedge fund as a private and unregistered investment vehicle, and indeed other types of business organizations, including private-equity firms and even ordinary operating companies, can and sometimes do engage in aggressive or converging investment strategies similar to those used by hedge funds".

629 Vgl. *Schwarcz*, Geo. L. J. 2008, 193, 202.

630 *Schwarcz*, Geo. L. J. 2008, 193, 204 definiert den Begriff systemisches Risiko als: „the risk that (i) an economic shock such as market or institutional failure triggers (through panic or otherwise) either (X) the failure of a chain of markets or institutions or (Y) a chain of significant losses to financial institutions, (ii) resulting in

IV. Zusammenfassung

Die Ausführungen haben gezeigt, welche Bedeutung bestandsgefährdende Risiken für die Volkswirtschaft haben können. Am Beispiel der Entwicklung des IBM-Systems 360 konnte gezeigt werden, dass „Bet the Company"-Entscheidungen zu bahnbrechenden Produkten geführt und den jeweiligen Unternehmen auf Jahrzehnte die Vormachtstellung in ihrem Märkten gesichert haben. Von derartigen Entwicklungen profitieren jedoch nicht nur die Unternehmen, sondern auch die Allgemeinheit, die aus dem technologischen Fortschritt einen großen Nutzen zieht. Die Entwicklung neuer Güter oder Technologien hebt den sozialen Wohlstand, weil Produktionsabläufe optimiert, die Innovationskraft einer Gesellschaft vorangetrieben wird und neue Arbeitsplätze entstehen. Mit anderen Worten erzeugen unternehmerische Risiken positive Externalitäten.

Außer den Aktionären haben weder das Management noch die Gläubiger ein Interesse an der Eingehung existenzbedrohender Risiken. Aktionäre sind daran interessiert, dass der Vorstand stets das Projekt mit dem höchsten Kapitalwert wählt ohne Rücksicht auf das darin enthaltene Risiko. Sie können die Ausfallgefahr ihrer Kapitalbeteiligung weitgehend selbst reduzieren und profitieren nicht von einem risikoaversen Verhalten des Managements. Als Residualberechtigte partizipieren die Aktionäre vielmehr unbegrenzt an den Chancen der Gesellschaft. Die Gläubiger und Arbeitnehmer der Gesellschaft verfügen demgegenüber häufig nur über Festbetragsansprüche. Von einer Steigerung des Unternehmenswerts profitieren sie daher nur begrenzt, tragen aber bei sehr riskanten Geschäften einen großen Teil des Ausfallrisikos. Im Gegensatz zu den Aktionären sind sie daran interessiert, dass das Unternehmen bestandsgefährdende Risiken meidet. Dies bietet am ehesten die Gewähr dafür, dass das Unternehmen nicht insolvent geht und die Forderungen im Fälligkeitszeitpunkt erfüllt werden.

Eine Externalisierung von Kosten durch das Eingehen bestandsgefährdender Risiken besteht im Grundsatz nicht. Vertragsgläubiger sind in der Lage, sich durch Risikoprämien, Diversifikation ihres Kreditportfolios, Covenants und Sicherungsrechte zu schützen. Wo das für einzelne Gruppen, wie etwa Arbeitnehmer, nicht oder nur in geringem Maße zutrifft, hat der Gesetzgeber Sonderregeln erlassen, wie etwa diejenigen zum Insolvenzgeld. Zusätzlich werden diese Gläubiger mittelbar durch die Kreditsicherungspraxis der Banken geschützt. Eine unkompensierte Verlagerung von Insolvenzrisiken droht damit nicht. Das gilt allerdings nur insoweit als keine systemischen Risiken bestehen. In diesem Fall versagt die

---

increases in the cost of capital or decreases in its availability, often evidenced by substantial financial-market price volatility."

disziplinierende Wirkung des Markts, so dass ein Eingriff des Regulierers erforderlich wird. So bestehen im Bankenbereich z.B. Eigenkapitalanforderungen oder bestimmte Risikomanagementvorgaben. Soweit vom Organisations- und Haftungsstatut einer Gesellschaft negative externe Effekte ausgehen, können zwingende gesetzliche Vorschriften bzw. Haftungsregeln für Organe und Wirtschaftsprüfer notwendig sein, um negative Verhaltensanreize zu minimieren.

Teil 4: Ökonomische Analyse von Rechtsvorschriften

Nachdem das Risikomanagement aus ökonomischer Sicht betrachtet wurde, wird nunmehr auf die rechtliche Seite eingegangen. Untersucht wird, welche normativen Ansatzpunkte für eine Verpflichtung des Vorstands zum Risikomanagement in Betracht kommen. Neben Regelungen des Bankenaufsichtsrechts, bietet auch das Aktienrecht eine Reihe von Vorschriften, die auf ihren sachlichen Gehalt untersucht werden.

A. Bankaufsichtsrechtliche Vorgaben

Die Einrichtung und Überwachung eines Risikomanagementsystems ist ein zentraler Bereich des Aufsichtsrechts. Sowohl für das Versicherungs- als auch für das Bankenaufsichtsrecht existieren branchenspezifische Anforderungen an das Risikomanagement. Im Folgenden wird die besondere Bedeutung der Banken für die Volkswirtschaft aufgezeigt und im Anschluss auf die Vorschriften zum Risikomanagement eingegangen.

I. Relevanz der Banken

Das Bankenaufsichtsrecht ist Teil des Gewerberechts und der Wirtschaftsüberwachung. Seine Aufgabe liegt darin, Gefahren für die öffentliche Sicherheit und Ordnung abzuwehren, die von dem Betrieb von Bankgeschäften ausgehen. Die staatliche Aufsicht über Banken dient der Sicherung der Stabilität der Finanzmärkte sowie dem Einlegerschutz.[631]

Die besondere Regulierung des Kreditgewerbes ergibt sich aus seiner Schlüsselfunktion für die Volkswirtschaft. Banken sammeln Kapital von Einlegern ein und reichen es an Kreditnehmer weiter. Neben der Kapitalakkumulation tragen Banken zum Wirtschaftswachstum durch die sog. „Fristentransformation" bei.[632] Die Fristentransformation ergibt sich aus der Fristenstruktur der Einlagen, die überwiegend kurzfristig laufen, und der länger laufenden, teils sogar recht illiquiden, Ausleihungen oder Wertpapieranlagen. Wie die jüngste Finanzkrise

631 *Weber-Rey*, ZGR 2010, 543, 547.

632 *Fischer*, in: Schimansky/Bunte/Lwowski, Bd. 2, § 125 Rn. 15.

gezeigt hat, birgt das Eingehen von Fristeninkongruenzen besondere Risiken.[633] Gerät eine Bank Liquiditätsschwierigkeiten, besteht die hohe Gefahr einer Ansteckung der gesamten Volkswirtschaft. Da alle Bereiche der Volkswirtschaft auf das Kreditgewerbe als Kreditgeber angewiesen sind, wirken sich Störungen in diesem Wirtschaftszweig leicht auf die gesamte Ökonomie aus. Müssten Banken aufgrund unvorsichtiger Liquiditätspolitik Kredite in großem Umfang vorzeitig zurückrufen, könnte dies erhebliche Funktionsstörungen in der kreditnehmenden Wirtschaft nach sich ziehen. Da Banken vornehmlich mit fremden Geldern arbeiten, wirken sich Schwierigkeiten auf einen viel größeren Gläubigerkreis aus, als wenn ein anderes Wirtschaftsunternehmen illiquide wird.[634]

Der *Run* auf die Bankschalter oder das Versiegen der Liquidität, gefährdet die Existenz des Kreditwesens und die gesamte Volkswirtschaft. Um der Gefahr eines Ansturms auf die Bankschalter entgegenzuwirken, hat man Einlagensicherungssysteme entwickelt. Im Vertrauen auf den Schutz ihrer Einlagen können die Einleger davon absehen, diese abzuziehen, um nicht durch ein Zuspätkommen Verluste zu erleiden.[635] Da die Forderungen der Banken untereinander jedoch nicht durch die Einlagensicherung geschützt ist, muss der Staat eingreifen, wenn die Liquidität der Finanzmärkte bedroht ist. Systemrelevante Banken verfügen aufgrund ihrer Unentbehrlichkeit für das Funktionieren der Volkswirtschaft damit über eine implizite Bestandsgarantie des Staats.[636] Die Systemrelevanz von Banken kann sich aus deren Größe (*too big to fail*) oder der Vernetzung mit anderen Banken und/oder dem Ausland, etwa im Rahmen von Zahlungsverkehrs- und Wertpapiersystemen oder auf dem Interbanken-Geldmarkt (*too interconnected to fail*), ergeben.[637] Banken mit Systemrelevanz sind in ihrer Existenz zu schützen; sie dürfen nicht (vollständig) insolvent gehen. Diese Konsequenz steht indes im Widerspruch zu den Grundprinzipien eines marktwirtschaftlich verfassten Finanzsystems. Sie entkoppelt die Freiheit wirtschaftlichen Handelns von der Haftung für dieses Handeln. Die Risiken von Bankgeschäften müssen nicht (mehr) die Eigentümer, Geschäftsführer oder Gläubiger der Banken tragen, sondern die Staaten – und damit letztlich die Steuerzahler. Es erfolgt also eine Sozialisierung von Verlusten.[638] Dem wirkt die Bankenaufsicht entgegen, die die Risiken im Bankensektor durch Vorgaben an die Corporate Governance begrenzen soll.

633 *Löw*, in: Hopt/Wohlmannstetter, S. 142.

634 Treffend der Wirtschaftsausschuss des Deutschen Bundestags BT-Drucks. III, 2563, 2.

635 *Weber-Rey*, ZGR 2010, 543, 547.

636 *Wohlmannstetter*, in: Hopt/Wohlmannstetter, S. 38.

637 *Wolfers/Voland*, in: Hopt/Wohlmannstetter, S. 327.

638 *Wolfers/Voland*, in: Hopt/Wohlmannstetter, S. 328.

Die Erhaltung der Funktionsfähigkeit des Finanzsystems geschieht hauptsächlich durch die folgenden Maßnahmen:[639] Erlaubnispflicht, Anforderungen an die Zuverlässigkeit und Eignung der Geschäftsleiter, Einlagensicherung, Eigenkapital- und Liquiditätsanforderungen, Kreditlimits, Organisationspflichten einschließlich der Etablierung eines Risikomanagements, Berichtspflichten und laufende Beaufsichtigung durch die BaFin und die Deutsche Bundesbank, Prüfung des Jahresabschlusses und schließlich das Recht der BaFin, bei Gefahr einer Insolvenz eines Kreditinstituts bestimmte Maßnahmen zu ergreifen.

II. Die Organisationspflicht des § 25a KWG

Die Etablierung und Überwachung eines Risikomanagementsystems ist ein Kernbereich des Bankenaufsichtsrechts. Die Pflicht zum Risikomanagement ergibt sich aus § 25a KWG.[640]

1. *Der Pflichteninhalt*

Nach § 25a Abs. 1 Satz 1 KWG muss ein Institut[641] über eine ordnungsgemäße Geschäftsorganisation verfügen, die die Einhaltung der gesetzlichen Bestimmungen und betriebswirtschaftlichen Notwendigkeiten garantiert. Nach Abs. 1 Satz 3 gehört hierzu vor allem ein angemessenes und wirksames Risikomanagement, auf dessen Grundlage ein Institut seine Risikotragfähigkeit laufend sicherzustellen hat. Das Risikomanagement beinhaltet neben der Festlegung von Strategien, Verfahren zur Ermittlung und Sicherstellung der Risikotragfähigkeit die Einrichtung interner Kontrollverfahren mit einem internen Kontrollsystem und einer internen Revision, wobei das interne Kontrollsystem insbesondere aufbau- und ablauforganisatorische Regelungen mit klarer Abgrenzung der Verantwortungsbereiche und Prozesse zur Identifizierung, Beurteilung, Steuerung sowie Überwachung und Kommunikation der Risiken umfasst. Verantwortlich für die Ordnungsgemäßheit der Organisation sind gemäß Abs. 1 Satz 2 die Geschäftsleiter.

Der Gesetzgeber verlangt durch § 25a KWG kein konkretes Risikomanagement, sondern legt nur qualitative Mindeststandards fest, die von den Instituten zu beachten sind. Entscheidend für die Beurteilung der Ordnungsmäßigkeit der Geschäftsorganisation ist, dass das Risikomanagement über die einzeln aufgeführten Mindestbestandteile hinaus angemessen und wirksam ist. Dies hängt

639 Auflistung nach *Weber-Rey*, ZGR 2010, 543, 548 f.
640 6. KWG-Novelle, BGBl. I/1997, S. 2518.
641 Institute sind nach der gesetzlichen Definition des § 1 Abs. 1 b KWG Kreditinstitute i.S.v. § 1 Abs. 1 KWG und Finanzdienstleistungsinstitute i.S.d. § 1 Abs. 1a KWG.

nach § 25a Abs. 1 Satz 4 KWG von der Art, dem Umfang, der Komplexität und dem Risikogehalt der Geschäftstätigkeit ab. Hieraus folgt, dass z.B. die Anforderungen an das Risikomanagement einer Teilzahlungsbank mit einer einfachen Produktstruktur weniger hoch sind, als bei international agierenden Banken, die ein breit gefächertes Privatkundengeschäft, Industriekreditgeschäft und Einlagengeschäft aufweisen. Die Angemessenheit kann insoweit nicht absolut festgelegt werden, sondern ist immer im Verhältnis zum jeweiligen Risikoprofil des Instituts zu sehen.[642] Die Auslegung des Gesetzes erfolgt auf Grundlage der Mindestanforderungen an das Risikomanagement (MaRisk), die als norminterpretierende Vorschrift die Rechtsansicht der Verwaltung wiedergibt. Die MaRisk binden die BaFin hinsichtlich der Beurteilung, ob das Risikomanagement einer Bank angemessen ist. Als bloße Verwaltungsvorschrift haben die MaRisk jedoch keinen Gesetzescharakter.[643] Gleichwohl kommt ihnen in Praxis eine enorme Relevanz zu, weil die Aufsichtsbehörden die MaRisk zur Auslegung des § 25a KWG heranziehen.[644] Die Besonderheit gegenüber früheren Regelungen (z.B. MaH oder MaK, MaIR) liegt darin, dass die MaRisk dynamisch sind und ständig aktualisiert werden. Hierzu führt die BaFin einen fortlaufenden Dialog mit der Praxis, wozu neben offiziellen Anhörungen auch das MaRisk-Gremium gehört, das aktuelle Auslegungsfragen erörtert und seine Ergebnisse im Internet veröffentlicht. Dem Gremium gehören neben Vertretern der BaFin und der Deutschen Bundesbank auch Vertreter der Banken und Bankenverbände an.[645]

2. *Anwendungsbereich der MaRisk*

Die MaRisk finden grundsätzlich Anwendung auf alle Kreditinstitute.[646] Nach Ziff. AT 2.2 beziehen sich die Anforderungen der MaRisk auf das Management der wesentlichen Risiken. Welche Risiken als wesentlich einzustufen sind, ist von dem Institut selbst zu bestimmen. Bei der Festlegung der wesentlichen Risiken ist das individuelle Risikoprofil zu berücksichtigen, d.h. je nach Art und Umfang der Geschäftstätigkeit können die Risiken eine unterschiedliche Bedeutung bzw. einen anderen Grad von Wesentlichkeit besitzen.[647]

---

642 *Braun/Wolfgarten*, in: Boos/Fischer/Schulte-Mattler, KWG, § 25a Rn. 109.
643 *Braun/Wolfgarten*, in: Boos/Fischer/Schulte-Mattler, KWG, § 25a Rn. 110.
644 *Braun/Wolfgarten*, in: Boos/Fischer/Schulte-Mattler, KWG, § 25a Rn. 48.
645 *Braun/Wolfgarten*, in: Boos/Fischer/Schulte-Mattler, KWG, § 25a Rn. 111.
646 MaRisk[2012] AT 2.1 Tz. 1.
647 *Braun/Wolfgarten*, in: Boos/Fischer/Schulte-Mattler, KWG, § 25a Rn. 128.

Als wesentliche Risiken werden zumindest die folgenden Risiken eingestuft:

- Adressenausfallrisiken,[648]
- Marktpreisrisiken,[649]
- Liquiditätsrisiken[650] und
- Operationelle Risiken.[651]

Zudem sind Risikokonzentrationen zu beachten. Hierzu gehören „Klumpenrisiken", die allein aufgrund ihrer Größe bereits eine Risikokonzentration darstellen, aber auch Risiken, die durch den Gleichlauf von Risikopositionen innerhalb einer Risikoart („Intra-Risikopositionen") oder durch den Gleichlauf von Risikopositionen über verschiedene Risikoarten hinweg („Inter-Risikokonzentrationen") entstehen.[652]

Zur Beurteilung der Wesentlichkeit muss sich die Geschäftsleitung regelmäßig und anlassbezogen einen Überblick über alle Risiken des Instituts verschaffen (Gesamtrisikoprofil). Die Risiken sind im gesamten Institut zu erfassen, unabhängig davon, in welcher Organisationseinheit sie entstanden sind.[653] Im Rahmen der Risikoinventur ist zu prüfen, welche Risiken die Vermögenslage (inklusive Kapitalausstattung), die Ertragslage oder die Liquiditätslage beeinträchtigen können. Die Risikoinventur darf sich dabei nicht nur an den Auswirkungen in der

---

648 Das „Adressenausfallrisiko" bezieht sich sowohl auf das Risiko des teilweisen oder vollständigen Ausfalls einer Gegenpartei (z.B. eines Kreditnehmers) als auch auf Verlustgefahren, die auf Bonitätsänderungen der Gegenpartei zurückzuführen sind (Bonitätsrisiko). „Länderrisiken", sich aus unsicheren politischen, wirtschaftlichen und sozialen Verhältnissen eines Landes ergeben, sind eine spezielle Ausprägung des Adressenausfallrisikos. So *Hannemann/Schneider*, S. 83.

649 Das „Marktpreisrisiko" wird als Gefahr von Verlusten bei bilanziellen und außerbilanziellen Positionen definiert, die aus Schwankungen der Marktpreise (z.B. Aktienkurse, Zinssätze, Wechselkurse) erwachsen. So *Hannemann/Schneider*, S. 84.

650 Das „Liquiditätsrisiko" beschreibt die Gefahr, dass ein Institut nicht mehr uneingeschränkt seine Zahlungsverpflichtungen erfüllen kann. Es wird auch als „Zahlungsunfähigkeitsrisiko" bezeichnet. Vom Begriff umfasst sind auch Risiken, die aus einem zeitlich nicht synchron verlaufenden Zu- und Abfluss von Finanzmitteln entstehen. *Hannemann/Schneider*, S. 85.

651 § 269 Abs. 1 SolvV definiert „operationelles Risiko" als „Gefahr von Verlusten, die infolge der Unangemessenheit oder des Versagens von internen Verfahren und Systemen, Menschen oder infolge externer Ereignisse eintreten. Diese Definition schließt Rechtsrisiken ein."

652 Erläuterungen MaRisk[2012] AT 2.2 Tz. 1.

653 MaRisk[2012] AT 2.2 Tz. 1.

Rechnungslegung sowie formalrechtlichen Ausgestaltungen orientieren.[654] Zu betrachten sind auch Risiken aus außerbilanziellen Gesellschaftskonstruktionen, wie z.B. Risiken aus nicht konsolidierungspflichtigen Zweckgesellschaften. Abhängig vom Gesamtrisikoprofil des Instituts sind auch sonstige Risiken, wie etwa Reputationsrisiken als wesentlich einzuordnen.[655] Für Risiken, die als nicht wesentlich beurteilt werden, sind angemessene Maßnahmen zu treffen.[656] Auch wenn diese Risiken nicht direkt dem Anwendungsbereich der MaRisk unterfallen, sind sie zu berücksichtigen. Dabei gelten allerdings nicht die hohen Anforderungen der MaRisk, so dass vereinfachte Verfahren zulässig erscheinen.[657]

3. *Risikotragfähigkeit*

Zu einer ordnungsgemäßen Geschäftsorganisation gehört nach § 25a Abs. 1 Satz 3 KWG ein angemessenes und wirksames Risikomanagement, auf dessen Basis die „Risikotragfähigkeit" laufend gewährleistet ist. Ziff. AT 4.1 der MaRisk führt aus, dass „auf der Grundlage des Gesamtrisikoprofils" sicherzustellen ist, dass die wesentlichen Risiken des Instituts durch das Risikodeckungspotenzial laufend abgedeckt sind, damit die Risikotragfähigkeit gegeben ist. Das Risikodeckungspotential wird durch die Eigenmittel bestimmt.[658] Nur wenn das Gesamtrisiko der Bank durch das Eigenkapital abgedeckt ist, ist die Risikotragfähigkeit garantiert. Anders ausgedrückt: Wenn die Risiken das Risikodeckungspotential übersteigen, ist die Risikotragfähigkeit nicht mehr gegeben, da die potentiellen Verluste den Bestand des Instituts gefährden und das Institut in seiner Geschäftstätigkeit wesentlich beeinträchtigen können.[659]

Die MaRisk fordern, dass das Institut zur Sicherstellung der Risikotragfähigkeit einen internen Prozess einführt.[660] Untersucht werden soll, ob sich ein Wandel der Geschäftstätigkeit, der strategischen Ziele oder des wirtschaftlichen Umfelds auf die künftige Risikotragfähigkeit auswirken. Ist die Risikotragfähigkeit bedroht, muss die Geschäftsleitung Risikopositionen abbauen oder das Risikodeckungspotenzial stärken.[661]

---

654 MaRisk^{2012} AT 2.2 Tz. 2.
655 Erläuterungen MaRisk^{2012} AT 2.2 Tz. 2.
656 MaRisk^{2012} AT 2.2 Tz. 1.
657 *Braun/Wolfgarten*, in: Boos/Fischer/Schulte-Mattler, KWG, § 25a Rn. 131.
658 *Baums*, ZGR 2011, 218, 247.
659 *Braun/Wolfgarten*, in: Boos/Fischer/Schulte-Mattler, KWG, § 25a Rn. 141.
660 MaRisk^{2012} AT 4.1 Tz. 2.
661 *Braun/Wolfgarten*, in: Boos/Fischer/Schulte-Mattler, KWG, § 25a Rn. 142.

Die Risikotragfähigkeit ist auch bei der Festlegung der Geschäfts- und Risikostrategie sowie deren Anpassungen zu berücksichtigen.[662] Hierbei sind Wechselwirkungen zu beachten. Der „Risikoappetit" hat maßgeblichen Einfluss auf die Risikotragfähigkeit, da die Bereitschaft hohe Risiken einzugehen, die Eigenmittel schneller aufzehren könnte. Auf der anderen Seite begrenzt die Risikotragfähigkeit die Geschäfts- und Risikostrategie. Sind keine ausreichenden Risikodeckungspotenziale vorhanden, muss eine „risikoärmere" Strategie verfolgt werden, um die Risikotragfähigkeit zu gewährleisten.[663]

Die Wahl der Methoden zur Beurteilung der Risikotragfähigkeit liegt in der Verantwortung des Instituts. Die den Methoden zu Grunde liegenden Annahmen sind nachvollziehbar zu begründen.[664] Die Angemessenheit der Methoden ist zumindest jährlich durch die fachlich zuständigen Mitarbeiter zu überprüfen. Dabei ist den Grenzen und Beschränkungen, die sich aus den eingesetzten Verfahren, den ihnen zugrunde liegenden Annahmen und den in die Risikoquantifizierung einfließenden Daten ergeben, hinreichend Rechnung zu tragen. Die Aussagekraft ist insofern kritisch zu hinterfragen.[665] Die eingesetzten Verfahren haben sowohl das Ziel der Fortführung des Instituts als auch den Schutz der Gläubiger vor Verlusten aus ökonomischer Sicht Rechnung angemessen zu berücksichtigen.[666]

Soweit die Risiken quantifizierbar sind, sind sie unter verschiedenen Szenarien zu betrachten. Nur auf diese Weise kann geklärt werden, ob die identifizierten Risiken durch das Risikodeckungspotential gedeckt sind. Bei diesen Analysen sind auch ungewöhnliche – eventuell auch bisher nicht eingetretene – Szenarien zu berücksichtigen.[667] Üblicherweise werden die Risiken mit Hilfe des VaR-Ansatzes ermittelt und zum VaR des Instituts, unter Berücksichtigung von Wechselwirkungen Korrelationen und Diversifikationseffekte, zusammengefasst.[668] Wenn ein Institut über keine geeigneten Verfahren zur Quantifizierung einzelner Risiken verfügt, dann ist der Risikobetrag zu schätzen.[669] Risiken, die nicht quantifizierbar sind, müssen durch andere prozessuale Maßnahmen oder Minderungstechniken (z.B. Risikoversicherung) im Risikomanagement Berücksichtigung finden.[670] Zur

---

662 MaRisk[2012] AT 4.1 Tz. 2.

663 *Braun/Wolfgarten*, in: Boos/Fischer/Schulte-Mattler, KWG, § 25a Rn. 143.

664 MaRisk[2012] AT 4.1 Tz. 8.

665 MaRisk[2012] AT 4.1 Tz. 8.

666 MaRisk[2012] AT 4.1 Tz. 8.

667 *Braun/Wolfgarten*, in: Boos/Fischer/Schulte-Mattler, KWG, § 25a Rn. 156.

668 *Baums*, ZGR 2011, 218, 247.

669 MaRisk[2012] AT 4.1 Tz. 5.

670 *Braun/Wolfgarten*, in: Boos/Fischer/Schulte-Mattler, KWG, § 25a Rn. 157.

Erfassung seltener Extremereignisse, müssen nach Ziff. AT 4.3.3 der MaRisk regelmäßige Stresstests durchgeführt. Die Ergebnisse der Stresstests sind bei der Risikotragfähigkeit zu berücksichtigen.

4. Zwischenergebnis

Die Quantifizierung von Risiken ist ein komplexes Unterfangen, das nicht nur bei den betroffenen Instituten, sondern auch beim Gesetzgeber und der Bankenaufsicht ein erhebliches Fachwissen voraussetzt. Sie sind ein Mittel der Internalisierung negativer externer Effekte. Wie die Finanzkrise gezeigt hat, ist die quantitative Ausrichtung des Risikomanagements jedoch nicht zweifelsfrei. Kritisiert wird, dass nur „erwartete Verluste“ darstellbar seien, wenn die unterstellte Bedingung greift und die risikobeeinflussenden Parameter stabil bleiben. Die Verdichtung des Risikos in wenige Kennzahlen verführt dazu, die systematische Suche nach den das Risiko auslösenden Gründen zu vernachlässigen. Die Folge davon ist, dass Extremereignisse marginalisiert und aus dem Blickfeld des Managements bzw. der Bankenaufsicht gerückt werden.[671]

III. Strafbarkeit nach § 54a KWG

Das KWG enthält in § 54a eine Regelung, mit der Manager strafrechtlich verfolgt werden können, wenn bestimmte Mindestanforderungen an das Risikomanagements nicht eingehalten werden und dadurch eine Bestandsgefährdung des Instituts herbeigeführt wird. Die Vorschrift wurde durch das sog. „Trennbankengesetz“ in das KWG eingeführt und ist seit dem 01.02.2014 in Kraft.[672]

1. Der Straftatbestand

Nach § 54a Abs. 1 KWG wird mit Freiheitsstrafe bis zu fünf Jahren oder mit Geldstrafe bestraft, wer entgegen § 25c Abs. 4a oder § 25c Abs. 4b Satz 2 KWG nicht *dafür Sorge trägt*, dass ein Institut oder eine dort genannte Gruppe über eine dort genannte Strategie, einen dort genannten Prozess, ein dort genanntes Verfahren, eine dort genannte Funktion oder ein dort genanntes Konzept verfügt, und hierdurch eine *Bestandsgefährdung* des Instituts, des übergeordneten Unternehmens oder eines gruppenangehörigen Instituts herbeiführt. Wird die Bestandsgefährdung fahrlässig herbeigeführt, droht nach § 54a Abs. 2 KWG eine Freiheitsstrafe bis zu zwei Jahren oder eine Geldstrafe. Die Strafbarkeit tritt nach

---

671 *Wohlmannstetter*, in: Hopt/Wohlmannstetter, S. 40, 64.

672 § 54a KWG eingeführt durch Gesetz vom 07.08.2013 (BGBl. I S. 3090).

dem Strafausschließungsgrund des § 54a Abs. 3 KWG jedoch nur dann ein, wenn die BaFin dem Täter zuvor durch Anordnung nach § 25c Abs. 4c KWG die Beseitigung des Verstoßes aufgegeben hat und der Täter dieser vollziehbaren Anordnung zuwidergehandelt hat.

Das Trennbankengesetz hat zur gesetzlichen Verankerung sog. „Sicherstellungspflichten" im KWG geführt, deren Verletzung Teil des Straftatbestands von § 54a KWG ist. In § 25c Abs. 4a und 4b KWG werden die Geschäftsleiter von Kredit- und Finanzdienstleistungsinstituten dazu verpflichtet, dafür Sorge zu tragen, dass das Risikomanagement ihres Instituts bestimmte Mindestanforderungen erfüllt. Diese werden in Abs. 4a Nr. 1-5 näher benannt (Abs. 4b unterscheidet sich inhaltlich nicht von Abs. 4a, bezieht sich aber nicht auf einzelne Kreditinstitute, sondern auf Instituts- und Finanzholding-Gruppen) und wurden größtenteils wörtlich aus den einschlägigen Passagen der MaRisk übernommen. Mit der gesetzlichen Verankerung sollten ausweislich der Gesetzesbegründung keine neuen inhaltlichen Anforderungen begründet, sondern die wesentlichen Pflichten der Geschäftsleiter im Risikomanagement auf die Ebene eines förmlichen Gesetzes erhoben werden.[673]

Die Bestandsgefährdung des Instituts als konkreter Gefahrenerfolg und Voraussetzung der Strafbarkeit nach § 54a KWG ist in § 48b Abs. 1 Satz 1 KWG legal definiert. Bestandsgefährdung ist danach die Gefahr eines insolvenzbedingten Zusammenbruchs des Instituts für den Fall, dass korrigierende Maßnahmen unterbleiben.[674] Eine Bestandsgefahr besteht damit nicht erst, wenn eine Illiquidität oder Überschuldung unmittelbar bevorsteht, sondern bereits dann, wenn ohne Gegenmaßnahmen der Insolvenzeintritt vorhersehbar ist.[675]

2. *Intention und Deliktsstruktur*

§ 54a KWG liegt ein bestimmtes gesetzespolitisches Anliegen zugrunde. Zum einen soll die Vorschrift *präventiv* dazu beitragen, dass künftige Bankenkrisen verhindert werden, die Folge eines fehlerhaften Risikomanagements sind. Zum anderen soll *repressiv* durch die Einführung von § 54a KWG eine Regelungslücke geschlossen und eine strafrechtliche Verfolgung der verantwortlichen Geschäftsleiter ermöglicht werden.[676] Die Tatbestände des allgemeinen Strafrechts, insbe-

673 BT-Drucks. 17/12601, S. 31; Stellungnahme des *DAV*, NZG 2013, 577, 580; *Kasiske*, ZIS 6/2013, 257.

674 *Cichy/Cziupka/Wiersch*, NZG 2013, 846, 850.

675 *Fridgen*, in: Boos/Fischer/Schulte-Mattler, KWG, § 48b Rn. 6.

676 BT-Drucks. 17/12601, S. 2 f. Ausführlich *Kasiske*, ZRP 2011, 137 ff.

sondere § 266 StGB, sind nur bedingt geeignet, das Unrecht in solchen Fällen zu erfassen. Dieses Unrecht besteht darin, dass die Herbeiführung einer Bestandsgefahr eines Kreditinstituts nicht nur das Gesellschaftsvermögen, sondern die Stabilität des gesamten Finanzsystems gefährden kann.[677] Müssen Banken wegen ihrer Systemrelevanz mit Steuergeldern vor einer Insolvenz gerettet werden, kommt es zu einer Externalisierung von Kosten. Welche Konsequenzen das für eine Volkswirtschaft haben kann, hat die jüngste Finanzkrise nachdrücklich gezeigt. Nach einer Studie der Commerzbank betrugen die ökonomischen Schäden weltweit ca. 10,5 Billionen US-Dollar. Für Deutschland errechnete man einen Schaden in Höhe von 237 Milliarde US-Dollar.[678]

Nach Ansicht des Gesetzgebers handelt es sich bei § 54a KWG um ein abstraktes Gefährdungsdelikt. Das ist jedoch nur bedingt richtig, da, wenn man auf den Wortlaut der Vorschrift abstellt, die Existenz des Instituts vielmehr konkret gefährdet sein muss. Die abstrakte Gefahr liegt erst in der drohenden Beeinträchtigung des gesamten Finanzsystems (so auch § 48b KWG). Die Vorschrift stellt damit eine Kombination aus konkretem (bezogen auf das eigene Institut des Täters) und abstraktem (bezogen auf das Finanzsystem) Gefährdungsdelikt dar.[679] Eine weitere Besonderheit gegenüber der allgemeinen Strafrechtsdogmatik ergibt sich daraus, dass § 54a Abs. 1 KWG auf Normen der qualitativen Bankenaufsicht verweist. § 25c Abs. 4a und 4b KWG beinhalten, im Unterschied zu den sonst üblichen Straftatbeständen, nicht nur konkrete Verhaltensgebote, sondern auch bestimmte Zielvorgaben, die einen geringeren Grad an Bestimmtheit aufweisen. Dadurch sollen die Normvorgaben an die Erfordernisse des Einzelfalls angepasst und den Normadressaten ein möglichst großer Gestaltungsspielraum bei deren Erfüllung eingeräumt werden. Hierbei gelten die Grundsätze der Methodenfreiheit und Eigenverantwortlichkeit. Nach dem Grundsatz der „doppelten Proportionalität" bedeutet dies, dass sich sowohl der Pflichtenumfang beim Risikomanagement als auch die Intensität der Überwachung durch die Bankenaufsicht nach dem Risikoprofil und der Geschäftstätigkeit des einzelnen Instituts richten. Für kleinere Institute gelten damit andere Anforderungen an das Risikomanagement als für größere Institute.[680]

677 Ebenso *Kasiske*, ZIS 6/2013, 257.

678 http://www.faz.net/aktuell/wirtschaft/schaetzung-krise-kostet-laut-studie-10-billionen-dollar-1841131.html

679 So Stellungnahme des *DAV*, NZG 2013, 577, 581. Fraglich ist, ob das globale oder nur das hiesige bzw. das europäische Finanzsystem geschützt werden soll. Volkswirtschaftliche Schäden sind in beiden Fällen zu befürchten.

680 *Hofer/Bothe*, BaFinJournal 8/2012, S. 6; *Kasiske*, 6/ZIS 2013, 257, 258.

Normadressaten des § 54a Abs. 1 KWG sind die Geschäftsleiter. Gemeint sind damit natürliche Personen, die nach Gesetz, Satzung oder Gesellschaftsvertrag zur Führung der Geschäfte und zur Vertretung des Instituts berufen sind. Hierzu zählen Vorstände, Geschäftsführer oder Prokuristen, nicht jedoch einfache Angestellte, auch wenn sie als Abteilungsleiter Führungsfunktionen mit Weisungskompetenz innehaben.[681]

3. *Rechtliche Vorbehalte*

Gegen § 54a KWG bestehen rechtliche Bedenken. Zunächst wird kritisiert, dass die Regelung gegen das Bestimmtheitsgebot des Art. 103 Abs. 2 GG verstoße.[682] Dies ergebe sich daraus, weil § 54a Abs. 1 KWG im Tatbestand auf § 25c Abs. 4a und 4b KWG verweise und damit auf Normen mit Prinzipiencharakter. Eine Strafbarkeit der Geschäftsleiter droht hiernach nicht nur dann, wenn ein in § 25c Abs. 4a oder 4b KWG genanntes Element des Risikomanagements überhaupt nicht eingerichtet worden ist. Praktisch bedeutsamer dürfte vielmehr die Konstellation sein, dass ein Element zwar vorhanden, dieses aber mangelhaft ist. Maßgeblich ist dann z.B., ob das Risikomanagementsystem „wesentliche" Risiken erkennt oder bestimmte Abläufe in „angemessenen" Zeitabständen einhält.[683] Für die Bankenaufsicht hat die offene Formulierung zwar den Vorteil, dass sie zügig und situationsabhängig auf neue betriebswirtschaftliche Erkenntnisse reagieren kann, ohne dass hierfür neue Detailvorgaben erlassen werden müssen. Kehrseite dieser Flexibilität ist jedoch ein erheblicher Verlust an Rechtssicherheit,[684] der sich gerade im Strafrecht fatal auswirken kann. Nach Art. 103 Abs. 2 GG müssen Strafnormen die Grenzen des Erlaubten klar definieren. Zwar kann ein Strafgesetz auch dann diesen Anforderungen gerecht werden, wenn es offene Rechtsbegriffe enthält. Erforderlich ist aber, dass eine zuverlässige Grundlage für deren Interpretation existiert. Diese kann sich entweder aus der Gesetzessystematik, einer ständigen Rechtsprechung oder einer ständigen Übung der Praxis ergeben. Gerade dies ist jedoch im Fall des § 54a KWG problematisch. Die Frage, ob ein Risikomanagement angemessen ist, lässt sich oftmals nur *ex post* in Abstimmung mit der BaFin oder durch einen Rückgriff auf die MaRisk klären.[685] Die erforderliche Erkennbarkeit des gebotenen Verhaltens ist damit nicht ohne weiteres

681 *Kasiske*, ZIS 6/2013, 257, 258.
682 So der Strafrechtsausschuss des *DAV*, NZG 2013, 577, 580.
683 *Kasiske*, 6/ZIS 2013, 257, 261.
684 Zu § 64a VAG ebenso *Dreher*, VersR 2008, 998, 1002.
685 Treffend *Kasiske*, ZIS 6/2013, 257, 260.

gewährleistet. Entschärft wird das Problem jedoch dadurch, dass nach § 54a Abs. 3 KWG die Verletzung der Vorgaben zum Risikomanagement nur dann strafbar ist, wenn zuvor die BaFin eine vollziehbare Anordnung erlassen hat, mit der sie dem Täter die Beseitigung des Verstoßes aufgibt. Aus strafrechtlicher Sicht ist diese Anordnung hinreichend konkret, da sie dem Adressaten aufzeigt, welches Verhalten von ihm erwartet wird. Dies wirft allerdings andere Probleme auf. Der Umstand, dass die Strafbarkeit von einer vorhergehenden Anordnung der BaFin abhängt, führt dazu, dass es die Behörde in der Hand hat, durch den Erlass eines Verwaltungsakts darüber zu entscheiden, ob ein Versäumnis im Risikomanagement die Schwelle der Strafwürdigkeit erreicht oder nicht. Die BaFin entscheidet somit nicht nur maßgeblich über den Inhalt von § 54a KWG, sondern auch über deren Anwendung im konkreten Fall. Eine derartige Kompetenzzuweisung kollidiert mit dem in Art. 103 Abs. 2 GG garantierten Gesetzesvorbehalt und dem dahinterstehenden Grundsatz der Gewaltenteilung.[686]

IV. Stellungnahme

Die Vorschriften über das Risikomanagement, also § 25a KWG und § 54a KWG, sollen im Folgenden einer ökonomischen Bewertung unterzogen werden.

Wie bereits ausgeführt wurde, stellen systemische Risiken aus volkswirtschaftlicher Sicht eine negative Externalität dar. Ähnlich wie eine Fabrik die nachteiligen Effekte seiner Produktion auf die Umwelt außer Acht lässt, berücksichtigt ein Finanzinstitut nicht die Folgen seiner Geschäftspolitik auf die Stabilität des Finanzsystems. Je größer die Bilanzsumme einer Bank ist und je stärker es mit anderen Instituten vernetzt ist, desto eher besteht die Gefahr, dass bei einer Insolvenz des Instituts das gesamte Finanzsystem in Mitleidenschaft gezogen und die Liquiditätsversorgung der Realwirtschaft gefährdet werden. Finanzinstitute neigen sogar dazu, besonders groß und damit systemrelevant zu werden, weil dadurch die Wahrscheinlichkeit steigt, dass im Schadensfall der Staat einspringt und ein Teil der privaten Kosten übernimmt. Systemisch relevante Banken, haben zudem einen Anreiz, besonders riskante Geschäfte zu realisieren: Erweist sich eine Transaktion als Erfolg, dann fällt der Gewinn dem Finanzinstitut bzw. seinen Eigentümern zu. Führt das Geschäft dagegen zu einem bestandsgefährdenden

686 So *Kasiske*, 6/ZIS 2013, 257, 261 mit Verweis auf BVerfGE 78, 374, 389. Kasiske ist der Ansicht, dass es besser gewesen wäre, wenn der Gesetzgeber es dabei belassen hätte, den Verstoß gegen eine vollziehbare Anordnung der BaFin im Bereich des Risikomanagements nach § 25a Abs. 1 Satz 8 KWG als Ordnungswidrigkeit gemäß § 56 Abs. 3 Nr. 5 KWG zu ahnden.

Verlust, dann trägt das Institut nur einen Teil davon, weil die öffentliche Hand für einen Großteil des Verlusts aufkommen wird, um einen Kollaps des Finanzsystems zu vermeiden. Das geschieht häufig durch die Bereitstellung notwendigen Kapitals oder staatliche Bürgschaften, die das Institut in die Lage versetzen, neues Kapital aufzunehmen.

Aus ökonomischer Sicht muss das Ziel einer Regulierung darin bestehen, die externen Effekte zu internalisieren. Eine Bank muss also dazu gebracht werden, dass sie nicht nur die privaten, sondern auch die gesellschaftlichen Kosten ihres Handelns trägt. Eine durch Verhandlungen herbeigeführte Internalisierung scheidet im Bankensektor weitgehend aus. Im Unterschied zur Realwirtschaft sind Banken in einem weit größeren Umfang fremdfinanziert. Das Kapital stammt vor allem von privaten Einlegern (*insured depositors*), die zumeist nicht in der Lage sind, die damit verbundenen Risiken zu überschauen. Um das Vertrauen dieser Kunden in das Bankensystem aufrecht zu erhalten, wurden spezielle Vorkehrungen getroffen: Auf der Ebene des einzelnen Instituts sichert zunächst das Einlagensicherungs- und Anlegerentschädigungsgesetz (EAEG) die Kunden vor Forderungsausfällen. § 2 EAEG verpflichtet alle Institute (nicht aber Sparkassen, Landesbanken, Landesbausparkassen und Genossenschaftsbanken) dazu, ihre Einlagen und Verbindlichkeiten aus Wertpapiergeschäften durch Zugehörigkeit zu einer Entschädigungseinrichtung zu sichern. Die Mitgliedschaft ist Voraussetzung dafür, dass ein Institut von der BaFin nach § 32 KWG zum Geschäftsbetrieb zugelassen wird. Da der Entschädigungsanspruch gemäß § 4 Abs. 2 EAEG auf einen Betrag von 100.000 Euro der Einlagen und 90 Prozent der Forderungen aus Wertpapiergeschäften, maximal 20.000 Euro, begrenzt ist, haben viele Institute freiwillige Regelungen getroffen, die eine Absicherung der Kundengelder über das gesetzliche Mindestniveau gewährleisten. Neben dem Einlagensicherungsfonds des Bundesverbands deutscher Banken (BdB) zählt hierzu auch der Fonds des Bundesverbands Öffentlicher Banken (VÖB). Die Einlagensicherungsfonds haben die Aufgabe, bei wirtschaftlichen Schwierigkeiten von Banken, insbesondere bei drohender Zahlungseinstellung, im Interesse der Einleger Hilfe zu leisten und Beeinträchtigungen des Vertrauens in die Kreditinstitute zu verhüten.[687] Neben der Einlagensicherung greift auf der systemischen Ebene zudem die Zentralbank als Kreditgeber der letzten Zuflucht (*last lender of resort*) ein.

Für die Corporate Governance der Banken haben diese Sicherungen weitreichende Folgen: Die disziplinierende Wirkung des Markts tritt in den Hinter-

---

687 Einlagensicherung der privaten Banken, Information für Privatkunden, Bankenverband, Berlin Juli 2012.

grund, weil sich die gesicherten Gläubiger nicht mit der Bonität ihrer Schuldnerin beschäftigen müssen und damit als Träger der externen Corporate Governance ausfallen. Die Frage, ob und zu welchen Bedingungen sich eine Bank am Kapitalmarkt refinanzieren kann, hängt damit nicht mehr von der Qualität ihrer Geschäftspolitik ab. Die Banken können Geschäfte mit sehr hohen Risiken eingehen, ohne befürchten zu müssen, dass sie die Nachteile z.B. in Form höherer Finanzierungszinsen zu tragen haben.[688] Im Unterschied zu den Privatgläubigern ist es institutionellen Gläubigern (*concentrated debtholders*) zwar möglich, auf die Entscheidungen des Managements Einfluss zu nehmen. Der Anreiz zur Kontrolle wird jedoch dann beeinträchtigt, wenn die Gläubiger bei einer Schieflage eines systemrelevanten Instituts auf dessen Rettung durch die öffentliche Hand vertrauen können.[689] Wenn eine Internalisierung der negativen externen Effekte über den Markt ausscheidet, bedarf es regulatorischer Eingriffe durch den Gesetzgeber, um die volkswirtschaftlichen Gefahren abzuschwächen.

§ 25a KWG gibt der Geschäftsleitung auf, ein Risikomanagement zu etablieren, damit die Risikotragfähigkeit des Instituts laufend sichergestellt ist. Das Ziel dieser Vorgabe besteht darin, eine Insolvenz der Bank zu verhindern und die anvertrauten Vermögenswerte sowie die Funktionsfähigkeit des Finanzmarkts zu schützen (vgl. § 6 Abs. 2 KWG). Das Prinzip der „doppelten Proportionalität" stellt sicher, dass sich der Pflichtenumfang und die Intensität der Überwachung durch die BaFin nach dem Risikoprofil und der Geschäftstätigkeit des Instituts richten. Kreditinstitute, die besonders groß sind oder deren Geschäftsaktivitäten durch eine besondere Komplexität, Internationalität oder Risikoexponierung geprägt sind, haben daher weitergehende Vorkehrungen zu treffen, als kleinere Institute mit weniger komplexen Geschäftsaktivitäten, die über keine außergewöhnliche Risikoexponierung verfügen. Systemisch relevanten Banken können damit Zusatzkosten auferlegt werden, die ihnen im Idealfall genau den Vorteil nehmen, systemisch relevant zu sein. Je größer die Gefahr einer Externalisierung von Kosten infolge einer Insolvenz ist, desto höhere Anforderungen gelten hinsichtlich des Risikomanagements. Gleiches gilt für § 54a KWG. Durch den Verweis auf § 25a KWG bzw. § 25c Abs. 4a und 4b KWG ist sichergestellt, dass der Grundsatz der doppelten Proportionalität auch hier gilt und eine Strafbarkeit von Geschäftsleitern umso eher in Betracht kommt, wenn die Fehler im Risikomanagement zu

688 Ebenso *Wohlmannstetter*, in: Hopt/Wohlmannstetter, S. 48.
689 *Wohlmannstetter*, in: Hopt/Wohlmannstetter, S. 50.

einer Bestandsgefährdung eines systemrelevanten Instituts führen. Eine befürchtete Uferlosigkeit der Strafnorm ist daher nicht zu befürchten.[690]

B. Aktienrechtliche Vorgaben

Neben dem Bankenaufsichtsrecht enthält auch das Aktienrecht eine Reihe von Vorschriften aus denen sich eine Pflicht des Vorstands zum Risikomanagement ergeben kann. Im Folgenden werden die relevanten Regelungen aufgezeigt und ihr Pflichteninhalt einer ökonomischen Analyse unterzogen.

I. Die Organisationspflicht des § 91 Abs. 2 AktG

Eine Pflicht zum Risikomanagement könnte sich zunächst aus § 91 Abs. 2 AktG ergeben. Die Regelung besteht aus zwei Stufen: Auf einer ersten Stufe muss der Vorstand geeignete Maßnahmen ergreifen, um bestandsgefährdende Entwicklungen frühzeitig zu erkennen. Auf einer zweiten Stufe wird er dazu aufgefordert, ein Überwachungssystem einzurichten.

1. Der Pflichteninhalt

a) Früherkennung von Entwicklungen

Der Vorstand ist nach § 91 Abs. 2 AktG verpflichtet, bestandsgefährdende Entwicklungen früh zu erkennen. Mit dem Begriff „Entwicklungen“ meint der Gesetzgeber Prozesse und Veränderungen.[691] Gemeint sind nicht Risiken als solche, sondern lediglich deren nachteilige Veränderungen.[692] Erfasst werden müssen nur negative Veränderungen im Zeitablauf und nicht systematisch alle punktuellen Risiken aus den Einzelgeschäften.[693] Beispiele solcher Entwicklungen sind die Aufnahme besonders riskanter Geschäfte, z.B. Derivatehandel oder Termingeschäfte, Unrichtigkeiten in der Rechnungslegung und Verstöße gegen gesetzliche Vorschriften.[694] Dazu zählen auch kartellrechtlich relevante Ereignisse, etwa wenn

---

690 So aber die Stellungnahme des *DAV*, NZG 2013, 577, 579, die bemängelt, dass sich der Anwendungsbereich der Vorschrift nicht nur auf „systemrelevante“ Banken erstreckt, sondern auf alle Institute i.S.v. § 1 Abs. 1b KWG unabhängig von deren Größe und Bedeutung für die Stabilität des gesamten Finanzsystems.

691 So *Kort*, in: Großkomm. AktG, § 91 Rn. 30; *J. Hüffer*, in: FS Imhoff 1998, S. 91, 98 f.; Hüffer/*Koch*, AktG, § 91 Rn. 6; *Zimmer/Sonneborn*, in: Lange/Wall, § 1 Rn. 179.

692 *Kort*, in: Großkomm. AktG, § 91 Rn. 30.

693 *Seibert*, in: FS Bezzenberger 2000, S. 427, 437; *Zimmer/Sonneborn*, in: Lange/Wall, § 1 Rn. 184; *Fleischer*, AG 2003, 291, 298; *Bunting*, ZIP 2012, 357, 359.

694 Begr. RegE BT-Drucks. 13/9712 S. 15.

das Risiko der Nichtigkeit langfristiger Verträge besteht oder eine Beteiligung an einem anderen Unternehmen an der Fusionskontrolle scheitert.[695]

Einzelrisiken fallen grundsätzlich nicht in den Anwendungsbereich von § 91 Abs. 2 AktG. Maßgeblich sind nicht die aus einer einzelnen Transaktion ermittelten hypothetischen Risiken als solche, sondern erst deren negativer Einfluss auf die Vermögens-, Ertrags und Finanzlage des Unternehmens.[696] Zwar kann ein einzelnes Risiko ein erhebliches Schadenspotential in sich bergen, für eine Bestandsgefährdung bedarf es jedoch zumeist der Kumulation mehrerer nachteiliger Ereignisse.[697] Selten vorkommende und nicht vermeidbare Risiken, wie z.B. der Absturz eines Flugzeugs auf eine Fabrik, fallen nicht unter § 91 Abs. 2 AktG.[698]

„Früh" erkannt werden Entwicklungen, wenn der Vorstand noch geeignete Maßnahmen zur Existenzsicherung einleiten und die Insolvenz der Gesellschaft abwenden kann.[699] Es geht nicht darum, bestandsgefährdende Entwicklungen auszuschließen, sondern nur darum, dass sichergestellt wird, dass der Vorstand hiervon rechtzeitig Kenntnis erlangt.[700]

b) Bestandsgefährdung

Die Früherkennungspflicht des § 91 Abs. 2 AktG beschränkt sich auf Entwicklungen, die den „Fortbestand der Gesellschaft gefährden". Da eine Legaldefinition im Aktienrecht fehlt, ist umstritten wann eine Bestandsgefährdung vorliegt.

aa) Gefährdung der dauerhaften Rentabilität

Eine Ansicht geht davon aus, dass eine Bestandsgefährdung bereits dann besteht, wenn die Entwicklung geeignet ist, die dauerhafte Rentabilität der Gesellschaft zu gefährden.[701] Dies ergebe sich aus der Gesetzesbegründung. § 91 Abs. 2 AktG regele keine isolierte Pflicht des Vorstands, sondern konkretisiere eine bereits bestehende Organisationspflicht aus dem Kreis der §§ 76 Abs. 1, 93 Abs. 1 Satz 1 AktG.[702] Da zur Leitungsaufgabe des Vorstands die Pflicht gehöre, den Unterneh-

---

695 *Kort*, in: Großkomm. AktG, § 91 Rn. 30; *Schwintowski*, NZG 2005, 200, 201.

696 *J. Hüffer*, in: FS Imhoff 1998, S. 91, 100.

697 *Zimmer/Sonneborn*, in: Lange/Wall, § 1 Rn. 180.

698 *Seibert*, in: FS Bezzenberger 2000, S. 427, 437; *Baums*, ZGR 2011, 218, 272.

699 Vgl. Begr. RegE BT-Drucks. 13/9712 S. 15; *Blasche*, CCZ 2009, 62, 63.

700 *Seibert*, in: FS Bezzenberger 2000, 427, 437.

701 *J. Hüffer*, in: FS Imhoff, 1998, S. 91, 100; *Zimmer/Sonneborn*, in: Lange/Wall, § 1 Rn. 182; *Huth*, S. 89 f.; *Hommelhoff/Mattheus*, in: Dörner/Horváth/Kagermann, S. 16.

702 *J. Hüffer*, in: FS Imhoff, 1998, S. 91, 100.

mensbestand zu erhalten und die dauerhafte Rentabilität zu fördern,[703] müsse dies auch für die Auslegung des § 91 Abs. 2 AktG gelten. Das sei auch gerechtfertigt, da Rentabilitätseinbußen auf Dauer geeignet seien, die Liquidität und damit den Fortbestand eines Unternehmens zu gefährden. Bei sinkender Rentabilität sei es wahrscheinlich, dass der Kapitalmarkt eine Kreditvergabe verweigere.[704] Dies werde durch die Gesetzesbegründung untermauert. Eine Bestandsgefahr werde nämlich nicht erst durch eine drohende Zahlungsunfähigkeit oder Überschuldung ausgelöst, sondern bereits dadurch, dass sich die Entwicklungen wesentlich auf die Vermögens-, Finanz- oder Ertragslage niederschlügen.[705]

bb) Drohende Insolvenz

Die herrschende Literatur in den Rechtswissenschaften vertritt dagegen einen engeren Ansatz. Bestandsgefährdend seien nur solche Entwicklungen, die das Insolvenzrisiko der Gesellschaft erheblich steigern oder hervorrufen.[706] Der Bestand der Gesellschaft sei gefährdet, wenn der Eintritt der Insolvenz wegen Überschuldung oder Zahlungsunfähigkeit in absehbarer Zukunft eher wahrscheinlich als unwahrscheinlich sei, falls die Entwicklung nicht gestoppt werde.[707] Vorgänge, die unterhalb dieser Schwelle lägen bzw. allein nach § 264 Abs. 2 HGB relevant seien, würden dagegen nicht vom Anwendungsbereich des § 91 Abs. 2 AktG erfasst.[708] Ein gegenteiliges Verständnis würde nicht nur den Wortlaut missachten, der klar von einer Bestandsgefahr spreche, sondern auch die Gesetzesintention übersehen, der lediglich darin liege, eine schon bestehende Pflicht zu konkretisieren.[709]

cc) Stellungnahme

Der Wortlaut von § 91 Abs. 2 AktG ist eindeutig. Gefordert wird nur, dass bestandsgefährdende Entwicklungen erkannt werden müssen. Während das Aktiengesetz auf eine Definition verzichtet, findet sich in § 48b Abs. 1 KWG eine Begriffsbestimmung, die sich für die Auslegung des § 91 Abs. 2 AktG heranziehen

---

703 Vgl. OLG Hamm, AG 1995, 512, 514; Hüffer/*Koch*, AktG, § 76 Rn. 34; *Spindler*, in: MünchKomm. AktG, § 76 Rn. 69; *Kort*, in: Großkomm. AktG, § 76 Rn. 52.

704 Vgl. *Zimmer/Sonneborn*, in: Lange/Wall, § 1 Rn. 182.

705 Vgl. *Huth*, S. 88.

706 Spindler/Stilz/*Fleischer*, AktG, § 91 Rn. 32; *Mertens/Cahn*, in: KölnKomm. AktG, § 91 Rn. 23; *Lachnit/Müller*, in: FS Strobel, 2001, S. 363, 367; *Götz*, in: NJW-Sonderheft H. Weber, 2001, S. 21, 22; *Krieger/Sailer*, in: Schmidt/Lutter AktG, § 91 Rn. 9; enger *Seibert*, in: FS Bezzenberger 2000, S. 427, 437 („zur Insolvenz führende" Risiken).

707 *Baums*, ZGR 2011, 218, 272.

708 So aber Hüffer/*Koch*, AktG, § 91 Rn. 6.

709 *Mertens/Cahn*, in: KölnKomm. AktG, § 91 Rn. 23.

lässt. Eine Bestandsgefährdung ist danach die Gefahr eines insolvenzbedingten Zusammenbruchs eines Unternehmens für den Fall, dass korrigierende Maßnahmen unterbleiben. Sie besteht nicht erst, wenn die Insolvenz unmittelbar bevorsteht, sondern schon dann, wenn der Eintritt von Insolvenzgründen absehbar ist.[710]

Das Kriterium der „dauerhaften Rentabilität" ist auch aus ökonomischen Gesichtspunkten abzulehnen. Es ist konturenlos und führt dazu, dass alle Risiken identifiziert werden müssten, weil sich jedes einzelne Risiko auf die Ertragssituation des Unternehmens auswirken könnte.[711] Eine derart umfassende Risikoerfassung käme der Erstellung eines Gesamtrisikoprofils gleich und entspräche damit den Vorgaben, die im Bankenaufsichtsrecht gelten. Da im Bankenbereich die Gefahr einer Externalisierung von Kosten durch eine Insolvenz eines Kreditinstituts jedoch ungleich größer ist, als bei der Insolvenz einer „normalen" Aktiengesellschaft, stünden die betriebswirtschaftlichen Kosten in keinem angemessenen Verhältnis zu dem dadurch bewirkten volkswirtschaftlichen Nutzen.

Aus juristischer Sicht kommt dem Streit keine allzu große Bedeutung zu. § 91 Abs. 2 AktG ist zwar erst mit dem KonTraG eingeführt worden, jedoch bestand schon zuvor nach §§ 76, 93 AktG die Pflicht, für eine angemessene Organisation zu sorgen und gefährdende Entwicklungen zu erkennen.[712] Da § 91 Abs. 2 AktG Teil der allgemeinen Vorstandspflichten ist, verdrängt sie nicht die übrigen Pflichten zur Organisation nach § 93 AktG.[713] Risiken, die zwar nicht eine Insolvenzgefahr hervorrufen, aber dennoch bedeutsam sind, müssen vom Vorstand im Rahmen seiner kaufmännischen Sorgfalt gemäß § 93 AktG erfasst und bewältigt werden.[714]

c) Geeignete Maßnahmen

Weiterhin müsste die Maßnahme „geeignet" sein, um bestandsgefährdende Entwicklungen früh zu erkennen. Das ist der Fall, wenn nach der Erfahrung eines ordentlichen und sorgfältigen Geschäftsleiters davon ausgegangen werden kann, dass der Vorstand die erforderlichen Informationen rechtzeitig erhält.[715] Welche Maßnahmen dies sind, hängt vom Einzelfall unter Beachtung des un-

---

710 Vgl. Begr. RegE BT-Drucks. 17/3024 S. 103.

711 Treffend *Spindler*, in: Fleischer, HdbVorR, § 19 Rn. 9.

712 *Spindler*, in: Fleischer, HdbVorR, § 19 Rn. 6;

713 *Spindler*, in: MünchKomm. AktG, § 91 Rn. 26.

714 *Spindler*, in: Fleischer, HdbVorR, § 19 Rn. 10; *ders.*, in: MünchKomm. AktG, § 91 Rn. 26

715 *Kort*, in: Großkomm. AktG, § 91 Rn. 46; Hüffer/*Koch*, AktG, § 91 Rn. 7; Spindler/Stilz/*Fleischer*, AktG, § 91 Rn. 33; *Krieger/Sailer*, in: Schmidt/Lutter AktG, § 91 Rn. 12.

ternehmerischen Ermessenspielraums des Vorstands ab.[716] Maßgebend sind die besondere Lage des Unternehmens, das Risikopotential der Märkte auf dem das Unternehmen tätig ist, aber auch die Größe des Unternehmens sowie die Art des Kapitalmarktzugangs.[717]

d) Einrichtung eines Überwachungssystems

Zu den Maßnahmen, die der Vorstand nach § 91 Abs. 2 AktG treffen muss, gehört auch die Einrichtung eines „Überwachungssystems". Der Umfang dieses Systems, ist seit langem in der juristischen Literatur und Praxis umstritten. Im Kern geht es um die Frage, ob damit ein Risikomanagementsystem oder nur eine interne Kontrolle gemeint ist, die die eingeleiteten Maßnahmen zur Früherkennung überwachen soll.

aa) Risikomanagementsystem

Nach einer Ansicht ist der Vorstand zur Etablierung eines Risikomanagementsystems nach betriebswirtschaftlichem Verständnis verpflichtet.[718] Trotz unterschiedlicher Ansätze, sei man sich einig, dass sich ein solches System aus der Risikoidentifikation, der Risikoanalyse, der Risikobewertung, der Risikokommunikation und der Risikobewältigung zusammensetze. Um eine Insolvenz abwenden zu können, müssten alle Einzelrisiken unabhängig von ihrem jeweiligen Schadenspotential erkannt und bewältigt werden.

Für diese Sichtweise spreche die amtliche Begründung. Der Gesetzgeber führe darin aus, dass mit § 91 Abs. 2 AktG die Pflicht für ein „angemessenes Risikomanagement" hervorgehoben werden solle.[719] Darüber hinaus ergebe sich eine mittelbare Pflicht aufgrund europarechtlicher Vorgaben und dem Gesetz zur Modernisierung des Bilanzrechts (BilMoG).[720] Ausgangspunkt sei § 289 Abs. 5 HGB. Danach würden

---

716 *Spindler*, in: Fleischer, HdbVorR, § 19 Rn. 12.

717 Vgl. Begr. RegE BT-Drucks. 13/9712 S. 15; Spindler/Stilz/*Fleischer*, AktG, § 91 Rn. 33; *Krieger/Sailer*, in: Schmidt/Lutter AktG, § 91 Rn. 12; *Mertens/Cahn*, in: KölnKomm. AktG, § 91 Rn. 25.

718 So etwa *Spindler*, in: MünchKomm. AktG, § 91 Rn. 24; *Preußner/Becker*, NZG 2002, 846, 848; *Preußner/Zimmermann*, AG 2002, 658, 659; *Wolf*, DStR 2002, 1729 ff.; *Lück*, DB 1998, 8, 9; *ders.*, DB 1998, 1925; *ders.*, DB 2000, 1473; *Kromschröder/Lück*, DB 1998, 1573; *Gernoth*, DStR 2001, 299 ff.; *Eggemann/Konradt*, BB 2000, 503, 504 ff.; *Füser/Gleißner/Meier*, DB 1999, 753; *Berg*, AG 2007, 271; *Strieder*, BB 2009, 1002, 1004; *Säcker*, NJW 2008, 3313, 3315; wohl auch LG München I, NZG 2008, 319.

719 Vgl. Begr. RegE BT-Drucks. 13/9712 S. 15.

720 Vgl. *Spindler*, WM 2008, 905, 906; *ders.*, in: FS U. Hüffer 2010, S. 985, 988 ff.; *ders.*, in: MünchKomm. AktG, § 91 Rn. 22; für kapitalmarktorientierte Unternehmen *Hommelhoff/Mattheus*, BB 2007, 2787, 2788; *Weber-Rey*, AG 2008, 346, 347, 350.

kapitalmarktorientierte Gesellschaften verpflichtet, im Lagebericht die wesentlichen Merkmale „des internen Kontroll- und Risikomanagementsystems" im Hinblick auf den Rechnungslegungsprozess zu beschreiben. Wegen der damit verbundenen Irreführungsgefahr und aus Gründen der Praktikabilität müsse § 91 Abs. 2 AktG, zu einem Risikomanagementsystem ausgebaut werden.[721] Eine Irreführung drohe, wenn eine Gesellschaft nur über ein Früherkennungssystem i.S.d. § 91 Abs. 2 AktG verfüge und sich im Lagebericht, dennoch zu einem Risikomanagementsystem äußern müsse.[722] Um eine Täuschung der Aktionäre zu vermeiden, müsse die Abweichung erläutert werden. Dieses sei nicht nur unpraktikabel, sondern stehe auch im Widerspruch zum Erwägungsgrund Nr. 10 der durch § 289 Abs. 5 HGB umgesetzten Bilanzrichtlinie.[723] Danach sollten den Aktionären „zumindest leicht zugängliche Schlüsselinformationen" zur Verfügung gestellt werden.[724] Als zweites Argument für die implizite Ausbau-Anordnung diene § 107 Abs. 3 Satz 2 AktG. Hiernach könne der Aufsichtsrat, einen Prüfungsausschuss bestellen, der sich u.a. mit der Wirksamkeit des „internen Kontrollsystems, des Risikomanagementsystems und des internen Revisionssystems sowie der Abschlussprüfung" befasse. Wenn dieser Pflicht des Prüfungsausschusses ein Gegenstück auf der Vorstandsebene fehlen würde, müsste die Frage nach der Sinnhaftigkeit der Regelung gestellt werden.[725] Obwohl die inhaltliche Reichweite noch ungeklärt sei, könne sich das System nach § 91 Abs. 2 AktG nicht auf bestandsgefährdende Risiken beschränken. Vielmehr müsse eine umfassende Prüfung ermöglicht werden. Der Verzicht auf ein Risikomanagementsystem impliziere jedenfalls hohe Haftungsrisiken.[726]

Teilweise wird auch davon ausgegangen, dass zwischen § 91 Abs. 2 AktG und § 25a KWG eine Pflichtenidentität bestehe und die aufsichtsrechtlichen Anforderungen in Bezug auf das Risikomanagement auf das allgemeine Aktienrecht übertragbar seien.[727] So forderte das VG Frankfurt 2004 in dem sog. „Bruderhilfeurteil"

---

721 *Dreher*, in: FS U. Hüffer 2010, S. 161, 164.

722 *Hommelhoff/Mattheus*, BB 2007, 2787, 2788.

723 Richtlinie 2006/46/EG des Europäischen Parlaments und des Rats vom 16.06.2006 zur Änderung der Richtlinien des Rats 78/660/EWG, 83/349/EWG und 91/674/EWG, ABl.EU Nr. L 224 v. 16.08.2006, S.1.

724 *Hommelhoff/Mattheus*, BB 2007, 2787, 2788.

725 *Spindler*, in: FS U. Hüffer 2010, S. 985, 991; *ders.*, in: MünchKomm. AktG, § 91 Rn. 24.

726 *Spindler*, in: MünchKomm. AktG, § 91 Rn. 25.

727 So VG Frankfurt, VersR 2005, 57, 59; LG Berlin, AG 2002, 682 ff.; *Lorenz*, in: Romeike, S. 18; *Preußner*, NZG 2004, 57, 59; *ders.*, NZG 2004, 303, 305; *Preußner/Zimmermann*, AG 2002, 657, 660; *Zimmermann*, BKR 2005, 208; *Kießling/Kießling*, WM 2003, 513, 515.

für jede Aktiengesellschaft, dass der Vorstand ein Überwachungssystem einführe, „das über geeignete Instrumentarien zur Steuerung, Überwachung und Kontrolle der Risiken nebst eines internen Kontrollverfahrens verfügt und anhand dessen sich die finanzielle Lage des Unternehmens jederzeit mit hinreichender Genauigkeit bestimmen lässt".[728] § 91 Abs. 2 AktG und § 25a KWG a.F. sollten sich „in ihrer rechtlichen Bedeutung entsprechen". Die Konsequenz hiervon sei nach Ansicht des Gerichts, „dass die in § 25a Abs. 1 KWG gesetzlich genauer gefassten Anforderungen bei der Auslegung des § 91 Abs. 2 AktG herangezogen werden können" und eine „insoweit einheitliche Auslegung und Anwendung der genannten Normen" angezeigt sei.[729] Das VG Frankfurt begründete seine Auffassung mit der „Gesamtintention des deutschen Gesetzgebers" und mit einem Verweis auf ein entsprechendes „internationales Verständnis" sowie „Bestrebungen der EU-Kommission".[730] In ähnlicher Weise hatte sich bereits das LG Berlin im Jahre 2002 geäußert. In einem Urteil über die Zulässigkeit einer außerordentlichen Kündigung eines Vorstandsmitglieds der Berliner Bankgesellschaft, zog das Gericht § 25a KWG und § 91 Abs. 2 AktG ohne Unterschied zur Beurteilung der Angemessenheit des von der Bank eingerichteten Risikomanagementsystems heran.[731]

bb) Risikofrüherkennungssystem

Nach einer weiteren Ansicht erfordert § 91 Abs. 2 AktG lediglich die Einrichtung eines sog. „Risikofrüherkennungssystems".[732] Die Maßnahmen beträfen damit nur einen Teilbereich des Risikomanagementsystems eines Unternehmens: Sie umfassten die Risikofrüherkennung und deren Überwachung und grenzten sich von Maßnahmen der Risikobewältigung bzw. von der Reaktion des Vorstands auf Risiken ab.[733]

Da Risiken im ganzen Unternehmen auftreten könnten, müssten alle betrieblichen Prozesse und Funktionsbereiche einschließlich der Hierarchiestufen und Stabsfunktionen auf bestandsgefährdende Risiken untersucht werden.[734] Es müsse individuell entschieden und laufend überprüft werden, welche Risikofelder ein-

---

728 VG Frankfurt, VersR 2005, 57 LS 3 und 59.

729 VG Frankfurt, VersR 2005, 57 LS 3 Satz 2 und 59.

730 VG Frankfurt, VersR 2005, 59.

731 Vgl. LG Berlin, AG 2002, 682, 684.

732 So IdW PS 340, WPg 1999, 658 ff.; *Adler/Düring/Schmaltz*, § 91 AktG n.F. Rn. 6; *Huth*, BB 2007, 2167 ff.; *Widmann*, S. 62 ff.; *Bitz*, BFuP 2000, 231, 234; *Emmerich*, ZfbF 1999, 1075, 1078 f.; *Blasche*, CCZ 2009, 62 ff.

733 *Adler/Düring/Schmaltz*, § 91 AktG n.F. Rn. 7; IdW PS 340, WPg 1999, 658 Rn. 5, 6.

734 IdW PS 340, WPg 1999, 658 Rn. 7.

zeln oder kumuliert oder in Wechselwirkung mit anderen bestandsgefährdend sein könnten.[735] Da die Risikoidentifikation ohne Einschränkung erfolgen müsse, müssten *alle* Risiken, die auf die Erreichung der Unternehmensziele Einfluss haben, erfasst werden.[736] Erst wenn ein Risiko als solches erkannt sei, könne man beurteilen, ob ein Bestandsgefährdungspotential für die Gesellschaft bestehe. Die Ausklammerung von bestimmten Risiken sei im Wortlaut des § 91 Abs. 2 AktG nicht angelegt und berge zudem die Gefahr, dass beträchtliche Risikopotenziale übersehen würden. Darüber hinaus könnten Entwicklungen, die für sich nicht die Schwelle der Bestandsgefährdung erreichten, durch Kumulation oder Korrelation, sehr wohl zu einer Existenzbedrohung führen.[737] Soweit eine Risikoquantifizierung möglich sei, müsse ein Schadenserwartungswert aus dem Produkt von Eintrittswahrscheinlichkeit und Schadenshöhe gebildet werden.[738] Ist eine Risikomessung nicht möglich, könnten die Risiken näherungsweise z.B. in Kategorien mit ordinaler Einteilung von hoher bis geringer Eintrittswahrscheinlichkeit bzw. wesentlicher bis unwesentlicher Schadenshöhe eingeteilt werden.[739] Ein wesentlicher Bestandteil des Risikofrüherkennungssystems sei die Berichterstattung über Risiken. Soweit Risiken nicht bewältigt seien, müsse sichergestellt werden, dass Informationen darüber in nachweisbarer Form an die zuständigen Entscheidungsträger weitergeleitet würden. Hierzu müssten Schwellenwerte definiert werden, deren Überschreiten eine Berichtspflicht auslöse.[740] Den jeweiligen Unternehmensbereichen müsse die Verantwortung dafür übertragen werden, dass die dort auftretenden Risiken erfasst und entweder sofort bewältigt oder im Falle ihrer Nichtbewältigung Informationen darüber an die festgelegten Berichtsempfänger weitergeleitet würden.[741] Die Einhaltung der nach § 91 Abs. 2 AktG eingerichteten Maßnahmen müsse schließlich durch ein Überwachungssystem garantiert werden. Dafür müssten integrierte Kontrollen durchgeführt, z.B. überprüft werden, ob die Meldegrenzen eingehalten worden seien, oder eine interne Revision eingerichtet werden.[742] Sollte letzteres wegen Personalmangels

735 IdW PS 340, WPg 1999, 658 Rn. 8.
736 *Adler/Düring/Schmaltz*, § 91 AktG n.F. Rn. 14.
737 *Widmann*, S. 63.
738 Vgl. IdW PS 340, WPg 1999, 658 Rn. 10.
739 *Adler/Düring/Schmaltz*, § 91 AktG n.F. Rn. 21.
740 IdW PS 340, WPg 1999, 658 Rn. 11.
741 IdW PS 340, WPg 1999, 658 Rn. 13.
742 IdW PS 340, WPg 1999, 658 Rn. 15, 16.

nicht möglich seien, könnten auch externe Personen mit der Revisionstätigkeit betraut werden.[743]

cc) Früherkennungs- und Überwachungssystem

Nach der herrschenden Meinung fordert § 91 Abs. 2 AktG ein sog. „Früherkennungs- und Überwachungssystem": Auf einer ersten Stufe habe der Vorstand für die Früherkennung bestandsgefährdender Entwicklungen durch geeignete Maßnahmen zu sorgen und auf einer zweiten Stufe deren Einhaltung zu überwachen.[744] Da die konkrete Ausformung des Systems von der Größe, Branche, Struktur und weiteren Faktoren des Unternehmens abhängig sei, könne der Vorstand nicht zur Etablierung eines bestimmten Modells verpflichtet sein.[745]

Die Risikoidentifikation beziehe sich, im Gegensatz zu den vorgenannten Ansichten, nur auf die wesentlichen Risiken. § 91 Abs. 2 AktG erfordere nicht das Erstellen eines Risikostatus einschließlich einer darauf abgestützten Prüfung der Risikotragfähigkeit.[746] Außer einer bloßen Aufdeckung von wesentlichen Risiken, fordere die Norm auch deren Analyse und Bewertung in Bezug auf ihr Bestandsgefährdungspotential. Eine Liquiditätsgefährdung erkenne man, wenn man einen Liquiditätsplan aufstelle, der für einen geeigneten Zeitraum die erwarteten Mittelzuflüsse den Mittelabflüssen gegenüberstelle. Ausfallrisiken seien z.B. strategische oder leistungswirtschaftliche Risiken, die im Fall ihres Eintritts allein oder in ihrer Kumulation das Eigenkapital der Gesellschaft in Frage stellen würden.[747] Zeichne sich eine Bestandsgefährdung ab, dann müsse dafür Sorge getragen werden, dass der Vorstand hiervon rechtzeitig in Kenntnis gesetzt werde.[748] Die Vorgaben für das Früherkennungssystem als auch die Erkenntnisse aus dem System, müssten in dokumentierter Form erfolgen. Für börsennotierte Gesellschaften ergebe sich dies bereits aus der Prüfungs- und Berichtspflicht des Abschlussprüfers gemäß §§ 317 Abs. 4, 321 Abs. 4 HGB. Ferner habe sich der Vorstand selbst oder mit Hilfe

---

743 *Emmerich*, ZfbF 1999, 1075, 1086.

744 So *Kindler/Pahlke*, in: Lange/Wall, § 1 Rn. 198, 208; Hüffer/*Koch*, AktG, § 91 Rn. 6-8; *J. Hüffer*, in: FS Imhoff 1998, S. 91, 105; *Kort*, in: Großkomm. AktG, § 91 Rn. 55; Spindler/Stilz/*Fleischer*, AktG, § 91 Rn. 36; *Krieger/Sailer*, in: Schmidt/Lutter, AktG, § 91 Rn. 14; *Mertens/Cahn*, in: KölnKomm. AktG, § 91 Rn. 20; Schüppen/Schaub/*Offerhaus*, MAH Aktienrecht, § 18 Rn. 15; *Zimmer/Sonneborn*, in: Lange/Wall, § 1 Rn. 158, 176; *Pahlke*, NJW 2002, 1680, 1681 ff.; *Seibert*, in: FS Bezzenberger 2000, S. 427, 437.

745 Vgl. Begr. RegE BT-Drucks 13/9712 S. 15.

746 *Baums*, ZGR 2011, 218, 270.

747 *Baums*, ZGR 2011, 218, 272.

748 *Baums*, ZGR 2011, 218, 273.

einer Prüfabteilung (interne Revision) in geeigneten Abständen vom Funktionieren des Früherkennungssystems zu überzeugen. Dieses interne Kontrollsystem werde von § 91 Abs. 2 AktG ausdrücklich angeordnet („insbesondere ein Überwachungssystem einzurichten").[749] Für diese Auslegung spreche auch ein Blick auf die Entstehungsgeschichte. Die ursprünglich als § 93 Abs. 1 AktG-E vorgesehene Textfassung des Referentenentwurfs ordnete dem Überwachungssystem noch wörtlich die Aufgabe zu, die Einhaltung der vom Vorstand zu treffenden Maßnahmen zu überwachen.[750] Da § 91 Abs. 2 AktG nur eine sprachliche Verkürzung des Referentenentwurfs darstelle, der Grundgedanke aber unverändert geblieben sei, müsse die Textpassage in dem früheren Sinne ausgelegt werden.[751]

dd) Vermittelnde Ansicht

Nach einer vermittelnden Ansicht lassen sich aus § 91 Abs. 2 AktG zwar unmittelbar keine Forderungen nach einem umfassenden Risikomanagement ableiten.[752] Gleichwohl dürfe nicht außer Acht gelassen werden, dass die Regelung einen Beitrag zur Insolvenzprophylaxe im Unternehmen leisten wolle. Diesem Zweck werde die Vorschrift nur gerecht, wenn die fraglichen Risiken auf Grund eines schlüssigen und unternehmensweiten Systems erfasst, bewertet und kommuniziert würden.[753] Dabei habe der Vorstand die Aufgabe Schwellenwerte vorzugeben, bei deren Überschreiten das erkannte Risiko an ihn oder einer sonst dafür bestimmten Stelle weitergemeldet werden müsse.[754] Insgesamt erfordere die Vorschrift die Einrichtung eines Früherkennungssystems, verstanden als Maßnahmebündel zur systematischen Erkennung und Weitermeldung erheblicher Risiken sowie eine interne Revision, welche die Einhaltung dieser Maßnahmen überwache. Obwohl der Pflichtenstandard damit durchaus in die Richtung eines Risikomanagements gehe, stellten die von den Vertretern der weiten Auffassung aufgestellten Detailmaßnahmen keine Rechtspflichten dar.[755]

---

749 *Baums*, ZGR 2011, 218, 274.

750 Vgl. Begr. RefE, abgedruckt in ZIP 1196, 2131.

751 *Zimmer/Sonneborn*, in: Lange/Wall, § 1 Rn. 187; Hüffer/*Koch*, AktG, § 91 Rn. 9.

752 *Drygala/Drygala*, ZIP 2000, 297, 299.

753 *Drygala/Drygala*, ZIP 2000, 297, 299.

754 *Hommelhoff/Mattheus*, in: Dörner/Horváth/Kagermann, S. 17.

755 *Drygala/Drygala*, ZIP 2000, 297, 299.

ee) Stellungnahme

(1) Keine Pflicht zum Risikomanagement

Eine Pflicht zum Risikomanagement lässt sich auf der Grundlage des § 91 Abs. 2 AktG nicht begründen. Eine solche wäre nur angezeigt, wenn der Externalisierung des Ausfallrisikos nicht anders begegnet werden könnte. Zwar besteht bei einer Gesellschaft mit beschränkter Haftung die Gefahr, dass im Insolvenzfall die Gläubiger Forderungsausfälle erleiden und die Gesellschafter unverantwortliche Risiken eingehen. Als Argument für eine Pflicht zum Risikomanagement überzeugt dies jedoch nicht. Die Gläubiger sind grundsätzlich selbst in der Lage ihr Ausfallrisiko zu steuern. Ein Vertragsgläubiger wird für die Tragung des höheren Ausfallrisikos bei einer Aktiengesellschaft in Form einer höheren Risikoprämie kompensiert. Zusätzlich hat er die Möglichkeit sein Ausfallrisiko durch die Bestellung von Sicherheiten, wie z.B. Bürgschaften oder Hypotheken, weiter abzusichern. Jede zusätzliche Absenkung von Ausfallrisiken, etwa durch die Implementierung eines Risikomanagementsystems, führt dazu, dass die Risikoprämie absinkt. Ein Unternehmen wird sich dafür entscheiden, wenn der Nutzen aus der Senkung des Ausfallrisikos, z.B. die Schaffung einer günstigeren Fremdkapitalaufnahme, die Kosten übertreffen.

Eine generelle Pflicht zum Risikomanagement rechtfertigt sich auch nicht im Hinblick auf eine Informationsasymmetrie *ex ante*. Zwar besteht die Gefahr, dass Märkte aufgrund einer Negativauslese zusammenbrechen. Jedoch gibt es Methoden, mit denen die Vertragsparteien einem informationsbedingten Marktversagen entgegenwirken und Risiken effizient verteilen können. So wird in der Kreditpraxis z.B. über die Instrumente des *Signaling* oder der *Self Selection* einer Kreditrationierung vorgebeugt. Der Gefahr des *Moral Hazard* kann ebenfalls mit Mitteln des Vertragsrechts begegnet werden. Covenants sorgen z.B. in Kreditverträgen dafür, dass der Schuldner das Ausfallrisiko nach Kreditausreichung nicht durch unverantwortliche Risikogeschäfte erhöhen kann. Hierzu wird eine bestimmte Mindestkapitalquote vereinbart (*financial ratios*) oder die Vornahme von Risikogeschäften reglementiert (*investment restrictions*). Rationale Parteien werden zudem das Risiko der Vertragsseite zuordnen, die es am kostengünstigsten beherrschen kann (*superior risk bearer*). Da Covenants meist standardisiert sind, sind die Kosten für ihre Erstellung relativ gering. Ein Risikomanagementsystem erfordert dagegen eine umfassende, organisatorische und personelle Einbindung im Unternehmen. Die Kosten für ein solches System dürften insbesondere bei größeren Aktiengesellschaften beträchtlich sein und zur Abwendung eines Schadens nicht immer gerechtfertigt sein.[756] Die Pflicht zum Risikomanagement lässt sich auch nicht mit dem Schutz sonstiger Vertragsgläubiger begründen. Zwar ist es richtig, dass Arbeitnehmer oder Zulieferer nicht über die gleiche Verhandlungsmacht verfügen, wie Großbanken. Es trifft auch zu, dass gerade diese Gläubiger vertragsspezifische Investitionen tätigen und damit der Gefahr einer Übervorteilung durch ihre Schuldner im besonderen Maße ausgesetzt sind. Eine Externalisierung droht in diesem Fall jedoch nicht. Wie ausgeführt wurde, profitieren diese Gläubiger mittelbar von der Verhandlungsmacht der Banken. Der Schutz, den Covenants gegen opportunistisches Verhalten entfalten, kommt auch ihnen zugute, so dass die Gefahr einer Übervorteilung gering sein dürfte.

Eine generelle Pflicht zum Risikomanagement liegt auch nicht im rationalen Interesse der Aktionäre. Als Inhaber eines Residualanspruchs (vgl. § 271 Abs. 1 AktG) sind sie an einer Steigerung des Unternehmenswerts interessiert. Von einem Risikomanagement profitieren sie daher nur, wenn sich dadurch der Wert ihrer Beteiligung erhöht. Aktionäre haben es jedoch selbst in der Hand, einen erheblichen Teil ihres Risikos, das unsystematische Risiko, durch Diversifikation zu beseitigen. Da sie risikoavers handeln, werden sie ein Portfolio mit geringer Korrelation anstreben. Für das systematische Risiko, das die Aktionäre nicht eliminieren können, erhalten sie eine Risikoprämie. Von einem Risikomanagementsystem profitieren sie nur, wenn der erwartete Nutzen, z.B. die Absenkung des systematischen Risikos, höher ausfällt, als die Kosten, die für die Einrichtung eines solchen Systems anfallen. Ob ein Unternehmen das systematische Risiko effizient managen kann, ist eine Frage des Einzelfalls, die nicht generell beantwortet werden kann. Gegen eine Pflicht zum Risikomanagement spricht zudem, dass betriebswirtschaftliche Modelle ebenso falsifizierbar sind, wie andere Forschungstheorien. Was heute noch zum neuesten Stand der Technik gehört, kann morgen schon veraltet sein. Ein Gesetzgeber, der ein bestimmtes Risikomanagement vorschreibt, ist hier fehl am Platz. Er kann nicht nur mit der Methodenentwicklung schritthalten, sondern er droht den gesamten Schaffungsprozess außer Kraft zu setzen.[757] Darüber hinaus besteht durch die gesetzliche Vorgabe eines Risikomanagements die Gefahr, dass Erwartungen hinsichtlich der Beherrschbarkeit

756 Laut einer KMPG-Umfrage betragen die Kosten, die durch Kontroll- und Überwachungsaufgaben verursacht werden, bereits bei jedem zweiten deutschen Unternehmen bis zu sechs Prozent des jährlichen Umsatzes. Die Mehrzahl der für das Risikomanagement Verantwortlichen geht sogar davon aus, dass die Kosten in den nächsten Jahren weiter steigen werden. Hierzu FAZ, vom 05.03.2012, S. 14 „Überwachungsstrukturen sind häufig ineffizient".

757 Treffend *Wohlmannstetter*, ZGR 2010, 472, 478.

von Risiken geweckt werden, denen weder die Unternehmensführung, noch die Aufsichtsorgane oder Abschlussprüfer gerecht werden können.[758]

Gegen die Pflicht zur Einrichtung eines Risikomanagements lassen sich auch rechtliche Gründe ins Feld führen. Zunächst folgt aus der Begründung zu § 289 Abs. 5 HGB, dass damit weder die Einrichtung noch die inhaltliche Ausgestaltung eines Risikomanagementsystems vorgegeben werden sollte.[759] Es bleibt der Entscheidung der Geschäftsleitung vorbehalten, ein solches System einzuführen. Mit der Betonung des unternehmerischen Ermessensspielraums, stellt der Gesetzgeber zugleich klar, dass für die „gewöhnliche" Aktiengesellschaft außerhalb des besonders regulierten Aufsichtsrechts gerade nicht die besonders strengen Anforderungen an das Risikomanagement gelten sollen.[760] Eine Berichtspflicht nach § 289 Abs. 5 HGB besteht auch nur insoweit, als dass die Merkmale des vorhandenen Risikomanagementsystems zu beschreiben sind.[761] Durch das Abstellen auf das eingerichtete System wird gewährleistet, dass eine Aktiengesellschaft, die über ein Risikomanagementsystem verfügt, auch umfänglich über dieses Auskunft gibt. Dies gilt insbesondere für Kreditinstitute oder Versicherungsunternehmen, die von § 289 Abs. 5 HGB erfasst werden und von Gesetzes wegen zur Etablierung eines Risikomanagements verpflichtet sind. Mit der Formulierung „Risikomanagement" will der Gesetzgeber somit nur bewirken, dass im Lagebericht möglichst umfassend über das vorhandene System berichtet wird. Verfügt eine Gesellschaft lediglich über ein Früherkennungssystem i.S.d. § 91 Abs. 2 AktG, dann bezieht sich der Begriff auf dieses System.[762] Etwas anderes ergibt sich auch nicht aus § 107 Abs. 3 Satz 2 AktG.[763] Wie die Gesetzesbegründung betont, begründet die Vorschrift keine Pflicht zur Einrichtung eines internen Kontroll- oder Risikomanagementsystems. Vielmehr bleibt es dem Vorstand vorbehalten, über das „Ob" und „Wie" eines solchen Systems zu entscheiden.[764] Rechtsdogmatisch ist dies folgerichtig. Es wäre fehlerhaft aus den Überwachungspflichten des Aufsichtsrats Pflichten der Geschäftsleitung abzuleiten. Wie § 111 Abs. 1 AktG belegt, schließt das Aktienrecht von den Aufgaben des Vorstands auf den Überwachungsgegenstand und nicht umgekehrt.[765] Bestätigt wir dies durch §§ 317

758 Ebenso *Wohlmannstetter*, ZGR 2010, 472.
759 Begr. RegE BT-Drucks. 16/10067, S.76.
760 Ebenso *Dreher*, in: FS U. Hüffer 2010, S. 161, 165.
761 Begr. RegE BT-Drucks. 16/10067, S.76.
762 Treffend *Dreher*, in: FS U. Hüffer 2010, S. 161, 165.
763 So aber *Weber-Rey*, AG 2008, 346, 350.
764 Begr. RegE BT-Drucks. 16/10067, S.102.
765 *Widmann*, S. 57; dies auch zugestehend *Spindler*, in: FS U. Hüffer 2010, S. 985, 990.

Abs. 4, 321 Abs. 4 HGB. Danach hat der Abschlussprüfer für börsennotierte Aktiengesellschaften zu beurteilen, ob der Vorstand die ihm nach § 91 Abs. 2 AktG obliegenden Maßnahmen in einer geeigneten Form getroffen hat und ob das danach einzurichtende Überwachungssystem seine Aufgaben erfüllen kann. Würde man die Risikobewältigung, die Teil eines Risikomanagementsystems ist, von § 91 Abs. 2 AktG erfasst ansehen, müsste sich auch die Prüfungspflicht des Abschlussprüfers hierauf erstrecken. Die Risikosteuerung ist jedoch Teil der Geschäftsführung und unterliegt damit der alleinigen Überwachung durch den Aufsichtsrat nach § 111 Abs. 1 AktG.[766]

(2) Keine Ausstrahlung des § 25a KWG

Eine Ausstrahlung des § 25a KWG auf das Aktienrecht ist aus ökonomischer Sicht ebenfalls abzulehnen. Das ergibt sich im Wesentlichen aus zwei Gründen:

Erstens erklärt sich die besondere Regulierung der Kreditinstitute aus ihrer Schlüsselfunktion für die Volkswirtschaft. Ihr Beitrag liegt vor allem in der Fristentransformation, durch die sie sich einem gesteigerten Liquiditätsrisiko aussetzen. Kommt es bei einer Bank zu finanziellen Engpässen, ist die Gefahr groß ist, dass sich andere Institute anstecken und ein „Dominoeffekt" ausgelöst wird. Wie die Finanzkrise gezeigt hat, wiegt ein Misstrauen in der Kreditwirtschaft besonders schwer. Die Insolvenz der Investmentbank Lehmann Brothers im Jahre 2008 führte dazu, dass der weltweite Interbankenhandel einbrach, weil sich Banken untereinander keine Mittel mehr ohne Absicherung zur Verfügung stellten. Die ausgelösten Verwerfungen haben die Gültigkeit der „too-big-to-fail"-These damit im Kern bestätigt. Da die Liquidität versiegte, musste der Staat mit Milliardenhilfen einspringen, um eine Refinanzierung der Kreditwirtschaft zu ermöglichen und einen Kollaps des Finanzsystems zu vermeiden. Diese Systemgefahr ist ein spezifisches Risiko der Finanzwirtschaft, die in der Realwirtschaft so nicht zu befürchten ist. Zwar führt auch die Insolvenz eines Industrieunternehmens zu Forderungsausfällen und Arbeitslosigkeit; eine Kreditklemme wird hierdurch jedoch selten ausgelöst. Der Bankenbereich zeichnet sich zudem dadurch aus, dass es an einer wirksamen Kontrolle durch den Fremdkapitalmarkt mangelt. Das gilt vor allem für Universalbanken, da die Kunden durch die Einlagensicherung geschützt sind und daher wenig Interesse an einer Disziplinierung des Managements besteht. Sind die Banken einem entsprechend hohem Druck ihrer Aktionäre ausgesetzt und existieren ergebnisbezogene Vergütungssysteme, dann besteht die Gefahr, dass

766 *Emmerich*, ZfbF 1999, 1075, 1078 f.; IdW PS 340, WPg 1999, Rn. 6; *Adler/Düring/Schmaltz*, § 91 AktG n.F. Rn. 7; *Jacob*, WPg 1998, 1043, 1045.

die Geschäftsleitung die Eigenkapitalrendite durch eine hohe Verschuldungsquote und das Eingehen unangemessener Risiken zu steigern sucht. Diesem Anreiz will die Bankenaufsicht durch § 25a KWG entgegenwirken.[767]

Gegen die Übertragbarkeit von § 25a KWG spricht zweitens, dass sich die statistischen Methoden der Risikomessung besser für das Massengeschäft der Banken eignen. Die relative Häufigkeit kann nur dann als Wahrscheinlichkeit interpretiert werden, wenn die Stichprobe groß genug und die Messung unter gleichen Bedingungen wiederholbar sind. Diese Voraussetzung ist in der Realwirtschaft jedoch nur selten erfüllt. Unternehmerische Entscheidungen zeichnen sich dort meist durch eine gewisse Einmaligkeit aus, für die keine historischen Daten existieren. Eine Prognose kann auch nur im Regelfall, nicht aber in allen Fällen aus einer mathematischen Fortschreibung der Vergangenheit gewonnen werden. Darstellbar sind auch nur „erwartete Verluste", also Risikokosten, die anfallen, wenn die unterstellte *ceteris paribus* Bedingung greift und die Umweltzustände im Wesentlichen stabil bleiben.[768] *Black swan events* treten sehr viel schneller auf als die Datenauswertung suggerieren mag. Die Realwirtschaft ist zudem anderen Risiken ausgesetzt als die Finanzwirtschaft. Wenn Banken von Risikomanagement reden, dann meinen sie damit etwas anderes als eine systematische Steuerung ihres allgemeinen Unternehmerrisikos. Wie die MaRisk zeigen, fallen unter den Begriff des Risikos vor allem das Kredit-, Markt- Liquiditäts- und das operationelle Risiko.[769] Es überrascht, dass in Teilen der juristischen und betriebswirtschaftlichen Literatur diese Grenzlinie nicht klar gezogen und die Übertragung der finanzwirtschaftlichen Konzepte auf das allgemeine Aktienrecht als logische Konsequenz erachtet wird. Produktionsunternehmen sind jedoch anderen Herausforderungen ausgesetzt als Finanzinstitute und reagieren hierauf mit abgestimmten Systemen. Nur heißen sie dort nicht Risikomanagementsystem, sondern Qualitätssicherungssystem, Budgetierungsprozess oder Kostenmanagement.[770]

(3) Kein Risikostatus

§ 91 Abs. 2 AktG erfordert auch nicht die Identifikation sämtlicher Risiken. Die Erstellung eines Gesamtrisikoprofils ist eine Aufgabe, die dem Bankenaufsichtsrecht zur Abwendung der systemischen Gefahren vorbehalten bleibt. Dass § 91 Abs. 2 AktG gerade kein „Risiko"-Früherkennungssystem verlangt ergibt sich schon aus dem eindeutigen Gesetzeswortlaut. Er spricht nicht von einer hypothe-

767 Ebenso *Baums*, ZGR 2011, 218, 249.

768 *Wohlmannstetter*, in: Hopt/Wohlmannstetter, S. 40.

769 Vgl. MaRisk^{2012} AT 2.2.

770 Treffend *Wohlmannstetter*, ZGR 2010, 472, 479.

tischen Risikolage, sondern von einer bereits anlaufenden Entwicklung, die sich bestandsgefährdend auswirken kann. Die Identifikation aller Risiken wird auch praktisch kaum durchführbar sein. Äußerst seltene Ereignisse (*black swan events*), wie z.B. Umweltkatastrophen oder Terroranschläge, können wegen ihrer Einmaligkeit nicht erfasst und zum Gegenstand eines Risikomanagements gemacht werden. Der Versuch möglichst alle Einzelrisiken zu erfassen, würde zudem erhebliche Kosten verursachen und viele kleine und mittelständische Unternehmen vor große finanzielle Schwierigkeiten stellen. Der Zweck der Insolvenzprophylaxe würde ad absurdum geführt, wenn § 91 Abs. 2 AktG die Identifikation von Risiken um jeden Preis, d.h. losgelöst von Kosten-Nutzen-Erwägungen, verlangen würde. Ist der Aufwand für die Identifikation höher als der erwartete Schaden, dann rechtfertigen die Kosten nicht den Schaden abzuwenden. Eine Einigung in einem vollständigen Vertrag wäre darüber nicht zustande gekommen. Zu berücksichtigen ist schließlich, dass sich die meisten Vertragsgläubiger gegen Ausfallrisiken selbst und besser schützen können. So verfügen Banken über historische Daten aus denen sich ihr Kreditrisiko gut ablesen lässt. Sie sind im Gegensatz zu den Kreditnehmern der *superior risk bearer*. Banken sind aufgrund ihres Geschäftsgegenstands auf die Steuerung von Ausfallrisiken spezialisiert und können das Ausfallrisiko mittels einer Diversifikation ihres Kreditportfolios weitgehend eliminieren. Aus ökonomischer Sicht ist es daher nicht sachgerecht die Risikoidentifikation sämtlicher Risiken auf Unternehmensebene anzusiedeln.

e) Zwischenergebnis

§ 91 Abs. 2 AktG verlangt somit nur die Einrichtung eines Früherkennungs- und Überwachungssystem. Da die konkrete Ausgestaltung von den Besonderheiten im Einzelfall abhängt, kommt dem Vorstand ein weiter Ermessensspielraum zu. Allerdings wird man vom Vorstand verlangen müssen, dass er die Zuständigkeiten klar festlegt und bestimmte Berichts- und Dokumentationspflichten vorgibt.[771] Im Einzelfall kann auch die Einrichtung eines Controlling oder einer internen Revision erforderlich werden.[772]

771 Treffend Spindler/Stilz/*Fleischer*, AktG, § 91 Rn. 36; LG München I, NZG 2008, 319.

772 So *Zimmer/Sonneborn*, in: Lange/Wall, § 1 Rn. 187; Spindler/Stilz/*Fleischer*, AktG, § 91 Rn. 36; für eine obligatorische Einrichtung dagegen Hüffer/*Koch*, AktG, § 91 Rn. 10.

2. *Reichweite im Konzern*

Die bisherigen Ausführungen zu § 91 Abs. 2 AktG betrafen nur die einzelne Aktiengesellschaft. Im Folgenden soll es darum gehen, ob die Regelung auch eine konzerndimensionale Erstreckung der Früherkennungspflicht vorsieht.

a) Konzernweite Früherkennung

Nach einer Ansicht wird der Vorstand der Obergesellschaft nach § 91 Abs. 2 AktG dazu verpflichtet ein konzernweites Früherkennungssystem zu schaffen.[773] Diese Pflicht sei Ausdruck der allgemeinen Konzernleitungspflicht bzw. folge, sofern ein Beherrschungsvertrag bestehe, unmittelbar aus § 309 AktG.[774]

Für dieses Verständnis spreche schon die Gesetzesbegründung. Danach seien Entwicklungen i.S.d. § 91 Abs. 2 AktG auch solche, die sie sich auf die Vermögens-, Finanz- und Ertragslage „des Konzerns" wesentlich auswirken.[775] In die gleiche Richtung weise Ziff. 4.1.4 DCGK. Die Risikoüberwachung sei dort Angelegenheit der Obergesellschaft. Sie besitze den Überblick, die Wirksamkeit der Risikosteuerungsmaßnahmen im Gesamtunternehmen zu erfassen und zu beurteilen.[776] Über die Konzernleitungspflicht werde der Vorstand der Obergesellschaft gezwungen, die Tochtergesellschaften unter seine Leitung zu einem Konzern zusammenzuführen und das Konzerngeschehen bis in alle Einzelheiten der Tochteraktivitäten zu lenken.[777] Auf eine Beteiligungsverwaltung dürfe er sich hingegen nur beschränken, wenn ihn die Satzung hierzu ermächtige,[778] oder die Beteiligungsverwaltung Annex dieser Betätigung sei.[779] Unabhängig davon müsse die konzernweite Risikoüberwachung gleichwohl eingeführt werden.[780] Die Intensität der Überwachungspflicht richte sich danach, in welcher Weise das herrschende Unternehmen seine Konzernleitungsmacht ausübe. Wie eng diese Grenzen gesteckt seien, hänge zum einen von der Rechtsform des konzernierten Unternehmens ab und zum anderen davon, ob die Unternehmen in einem Vertragskonzern oder in einem faktischen Konzernverhältnis verbunden seien.[781]

---

773 So *Hommelhoff/Mattheus*, BFuP 2000, 217, 218; *Rieger*, in: FS Peltzer 2001, S. 339, 346; *Preußner/Becker*, NZG 2002, 846, 847; *Schneider/Schneider*, AG 2005, 57, 58.

774 *Hommelhoff/Mattheus*, BFuP 2000, 217, 225.

775 Vgl. Begr. RegE BT-Drucks 13/9712, S. 15.

776 *Ringleb*, in: Ringleb/Kremer/Lutter/v. Werder, DCGK, Rn. 637.

777 *Hommelhoff*, S. 419.

778 *Hommelhoff*, S. 47.

779 *Hommelhoff*, S. 50.

780 *Hommelhoff/Mattheus*, BFuP 2000, 217, 224.

781 *Hommelhoff/Mattheus*, BFuP 2000, 217, 227.

b) Keine konzernweite Früherkennung

Die herrschende Meinung lehnt eine Pflicht des Vorstands der Obergesellschaft zur Einführung eines konzernweiten Früherkennungssystems ab. Eine Konzernleitungspflicht gebe es nicht, weil keine Pflicht zur Verschaffung gesellschaftsrechtlicher Einflussrechte existiere.[782]

Es bleibe dem Vorstand der Obergesellschaft vorbehalten, ob er auf die Leitung abhängiger Unternehmen Einfluss nehme oder sie in weitgehender Selbstständigkeit agieren lasse.[783] Auch spreche der Wortlaut von § 91 Abs. 2 AktG nicht den Konzern als solchen, sondern nur eine der Konzerngesellschaften an.[784] Der Konzern als solcher könne auch nicht von einer Existenz bedroht sein, da es keine Konzerninsolvenz gebe. Der Bestand des Konzerns in seiner aktuellen Zusammensetzung von Unternehmen werde nicht von § 91 Abs. 2 AktG geschützt.[785] Der Vorstand der Obergesellschaft könne nur verpflichtet werden, bestandsgefährdende Entwicklungen der eigenen Gesellschaft zu erfassen, sowie solche Entwicklungen, die unter der Fiktion eines einheitlichen Unternehmens im Rahmen der Konzernbilanz nach § 297 Abs. 3 Satz 1 HGB relevant würden.[786] Für abhängige Konzerngesellschaften könne § 91 Abs. 2 AktG von vornherein nur auf ihren Fortbestand bezogen sein, nicht auf denjenigen des gesamten Konzerns.[787]

c) Stellungnahme

Die Auffassung, wonach § 91 Abs. 2 AktG zur Einrichtung eines konzernweiten Risikofrüherkennungssystems verpflichtet, überzeugt nicht. Sie geht unzutreffend davon aus, dass der Vorstand der Obergesellschaft seine Leitungsaufgabe auch in den Tochterunternehmen umfassend umzusetzen habe.

Zwar trifft es zu, dass der Vorstand der Obergesellschaft dazu verpflichtet ist, die sich aus den Beteiligungen der Aktiengesellschaft ergebenden Einflussrechte entsprechend den an die Geschäftsführung und Leitung anzulegenden Pflichten eines ordentlichen und gewissenhaften Geschäftsleiters wahrzunehmen, um die Interessen der Gesellschaft, insbesondere die Steigerung des Unternehmenswerts

---

782 So *Spindler*, in: MünchKomm. AktG, § 91 Rn. 74; Hüffer/*Koch*, AktG, § 91 Rn. 6.

783 *Altmeppen*, in: MünchKomm. AktG, § 309 Rn. 54.

784 *K. Schmidt*, S. 493.

785 *Windbichler*, in: Hommelhoff/Hopt/v. Werder, S. 825, 838.

786 *Spindler*, in: MünchKomm. AktG, § 91 Rn. 74; Hüffer/*Koch*, AktG, § 91 Rn. 6.

787 *Spindler*, in: MünchKomm. AktG, § 91 Rn. 74; *Kort*, in: Großkomm. AktG, § 91 Rn. 43.

zu wahren.[788] Indes geht diese Pflichtenstellung nicht so weit, dass der Vorstand zur intensiven Beherrschung oder ständigen Ausübung von Weisungsrechten verpflichtet wäre. Vielmehr steht dem Konzernvorstand wie im Rahmen des § 76 AktG so auch im Rahmen der Konzernleitung ein weiter Ermessensspielraum zu, innerhalb dessen er über die konzernpolitisch gebotenen Entscheidungsstrukturen befinden kann.[789] Insbesondere steht es ihm frei, eine zentrale oder dezentrale Konzernorganisation zu wählen und im Zeitablauf von der einen zu der anderen Organisationsform zu wechseln.[790] Eine umfassende Konzernleitungspflicht wäre auch nicht mit den Vorgaben der §§ 311 ff. AktG zu vereinbaren, die den Einflussmöglichkeiten des herrschenden Unternehmens im faktischen Konzern enge Grenzen setzen und die Eigenverantwortlichkeit des Tochtervorstandes grundsätzlich unberührt lassen.[791] Auch bestehen rechtsökonomische Bedenken, als eine umfassende Konzernleitungspflicht nicht hinreichend berücksichtigt, dass die Suche nach effizienten Leitungsstrukturen ein fortdauerndes Entdeckungsverfahren ist und eine Einheitslösung kaum für alle Konzernverbindungen passen kann.[792] Im Vertragskonzern kann nichts anderes gelten. Zwar verfügt der Vorstand des herrschenden Unternehmens hier aufgrund seiner Weisungsbefugnis über weitreichende organisationsrechtliche Einwirkungsmöglichkeiten.[793] Gleichwohl spricht § 308 Abs. 1 AktG lediglich von einem Weisungs*recht* und gerade nicht von einer Weisungs*pflicht*. Auch unter der Geltung eines Beherrschungsvertrags mag es gute Gründe geben, von laufenden Einzelweisungen abzusehen.[794] Nach alledem kann einer umfassend verstandenen Konzernleitungspflicht des Vorstands der Obergesellschaft weder im Vertrags- noch im faktischen Konzern zugestimmt werden. Mangels entsprechender Leitungspflichten trifft den Konzernvorstand nach § 91 Abs. 2 AktG nicht die Pflicht zur – wenn auch nur partiellen – Einrichtung eines konzernweiten Früherkennungssystems.[795]

---

788 Eine solche (allgemeine) Konzernleitungspflicht wird weitgehend anerkannt; *Seibt*, in: Schmidt/Lutter, § 76 Rn. 16; *Spindler*, in: MünchKomm. AktG, § 91 Rn. 75, § 76, 42 ff.; *Kleindiek*, in: Hommelhoff/Hopt/v. Werder, S. 787, 796; *Fleischer*, DB 2005, 759, 760; *Mertens/Cahn*, in: KölnKomm. AktG, § 76 Rn. 65; Hüffer/*Koch*, AktG, § 76 Rn. 47; *Schneider/Schneider*, AG 2005, 57, 58; *Martens*, in: FS Heinsius 1991, S. 523, 531.

789 *Martens*, in: FS Heinsius 1991, S. 523, 531.

790 *Fleischer*, DB 2005, 759, 761.

791 *Fleischer*, DB 2005, 759, 760.

792 *Fleischer*, DB 2005, 759, 761.

793 Vgl. *Bayer*, in: MünchKomm. AktG, § 18 Rn. 19; *Altmeppen*, ZGR 1999, 291, 302.

794 *Fleischer*, DB 2005, 759, 761.

795 So aber *Kort*, in: Großkomm. AktG, § 91 Rn. 43, der eine solche Pflicht im Vertragskonzern aus § 309 AktG indirekt ableiten will. Ähnlich *Fleischer*, DB 2005, 759, 764,

3. *Ergebnis*

Die Debatte, die sich um den Umfang des nach § 91 Abs. 2 AktG geforderten Systems rankt, findet mehr oder weniger losgelöst vom Gesetzestext und ökonomischen Erwägungen statt. Risikomanagementsysteme sind ein Phänomen der Finanzwirtschaft. § 25a KWG schreibt die Einrichtung eines solches System vor, um der besonderen Stellung der Kreditwirtschaft Rechnung zu tragen und negative externe Effekte zu internalisieren. Die Gefahren, die von dem Betrieb einer Bank für die Volkswirtschaft ausgehen, sind bei „normalen" Unternehmen grundsätzlich nicht zu befürchten. Eine Internalisierung des Ausfallrisikos findet hier in erster Linie durch Verhandlungen zwischen den Vertragsparteien statt. Darüber hinaus werden die Gläubiger vor einer Übervorteilung durch ihre Schuldner über Sonderregelungen, wie die Insolvenzanfechtung (§§ 129 ff. InsO), Kapitalerhaltungsvorschriften (z.B. § 57 AktG) oder Straftatbeständen (z.B. §§ 263, 266, 283 StGB) geschützt. Zu diesen Schutzvorschriften zählt auch § 91 Abs. 2 AktG, der vom Vorstand die Befolgung eines Minimalprogramms verlangt. Danach muss der Vorstand auf einer ersten Stufe für die Früherkennung bestandsgefährdender Entwicklungen durch geeignete Maßnahmen sorgen und auf einer zweiten Stufe deren Einhaltung überwachen. Gemeint ist kein Risikomanagementsystem, sondern nur ein Früherkennungs- und Überwachungssystem. Der Konzernvorstand wird auch nicht verpflichtet ein konzernweites Früherkennungssystem einzuführen. § 91 Abs. 2 AktG fordert zudem weder die Erstellung eines Risikostatus noch die Bewältigung einer existenzgefährdenden Situation.

II. Risikomanagement nach §§ 76, 93 AktG

Eine umfassende Pflicht zum Risikomanagement könnte sich jedoch aus den Vorschriften der §§ 76 Abs. 1, 93 Abs. 1 Satz 1 AktG ergeben.

1. *Die Leitungsaufgabe des Vorstands (§ 76 Abs. 1 AktG)*

a) Leitung vs. Geschäftsführung

Dem Vorstand kommt im aktienrechtlichen Kompetenzgefüge eine entscheidende Rolle zu. Nach § 76 Abs. 1 AktG hat er die Gesellschaft „zu leiten", d.h. er nimmt

---

der den Konzernvorstand für verpflichtet hält, eine „konzerndimensionale Risikoerfassung und -auswertung" einzurichten. Im Vertragskonzern könne er dies mittels seines Weisungsrechts durchsetzen. Im faktischen Konzern müsse er eigene Maßnahmen zur Identifizierung der aus den Tochtergesellschaften entstehenden Risiken treffen.

die Leitungsaufgabe wahr und trägt zugleich die Leitungsverantwortung.[796] Hierdurch unterscheidet er sich vom Aufsichtsrat, der wegen seiner Überwachungsfunktion nicht als Leitungsorgan einzustufen ist.[797]

Der Begriff der Leitung wird verschieden verstanden. Eine Ansicht geht davon aus, dass die Begriffe der „Leitung" i.S.v. § 76 Abs. 1 AktG und der „Geschäftsführung" i.S.d. § 77 AktG (nahezu) deckungsgleich seien.[798] Dagegen sieht die herrschende Meinung Leitung als einen herausgehobenen Ausschnitt der Geschäftsführung.[799] Letzteres ist überzeugend: Gegen eine Gleichsetzung von Leitung und Geschäftsführung spricht, dass das Aktiengesetz selbst die beiden Begriffe trennt und auch im Übrigen keine Anhaltspunkte für eine Begriffsidentität bestehen. Während Leitung die Ausübung der Unternehmerfunktion in der Aktiengesellschaft kraft eigener Verantwortung bezeichnet, meint Geschäftsführung eher generell ein Handeln i.S.d. weit gefassten Geschäftsbesorgungsbegriffs des allgemeinen Zivilrechts.[800] Durch die Unterscheidung tritt auch das Kernproblem deutlicher hervor, das mit dem Leitungsbegriffs bewältigt werden soll, nämlich die genaue Umgrenzung der dem Gesamtvorstand vorbehaltenen Führungsaufgaben.[801]

Welche Aufgaben zu den unverzichtbaren Leitungsaufgaben gehören, ist im Aktiengesetz nicht ausdrücklich geregelt. Als gesichert gilt jedoch, dass hierzu die Festlegung der Unternehmenspolitik, die Unternehmenskoordinierung, die Unternehmenskontrolle und die Besetzung der Führungsstellen im Unternehmen gehören.[802] Diese funktionsbezogene Eingrenzung wird durch eine einzelfallorientierte Sichtweise ergänzt. Sie fragt – teils in Anlehnung an den Begriff des außergewöhnlichen Geschäfts i.S.d. § 116 HGB,[803] teils in Orientierung an die Berichtspflicht des § 90 Abs. 1 Nr. 4 AktG[804] – nach Maßnahmen, die für die Gesellschaft von erheblicher Bedeutung sind oder mit denen ein außergewöhnliches

796 Vgl. *Fleischer*, ZIP 2003, 1.

797 Spindler/Stilz/*Fleischer*, AktG, § 76 Rn. 4.

798 So *Semler*, Rn. 3 ff.

799 So *Henze*, BB 2000, 209; *Mertens/Cahn*, in: KölnKomm. AktG, § 76 Rn. 4; *Seibt*, in: Schmidt/Lutter, AktG, § 76 Rn. 9; Schüppen/Schaub/*Wiesner*, MAH Aktienrecht, § 19 Rn. 12; *Kort*, in: Großkomm. AktG, § 76 Rn. 29; *Spindler*, in: MünchKomm. AktG, § 76 Rn. 17; Hüffer/*Koch*, AktG, § 76 Rn. 8.

800 *Kort*, in: Großkomm. AktG, § 76 Rn. 29.

801 Spindler/Stilz/*Fleischer*, AktG, § 76 Rn. 14.

802 So z.B. *Henze*, BB 2000, 209, 210; *Mertens/Cahn*, in: KölnKomm. AktG, § 76 Rn. 5.

803 Vgl. *Dose*, S. 41.

804 Vgl. *Martens*, in: FS Fleck 1988, S. 191, 197.

Risiko verbunden ist.[805] Schließlich gibt es eine Reihe von Leitungsaufgaben, die das Aktiengesetz ausdrücklich dem Beschluss des Gesamtvorstands vorbehält.[806] Hierunter fällt auch die Pflicht zur Einrichtung eines Früherkennungs- und Überwachungssystems nach § 91 Abs. 2 AktG.[807] Da der Vorstand nicht alle Aufgaben selbst bewältigen kann, steht § 76 Abs. 1 AktG einer Delegation nicht entgegen. Er zielt nur auf die Wahrnehmung der Leitungsverantwortung, verlangt aber nicht, dass der Vorstand die Vorbereitung und Ausführung aller Leitungsentscheidungen eigenhändig übernehmen muss.[808] Die Vorbereitung von Beschlussvorlagen kann daher einzelnen Vorstandsmitgliedern oder untergeordneten Ebenen überantwortet werden, sofern nur der Vorstand in seiner Gesamtheit entscheidet.[809]

b) Eigenverantwortlichkeit

Der Vorstand leitet gemäß § 76 Abs. 1 AktG die Gesellschaft „unter eigener Verantwortung". Das bedeutet zweierlei: Zum einen unterliegt er bei der Ausübung seiner Leitungsmacht keinen Weisungen. Weder die Hauptversammlung noch ein einzelner Aktionär ist befugt, den Vorstand anzuweisen.[810] § 119 Abs. 2 AktG stellt klar, dass die Hauptversammlung über Fragen der Geschäftsführung nur entscheiden kann, wenn der Vorstand es verlangt. Ebenso wenig besteht ein Auftrags- oder auftragsähnliches Verhältnis zwischen einzelnen Aktionärsgruppen und der Geschäftsleitung.[811] Etwas anderes gilt nur für den Vorstand einer beherrschten (§ 308 AktG) oder eingegliederten (§ 323 AktG) Aktiengesellschaft.[812] Auch dem Aufsichtsrat ist es nach der gesetzlichen Konzeption verwehrt, sich in das Leitungsrecht des Vorstands einzumischen.[813] § 111 Abs. 4 Satz 2 AktG gestattet lediglich bestimmte Arten von Geschäften von seiner Zustimmung abhängig zu machen. Begründet wird damit jedoch nur ein Vetorecht, das die Leitungsautonomie des Vorstands nicht in Frage stellt.[814]

---

805 Spindler/Stilz/*Fleischer*, AktG, § 76 Rn. 18; *Mertens/Cahn*, in: KölnKomm. AktG, § 76 Rn. 5.

806 *Kort*, in: Großkomm. AktG, § 76 Rn. 36; Hüffer/*Koch*, AktG, § 76 Rn. 9.

807 Spindler/Stilz/*Fleischer*, AktG, § 76 Rn. 19.

808 Spindler/Stilz/*Fleischer*, AktG, § 76 Rn. 20.

809 *Fleischer*, ZIP 2003, 1, 6.

810 Hüffer/*Koch*, AktG, § 76 Rn. 25; *Mertens/Cahn*, in: KölnKomm. AktG, § 76 Rn. 21; *Seibt*, in: Schmidt/Lutter, AktG, § 76 Rn. 10.

811 Vgl. BGH NJW 1967, 1462, 1463.

812 Spindler/Stilz/*Fleischer*, AktG, § 76 Rn. 57; *Seibt*, in: Schmidt/Lutter, AktG, § 76 Rn. 22.

813 *Spindler*, in: MünchKomm. AktG, § 76 Rn. 22; Hüffer/*Koch*, AktG, § 76 Rn. 27.

814 Spindler/Stilz/*Fleischer*, AktG, § 76 Rn. 58.

Zum anderen bedeutet Eigenverantwortlichkeit, dass der Vorstand seine Leitungsentscheidungen nach eigenem Ermessen treffen kann. Nach inzwischen gefestigter Rechtsprechung steht ihm ein breiter unternehmerischer Ermessensspielraum zu, der nicht nur das bewusste Eingehen von geschäftlichen Risiken, sondern auch die Gefahr von Fehlbeurteilungen einschließt.[815] Begrenzt wird diese Handlungsfreiheit jedoch durch die Rechtsordnung, die Satzung und das Unternehmensinteresse. Die satzungsmäßige Kompetenz der Hauptversammlung, den Unternehmensgegenstand zu bestimmen, ist der Leitungsbefugnis vorgeschaltet.[816] Je enger der Unternehmensgegenstand gefasst ist, umso stärker ist die Leitungs- und Geschäftsführungsbefugnis des Vorstands beschränkt.[817]

c) Leitungsgrundsätze

§ 76 Abs. 1 AktG spricht von Leitung „der Gesellschaft". Der Wortlaut legt nahe, dass die Leitungsaufgabe des Vorstands auf die Gesellschaft bzw. das Unternehmen bezogen sein muss.[818] Was hierunter zu verstehen ist, ist seit langem umstritten. Ohne die Debatte in all ihren Feinheiten nachbilden zu wollen, werden im Folgenden die beiden Hauptansätze aufgezeigt und einer ökonomischen Bewertung unterzogen.

aa) Ausgleichsmodell

Die herrschende Meinung geht davon aus, dass die Wahrnehmung der Leitungsaufgabe nicht darauf hinauslaufen dürfe, dass sich der Vorstand ausschließlich am Interesse der Aktionäre auszurichten habe. Vielmehr müsse er auch die Belange der Arbeitnehmer, der Gläubiger und der Öffentlichkeit beachten, die an einem Verhalten als *good corporate citizen* interessiert seien.[819] Maßgebend sei das Unternehmensinteresse, welches sich vielfach, aber nicht immer, mit den Interessen der im Aufsichtsrat repräsentierten Gruppen decke.[820] Das BVerfG führte in einem Urteil aus, dass dem Vorstand die Wahrung von Interessen aufgegeben sei, die nicht notwendig mit den Belangen der Anteilseigner korrespondieren müsse.[821] Widerstreitende Interessen habe der Vorstand im Sinne einer „praktischen Kon-

---

815 Vgl. BGHZ 135, 244, 253; Spindler/Stilz/*Fleischer*, AktG, § 76 Rn. 59.

816 *Fleischer*, ZIP 2003, 1, 2; *Kort*, in: Großkomm. AktG, § 76 Rn. 45.

817 *Kort*, in: Großkomm. AktG, § 76 Rn. 45; Hüffer/*Koch*, AktG, § 82 Rn. 9.

818 *Seibt*, in: *Schmidt/Lutter*, AktG, § 76 Rn. 39.

819 *Kort*, in: Großkomm. AktG, § 76 Rn. 40; *Mertens/Cahn*, in: KölnKomm. AktG, § 76 Rn. 16. Zur Rolle der AG als *good corporate citizen*, vgl. *Fleischer*, AG 2001, 171, 175.

820 BGHZ 64, 325, 329 = NJW 1975, 1412.

821 BVerfGE 50, 290 = NJW 1979, 833.

kordanz“ zum Ausgleich zu bringen.[822] Dem Vorstand sei es jedoch unbenommen die eine oder andere Gruppe zu bevorzugen oder zu benachteiligen.[823] Das Ermessen werde jedoch beschränkt durch die Pflicht des Vorstands für den Bestand und die dauerhafte Rentabilität des Unternehmens zu sorgen.[824]

Für das Ausgleichsmodell werden rechtshistorische Gesichtspunkte angeführt. Nach § 70 Abs. 1 AktG 1937 war der Vorstand verpflichtet, die Gesellschaft so zu leiten, wie das Wohl des Betriebs und seiner Gefolgschaft und der gemeine Nutzen von Volk und Reich es fordern. Der Wortlaut wurde als Abkehr von einer „rein kapitalistischen Interessenpolitik“[825] und als Festschreibung des Grundsatzes „Gemeinnutz vor Eigennutz“ verstanden.[826] Anschaulich kommt dies im Gesetzentwurf des Reichsjustizministeriums von 1930 zum Ausdruck. Darin heißt es: „Der Gesetzgeber würde seine Aufgabe verkennen, wenn er das neue Aktienrecht nach den Interessen der Verwaltung oder etwa ausschließlich danach orientieren wollte, auf welche Weise der größte Vorteil für die jeweiligen Aktionäre erzielt werden könnte. Die Verwaltung hat ausschließlich dem Unternehmen zu dienen und der Aktionär muss sich dessen bewusst bleiben, daß die moderne Aktiengesellschaft nicht nur eine Form für individuelles Gewinnstreben ist, sondern in verschiedenen Abstufungen auch den allgemeinen Interessen des Volkes zu dienen hat.“[827] § 76 Abs. 1 AktG hat die Gemeinwohlklausel nicht übernommen. Ausweislich der amtlichen Begründung des Regierungsentwurfs, hielt man einen solchen Hinweis für entbehrlich: „Dass der Vorstand bei seinen Maßnahmen die Belange der Aktionäre, der Arbeitnehmer und der Allgemeinheit zu berücksichtigen habe, verstehe sich von selbst und brauche deshalb auch nicht ausdrücklich im Gesetz bestimmt zu werden.“[828] Weiter wird im Bericht des Rechtsausschusses zu einem Antrag auf Ergänzung des Regierungsentwurfs um Leitlinien für das Vorstandshandeln ausgeführt: „Die Mehrheit im Rechtsausschuss und

822 So *Mertens/Cahn*, in: KölnKomm. AktG, § 76 Rn. 19, 22; Hüffer/*Koch*, AktG, § 76 Rn. 28; *Hüffer*, ZHR 161 (1997), 214, 217; *Hopt*, ZGR 1993, 534, 536; *ders.*, ZGR 2002, 333, 360.

823 So etwa *Ringleb*, in: Ringleb/Kremer/Lutter/v. Werder, DCGK, Rn. 90; *Spindler*, in: Gutachten für die Hans-Böckler-Stiftung, http:www.boeckler.de/pdf/mbf_gutachten_spindler_2008.pdf, S. 20 ff.; *Seibt*, in: Schmidt/Lutter, AktG, § 76 Fn. 12, der einen Gewichtungsvorsprung der Aktionärsinteressen annimmt.

824 Vgl. Hüffer/*Koch*, AktG, § 76 Rn. 34.

825 *Schlegelberger/Quassowski*, AktG 1937, § 70 Anm. 3.

826 Spindler/Stilz/*Fleischer*, AktG, § 76 Rn. 22.

827 Reichsjustizministerium, „Entwurf eines Gesetzes über Aktiengesellschaften und Kommanditgesellschaften auf Aktien“, 1930, S. 94 f.

828 *Kropff*, Textausgabe des Aktiengesetzes vom 6.9.1965, Begr. RegE zu § 76, S. 97.

Wirtschaftsausschuss des Bundestages sprach sich jedoch gegen die beantragte Ergänzung aus. Sie teilt zwar die Auffassung, dass jede Aktiengesellschaft, auch wenn ihre Tätigkeit auf Gewinn gerichtet sei, sich in die Gesamtwirtschaft und in die Interessen der Allgemeinheit einfügen müsse. Das ergebe sich aus § 396. Dass die Gesellschaften auch das Wohl ihrer Arbeitnehmer zu beachten hätten, sei in einem sozialen Rechtsstaat selbstverständlich und ergebe sich im Übrigen aus einer Vielzahl von Rechtsvorschriften, die die Ausgestaltung dieses Grundsatzes näher regelten. Schließlich verstehe sich von selbst, dass die Gesellschaft sich auch nicht über die Interessen der Arbeitnehmer hinwegsetzen dürfe. Bei dieser Sachlage sei es überflüssig, das Gesetz wie beantragt zu ergänzen. Bei ihrer Aufnahme bestehe die Gefahr, dass ihr gleichwohl eine weitergehende Bedeutung beigemessen werde. Diese Gefahr bestehe umso mehr, wenn aus der Reihenfolge der Aufzählung der Schluss gezogen würde, das zuerst genannte Wohl der Arbeitnehmer habe im Zweifel Vorrang vor dem Wohl der Aktionäre und diese beiden wiederum vor dem Wohl der Allgemeinheit. Auch dies spreche gegen die beantragte Ergänzung."[829] Für das Ausgleichsmodell spreche zudem, dass Gläubiger spezifische Investitionen erbrächten und somit von unternehmerischen Entscheidungen stärker betroffen seien als Aktionäre, die ihr Risiko streuen könnten.[830] Durch die Berücksichtigung aller Stakeholder werde den Gläubigern glaubhaft versichert, dass sie nicht ausgebeutet würden. Das habe den Vorteil, dass die Fremdkapitalgeber keine Risikoprämien erheben würden.[831] Im Übrigen spräche die unternehmerische Mitbestimmung der Arbeitnehmer für diesen Ansatz.[832]

bb) Vermittelnde Ansicht

Nach einer zweiten Ansicht müsse der Vorstand die Interessen der Stakeholder erst beachten, wenn sich die Gesellschaft in Insolvenznähe befindet (sog. „zeitpunktbezogener Ausgleich").[833] Ab diesem Zeitpunkt gewinne das Interesse an

---

829 *Kropff*, Textausgabe des Aktiengesetzes vom 6.9.1965, Begr. RegE zu § 76, S. 98.

830 *Blair/Stout*, EBOR 7 (2006), 473, 489; ähnlich *Easterbrook/Fischel*, 26 J. L. & Econ. 1983, 395, 396: „Shareholders are no more ‚owners' of the firm than are bondholders, other creditors, and employees (including managers) who devote specialized resources to the enterprise"; *Mertens/Cahn*, in: KölnKomm. AktG, § 76 Rn. 16.

831 *Spindler*, in: Gutachten für die Hans-Böckler-Stiftung, http:www.boeckler.de/pdf/mbf_gutachten_spind-ler_2008.pdf, S. 15.

832 *Hopt*, ZGR 1993, 534, 536; *Mertens/Cahn*, in: KölnKomm. AktG, § 76 Rn. 16; *Spindler*, in: Gutachten für die Hans-Böckler-Stiftung, http:www.boeckler.de/pdf/mbf_gutachten_spindler_2008.pdf, S. 14, 18.

833 Vgl. *Klöhn*, ZGR 2008, 110, 130.

der Bestandserhaltung gegenüber dem Ziel der Unternehmenswertmaximierung zunehmend an Gewicht. Die Regel, dass der Vorstand im Rahmen des Unternehmensgegenstands grundsätzlich alle Projekte mit positivem Erwartungswert ausführen dürfe, bedürfe bei konkreter Bestandsgefährdung der Einschränkung zum Schutz der Gesellschaftsgläubiger.[834] Für das U.S.-amerikanische Recht entschied der *Delaware Court of Chancery* im Jahre 1991: „At least where a corporation is operating in the vicinity of insolvency, a board of directors is not merely the agent of the residue risk bearers, but owes its duty to the corporate enterprise".[835]

cc) Aktionärspriorität

Nach einem anderen Ansatz müsse der Vorstand stets im Interesse der Aktionäre handeln (sog. „Aktionärspriorität").[836] Da rationale Gesellschafter diversifiziert seien, erwarteten sie, dass die Geschäftsleitung jede Investition tätige, die einen positiven Nettobarwert habe.[837] Dass die Aktionärsinteressen auch in Insolvenznähe vorrangig seien, hat der *Delaware Supreme Court* für das US-amerikanische Recht klargestellt: „The directors of Delaware corporations have the legal responsibility to manage the business of a corporation for the benefit of its shareholder owners' (…) When a solvent corporation is navigating in the zone of insolvency, the focus for Delaware directors *does not change*: directors must continue to discharge their fiduciary duties to the corporation and its shareholders by exercising their business judgment in the best interests of the corporation for the benefit of its shareholder owners".[838]

Für die Aktionärspriorität wird angeführt, dass die Aktionäre einem größeren Risiko ausgesetzt seien als die Inhaber von Festbetragsansprüchen.[839] Zudem würden Transaktionskosten gesenkt, weil der Erfolg des Vorstands leichter gemes-

834 So *Baums*, ZGR 2011, 218, 253.

835 *Credit Lyonnais Bank Nederland, N.V. v. Pathe Communications Corp.*, 17 Del. J. Corp. L. 1099, 1991 WL 277613, sub. 34 (Del. Ch. 1991).

836 Grundlegend *Rappaport*, Creating Shareholder Value, S. 1; *Schwarcz*, 17 Cardoso L. Rev. 1996, 647, 665; Spindler/Stilz/*Fleischer*, AktG, § 76 Rn. 38; *Adams*, AG 1990, 243, 246 f.

837 *Brealey/Myers/Allen*, S. 22; *Klöhn*, ZGR 2008, 110, 155; *Lin*, 46 Vand. L. Rev. 1993, 1485, 1497.

838 *Delaware Supreme Court*, in: North American Catholic Educational Programming Foundation, Inc. v. Gheewalla, http://courts.dela-ware.gov/opinions/(4u0rgo45n-bbmvbjkpjg0n4ec)/download.aspx?ID= 92000, S. 18.

839 Spindler/Stilz/*Fleischer*, AktG, § 76 Rn. 31.

sen und der diskretionäre Handlungsspielraum abgebaut werden könne.[840] Der interessenpluralistische Ansatz der herrschenden Meinung sei hingegen keine geeignete Zielfunktion, da er nahezu jedes Vorstandshandeln legitimieren könne.[841] Auch stiegen bei diesem Modell die Finanzierungskosten, weil rationale Aktionäre nur widerwillig Unternehmen finanzieren würden, die nicht in ihrem Interesse handelten.[842] Im Übrigen sollten Umverteilungen auf politischer Ebene und nicht auf Unternehmensebene entschieden werden.[843]

dd) Stellungnahme

Das Konzept der Aktionärspriorität ist vorzugswürdig. Die alleinige Ausrichtung am Aktionärsinteresse führt zu einer Steigerung der sozialen Wohlfahrt und ist damit volkswirtschaftlich erwünscht.

Gegen das Ausgleichsmodell sprechen folgende Überlegungen: Wenn die Geschäftsleitung vor jeder Entscheidung die Belange der Aktionäre als auch die der Gläubiger berücksichtigen müsste, dann müsste nicht nur ermittelt werden, wie sich das Ergebnis der Entscheidung auf den Unternehmenswert, sondern auch auf die Gläubigeransprüche auswirkt.[844] Dies kostet Zeit und führt zu einem hohen Entscheidungsaufwand,[845] der in einer schnelllebigen Welt Nachteile für die Wettbewerbsfähigkeit von Unternehmen mit sich bringt. Die Interessenabwägung ist zudem manipulierbar, weil sie von Annahmen abhängt, deren volle Überprüfung die Gerichte nicht leisten können. Es droht zudem ein *chilling effect*, weil der Vorstand risikoavers handeln kann und ökonomisch erwünschte Risiken nicht einzugehen braucht.[846] Erschwerend kommt hinzu, dass Gläubiger keine homogene Gruppe bilden, sondern disparate Interessen verfolgen, die von ihrer Verhandlungsmacht und ihrer Rechtstellung im Insolvenzverfahren abhängen. Der Vorstand müsste bei seiner Entscheidungsfindung daher nicht nur die Interessen „der Gläubiger" gegen die Belange „der Aktionäre" abwägen, sondern auch innerhalb der Gläubiger unterscheiden.[847] Unklar ist auch ob und unter

840 *Easterbrook/Fischel*, S. 38 f; *Fleischer*, in: Hommelhoff/Hopt/v. Werder, S. 185, 193; *Birke*, S. 130; *Kuhner*, ZGR 2004, 244, 254 f.

841 Spindler/Stilz/*Fleischer*, AktG, § 76 Rn. 34; vgl. *Bainbridge*, S. 421 f.

842 Vgl. *Schmidt/Weiß*, in: Hommelhoff/Hopt/v. Werder, Hdb Corporate Governance, S. 161, 170.

843 *Birke*, S. 128; Spindler/Stilz/*Fleischer*, AktG, § 76 Rn. 34.

844 *Schwarcz*, 17 Cardoso L. Rev. 1996, 647, 672.

845 *Klöhn*, ZGR 2008, 110, 141.

846 *Jelisavcic*, 18 J. Corp. L. 1992, 145, 159; *Klöhn*, ZGR 2008, 110, 143.

847 *Klöhn*, ZGR 2008, 110, 142.

welchen Umständen der Vorstand Reichtum der einen Gruppe auf die andere Gruppe umverteilen dürfte. Dürfte er dies tun, sobald der Wert des Residualinteresses insgesamt steigt, die Entscheidung also den Vorgaben des „Kaldor/Hicks"-Kriteriums gerecht wird? Oder dürfte der Vorstand dies erst tun, wenn der erwartete Mehrwert der Entscheidung die potentiellen Verluste der Gläubiger um ein Vielfaches übertrifft?[848]

Das Ausgleichsmodell ist ebenso wie das zeitpunktbezogene Ausgleichsmodell auch nicht erforderlich, um die Gesellschaftsgläubiger vor einer Übervorteilung zu schützen. Zwar besteht theoretisch die Gefahr, dass Manager bzw. Gesellschafter in Insolvenznähe Projekte mit negativem Nettobarwert auswählen und damit Risiken auf die Gläubiger verlagern. Gegen diese Gefahr können sich jedoch die Gläubiger und vor allem die Banken durch vertragliche Regelungen schützen.[849] Müsste der Vorstand die Interessen der Finanzgläubiger qua Gesetz berücksichtigen, dann würde dies zwar Transaktionskosten auf Seiten der Gläubiger einsparen und auch die Fremdkapitalkosten der Unternehmen mindern. Die Ersparnis dürfte jedoch gering sein, weil Banken und Finanzinvestoren bei der Erstellung von Covenants auf Vertragsmuster zurückgreifen und ihre Ausfallrisiken, z.B. durch ein diversifiziertes Portfolio, relativ leicht steuern können. Die Kosten, die dem Unternehmen durch das Ausgleichsmodell entstehen, dürften demgegenüber erheblich sein. Nicht nur der Abwägungsaufwand wäre beträchtlich, sondern auch die Verluste, weil der Vorstand ökonomisch werthaltige Transaktionen nicht mehr einzugehen braucht. Ähnliches gilt im Hinblick auf die sonstigen Gläubiger. Wie bereits dargestellt worden ist, profitieren Arbeitnehmer oder Lieferanten mittelbar von den Sicherungen der Banken, wie z.B. financial Covenants. Sie werden darüber hinaus durch Reputationseffekte geschützt: Ist bekannt, dass ein Unternehmen sein Personal mit Dumpinglöhnen ausbeutet, dann wird es neue Mitarbeiter auf dem Arbeitsmarkt nicht mehr zu den gleichen Konditionen gewinnen können.[850] Den Forderungen dieser Gläubiger liegt im Gegensatz zu den Finanzgläubigern auch keine Finanzierungsentscheidung zugrunde, so dass sich eine Berücksichtigung ihrer Interessen nicht positiv auf die Kapitalkosten des Unternehmens auswirkt. Gegen das Ausgleichsmodell spricht schließlich, dass Gläubiger durch zahlreiche Spezialvorschriften geschützt sind (z.B. §§ 57 ff, 71 ff. AktG, §§ 129 ff. InsO), dessen Netz weitaus dichter ist als im Bereich des Aktionärsschutzes.[851]

848 Treffend *Klöhn*, ZGR 2008, 110, 144; *Schwarcz*, 17 Cardoso L. Rev. 1996, 647, 673 ff.

849 Siehe oben Teil 3:B.II.1.c).

850 Vgl. *Williamson*, S. 261; Spindler/Stilz/*Fleischer*, AktG, § 76 Rn. 31.

851 Treffend *Klöhn*, ZGR 2008, 110, 154.

Das Ziel einer (erwerbswirtschaftlichen) Aktiengesellschaft liegt grundsätzlich darin, seinen Unternehmenswert zu steigern. Eine Unternehmenswertmaximierung wird erreicht, wenn der Vorstand Projekte mit positivem Kapitalwert auswählt. Eine solche Unternehmensstrategie ist pareto-optimal, weil nicht nur der Kapitalwert der Aktionäre, sondern auch der Kapitalwert der Gläubiger steigt. Ein erfolgreiches Unternehmen wird seine Arbeitnehmer weiterbeschäftigen, neue Arbeitnehmer einstellen, seine Verbindlichkeiten tilgen und dem Staat zusätzliche Steuereinnahmen bescheren. Etwas anderes gilt erst, wenn durch die Unternehmensstrategie eine Sozialisierung privater Kosten zu befürchten ist. Wie gezeigt wurde, besteht eine solche Gefahr im Bankenbereich und dort bei Finanzinstituten mit systemischer Relevanz. Bei diesen Unternehmen ist es gerechtfertigt, wenn der Vorstand nicht nur die Interessen der Eigentümer, sondern auch die der Allgemeinheit zu beachten hat und keine Investitionen eingehen darf, die das Finanzsystem erschüttern könnten.

d) Zwischenergebnis

Das Interesse der Stakeholder muss der Vorstand berücksichtigen, wenn die Gefahr besteht, dass private Kosten durch Risikoentscheidungen auf die Allgemeinheit externalisiert werden. Besteht eine solche Gefahr jedoch nicht, dann sollte der Vorstand im alleinigen Interesse der Aktionäre handeln. Auf diese Weise ist sichergestellt, dass der Unternehmenswert steigt und Risiken nicht unkompensiert auf Dritte verlagert werden.

2. *Business Judgement Rule (§ 93 Abs. 1 Satz 2 AktG)*

Ausgangspunkt für die rechtliche Beurteilung von Risikogeschäften ist § 93 Abs. 1 AktG. Nach § 93 Abs. 1 Satz 1 AktG haben die Mitglieder des Vorstands bei ihrer Geschäftsführung die Sorgfalt eines ordentlichen und gewissenhaften Geschäftsleiters anzuwenden. Abzustellen ist auf einen Leiter, der nicht mit eigenen Mitteln wirtschaftet, sondern wie ein Treuhänder fremde Vermögensinteressen verwaltet.[852] Maßstab ist ein vergleichbares Unternehmen der konkreten Art, also einer vergleichbaren Tätigkeit, Größe und wirtschaftlichen Lage.[853] Geschäftliche Risiken seien zwar unvermeidbar, ihre Übernahme also nicht per se sorgfaltswidrig. Gehe allerdings der Vorstand bestandsgefährdende Risiken ein, so liege es

---

852 BGHZ 129, 30, 34; OLG Düsseldorf, AG 1997, 231, 235; Hüffer/*Koch*, AktG, § 93 Rn. 6; *Spindler*, in: MünchKomm. AktG, § 93 Rn. 22.

853 Hüffer/*Koch*, AktG, § 93 Rn. 6.

nahe, dass er seiner Pflicht, für den Bestand und die dauerhafte Rentabilität des Unternehmens zu sorgen, nicht nachgekommen sei.[854]

Nach § 93 Abs. 1 Satz 2 AktG liegt eine Pflichtverletzung nicht vor, wenn das Vorstandsmitglied bei einer unternehmerischen Entscheidung vernünftigerweise annehmen durfte, auf der Grundlage angemessener Information zum Wohle der Gesellschaft zu handeln.

a) Tatbestandsmerkmale

§ 93 Abs. 1 Satz 2 AktG wurde durch das Gesetz zur Unternehmensintegrität und Modernisierung des Anfechtungsrechts (UMAG) eingeführt und hat im Wesentlichen deklaratorische Bedeutung.[855] Der BGH hat schon zuvor anerkannt, dass dem Vorstand bei der Leitung der Geschäfte ein weiter Handlungsspielraum zusteht, ohne den eine unternehmerische Tätigkeit nicht denkbar sei. Neben dem bewussten Eingehen geschäftlicher Risiken gehöre dazu auch die Gefahr von Fehlbeurteilungen und Fehleinschätzungen, der jeder Unternehmensleiter, mag er auch noch so verantwortungsvoll handeln, ausgesetzt sei. Die Grenze pflichtgemäßen Handelns werde erst übertreten, wenn der Vorstand die Bereitschaft zur Eingehung unternehmerischer Risiken in unverantwortlicher Weise überspannt habe.[856]

Sind die Voraussetzungen des § 93 Abs. 1 Satz 2 AktG erfüllt, hat das Vorstandsmitglied nicht pflichtwidrig gehandelt. Es fehlt also nicht erst am Verschulden, sondern schon an der Pflichtverletzung, und es handelt sich nicht bloß um eine Beweislastumkehr, sondern um eine materiell-rechtliche Norm. Ob man die Regelung als unwiderlegbare Vermutung[857] oder als Konkretisierung von § 93 Abs. 1 Satz 1 AktG deutet, ist unerheblich.[858] Maßgeblich ist, dass wer die Voraussetzungen der Norm erfüllt, objektiv pflichtgemäß handelt.[859] Damit scheidet nicht nur eine Schadensersatzhaftung nach § 93 Abs. 2 AktG, sondern auch ein Widerruf der Vorstandsbestellung aus wichtigem Grund nach § 84 Abs. 3 AktG aus.[860] Sind die Merkmale der Business Judgement Rule dagegen nicht erfüllt, kann hieraus nicht der Schluss gezogen werden, dass eine Pflichtverletzung i.S.v. § 93 Abs. 1

854 So Hüffer/*Koch*, AktG, § 93 Rn. 7, der allerdings auf eine Einzelfallbetrachtung abstellt.
855 Begr. RegE BT-Drucks. 15/5092, S. 11; siehe auch Hüffer/*Koch*, AktG, § 93 Rn. 11.
856 So BGHZ 135, 244, 253 f.
857 Hüffer/*Koch*, AktG, § 93 Rn. 14.
858 *Krieger/Sailer*, in: Schmidt/Lutter, AktG, § 93 Rn. 11.
859 *Lutter*, ZIP 2007, 841, 843.
860 Hüffer/*Koch*, AktG, § 93 Rn. 13; *Krieger/Sailer*, in: Schmidt/Lutter, AktG, § 93 Rn. 11.

Satz 1 AktG vorliegt.[861] Die Darlegungs- und Beweislast für das Vorliegen der Tatbestandsmerkmale des § 93 Abs. 1 Satz 2 AktG trägt das Vorstandsmitglied.[862]

Der Haftungsfreiraum des § 93 Abs. 1 Satz 2 AktG setzt fünf Tatbestandsmerkmale voraus: Unternehmerische Entscheidung, Handeln zum Wohle der Gesellschaft, Handeln ohne Sonderinteressen und sachfremde Einflüsse, Handeln auf der Grundlage angemessener Information und Gutgläubigkeit.[863]

aa) Unternehmerische Entscheidung

„Unternehmerische Entscheidungen" sind Entscheidungen, die wegen ihres Zukunftsbezugs durch Prognosen und nicht justiziable Einschätzungen geprägt sind.[864] Dazu gehören Investitionsentscheidungen, aber auch andere Maßnahmen wie die Festsetzung des Ausgabepreises neuer Aktien oder die Auswahl unter mehreren Übernahmeangeboten.[865]

Nicht von der Business Judgement Rule erfasst sind die Pflichtaufgaben des Vorstands (z.B. §§ 90, 91, 92 Abs. 1 und 2, 124 Abs. 3, 131, 161, 170 Abs. 1 AktG u.a.).[866] Dies gilt jedoch nicht uneingeschränkt. In Bezug auf die Art und Weise der Pflichterfüllung wird dem Vorstand ein breites Ermessen zugebilligt.[867] Davon scheint auch der Gesetzgeber des KonTraG auszugehen, wenn er die Etablierung eines Frühwarnsystems in § 91 Abs. 2 AktG zur organschaftlichen Pflicht erklärt, dessen konkrete Ausformung aber von unternehmensspezifischen Besonderheiten abhängig macht.[868] Der Haftungsfreiraum scheidet zudem aus, wenn sich die unternehmerische Entscheidung nicht an die Grenzen hält, die durch das Gesetz, die Satzung, den Anstellungsvertrag und die Geschäftsordnung vorgegeben sind. Hierzu zählt auch die Einhaltung des satzungsmäßigen Unternehmensgegenstands.[869]

bb) Gesellschaftswohl

§ 93 Abs. 1 Satz 2 AktG setzt weiter voraus, dass das Vorstandsmitglied vernünftigerweise annehmen durfte, zum „Wohle der Gesellschaft zu handeln".

---

861 Spindler/Stilz/*Fleischer*, AktG, § 93 Rn. 65.

862 Spindler/Stilz/*Fleischer*, AktG, § 93 Rn. 77.

863 Vgl. Begr. RegE-BT-Drucks. 15/5092, S. 11.

864 Begr. RegE BT-Drucks. 15/5092, S. 11.

865 Spindler/Stilz/*Fleischer*, AktG, § 93 Rn. 68.

866 *Lutter*, ZIP 2007, 841, 843.

867 Spindler/Stilz/*Fleischer*, AktG, § 93 Rn. 69; *Spindler*, in: MünchKomm. AktG, § 93 Rn. 36.

868 Vgl. Begr. RegE BT-Drucks. 13/9712, S. 15; Spindler/Stilz/*Fleischer*, AktG, § 93 Rn. 69.

869 *Krieger/Sailer*, in: Schmidt/Lutter, AktG, § 93 Rn. 12; *Ihrig*, WM 2004, 2098, 2103.

„Handeln" ist nach der Gesetzesbegründung weit zu verstehen. Der Begriff umfasst die Entscheidung selbst aber auch dessen Umsetzung, gleichviel ob dies durch Rechtsgeschäft oder tatsächliche Handlung geschieht.[870] Hierzu kann auch ein Unterlassen gehören, sofern damit eine bewusste (Negativ-)Auswahl unter mehreren Handlungsoptionen getroffen wird.[871]

Ein Handeln zum „Wohle der Gesellschaft" soll nach der Gesetzesbegründung jedenfalls dann vorliegen, wenn es der langfristigen Ertragsstärkung und Wettbewerbsfähigkeit des Unternehmens und seiner Produkte oder Dienstleistungen dient.[872] Dies bezieht auch das Wohl von Tochtergesellschaften und des Gesamtkonzerns mit ein. Dabei geht es nicht um das *ex post* ermittelte Gesellschaftswohl, denn im Fall des § 93 Abs. 1 Satz 2 AktG hat sich stets im Nachhinein herausgestellt, dass die Maßnahme gescheitert und der Gesellschaft ein Schaden entstanden ist. Es muss also um ein von dem Geschäftsleiter *ex ante* in gutem Glauben angestrebtes Gesellschaftswohl gehen.[873]

cc) Keine Interessenkonflikte

Das Handeln muss ferner unbeeinflusst von Interessenkonflikten, Fremdeinflüssen und ohne unmittelbaren Eigennutz sein. Der Geschäftsleiter muss also unbefangen und unabhängig sein. Sondereinflüsse außerhalb des Unternehmensinteresses dürfen die Entscheidung nicht beeinflusst haben, was offensichtlich bei Handeln zum eigenen Nutzen oder zum Nutzen von dem Geschäftsleiter nahestehenden Personen oder Gesellschaften unterstellt werden muss.[874] Legitim ist ein Handeln zum eigenen Vorteil nur insoweit, als sich dieser mittelbar aus dem Wohl der Gesellschaft ableitet,[875] etwa bei der Gewährung von Gewinntantiemen.[876]

dd) Angemessene Information

Das Vorstandsmitglied muss ferner davon ausgegangen sein, die Entscheidung erfolge auf der Grundlage „angemessener Information". Hierzu muss der Vorstand die für eine sachgerechte Entscheidungsfindung erforderlichen Informationen einholen. Das sind solche Informationen, die ein ordentlicher Geschäftsleiter

---

870 Begr. RegE BR-Drucks. 3/05, S. 19.

871 Spindler/Stilz/*Fleischer*, AktG, § 93 Rn. 70; *Ihrig*, WM 2004, 2098, 2105; *Mertens/Cahn*, in: KölnKomm. AktG, § 93 Rn. 23; vgl. Begr. RegE BT-Drucks. 15/5092, S. 11.

872 Begr. RegE BT-Drucks. 15/5092, S. 11; Hüffer/*Koch*, AktG, § 93 Rn. 23.

873 Vgl. Begr. RegE BT-Drucks. 15/5092, S. 11.

874 Begr. RegE BT-Drucks. 15/5092, S. 11.

875 Begr. RegE BT-Drucks. 15/5092, S. 11.

876 Spindler/Stilz/*Fleischer*, AktG, § 93 Rn. 72.

in der Situation des Vorstands im Zeitpunkt der Entscheidung herangezogen hätte.[877] Bei der Informationsbeschaffung ist jedoch zu beachten, dass viele unternehmerische Entscheidungen auf Instinkt, Erfahrung, Phantasie und Gespür für künftige Entwicklungen und einem Gefühl für die Märkte und die Reaktion der Abnehmer und Konkurrenten beruhen.[878] Ziel dieses Tatbestandsmerkmals ist es daher nicht dem Vorstandsmitglied den Mut zum unternehmerischen Wagnis zu nehmen, sondern Unbesonnenheit und Leichtsinn vorzubeugen. Das Adjektiv „angemessen" verdeutlicht, dass bei Entscheidungen, die unter hohem und nicht selbsterzeugtem Zeitdruck zu fällen sind, eine umfassende Entscheidungsvorbereitung schwierig oder gar unmöglich sein kann.[879] Die Informationsbasis hat sich stets an betriebswirtschaftlichen Größen, wie der Rentabilität, Risikobewertung, Investitionsvolumen, Finanzierung etc. zu orientieren. Wann eine Information „angemessen" ist, beurteilt sich anhand des Zeitvorlaufs, des Gewichts und der Art der zu treffenden Entscheidung sowie unter Berücksichtigung anerkannter betriebswirtschaftlicher Verhaltensmaßstäbe. § 93 Abs. 1 Satz 2 AktG zielt nicht darauf ab, dass durch routinemäßiges Einholen von Sachverständigengutachten, Beratervoten oder externe Marktanalysen eine rein formale Absicherung stattfindet.[880]

ee) Gutgläubigkeit

Schließlich muss das Vorstandsmitglied in gutem Glauben gehandelt haben. Das Merkmal der Gutgläubigkeit ist Bestandteil des „annehmen Dürfens".[881] Fehlt es hieran, glaubt der Handelnde also selbst nicht an die Richtigkeit seiner Entscheidung, verdient er auch nicht den Schutz der Business Judgement Rule.[882]

b) Ökonomische Analyse von Fallgruppen

In der juristischen Literatur und Praxis werden Fallgruppen diskutiert, die sich mit den rechtlichen Grenzen von Risikogeschäften auseinandersetzen. Im Folgenden werden diese Ansätze dargestellt und einer ökonomischen Bewertung unterzogen.

---

877 *Krieger/Sailer*, in: Schmidt/Lutter, AktG, § 93 Rn. 13.

878 Begr. RegE BT-Drucks. 15/5092, S. 11.

879 Begr. RegE BT-Drucks. 15/5092, S. 12.

880 So Begr. RegE BT-Drucks. 15/5092, S. 12; *Lutter*, ZIP 2007, 841, 845; Spindler/Stilz/*Fleischer*, AktG, § 93 Rn. 73; *Krieger/Sailer*, in: Schmidt/Lutter, AktG, § 93 Rn. 13.

881 Begr. RegE BT-Drucks. 15/5092, S. 11.

882 Spindler/Stilz/*Fleischer*, AktG, § 93 Rn. 76.

aa) „Übergroße" Risiken

(1) Juristische Ansicht

Nach einer Ansicht sind unternehmerische Entscheidungen nicht mit dem Gesellschaftswohl vereinbar, wenn von ihnen ein „übergroßes" Risiko für das Unternehmen ausgehe.[883] Das sei z.B. der Fall, wenn die Wahrscheinlichkeit eines Fehlschlags deutlich überwiege[884] oder das Geschäftsrisiko außer Verhältnis zu den Gewinnaussichten stehe.[885] Unternehmertum müsse stets verbunden sein mit einer sorgsamen Risikoeinschätzung und dem Versuch, Risiken nach Möglichkeit zu minimieren.[886] Das Eingehen eines außergewöhnlichen Risikos könne sich auch dann verbieten, wenn mit großer Wahrscheinlichkeit ein günstiger Ausgang zu erwarten sei, ein wider Erwarten negatives Ergebnis jedoch einschneidende Folgen für das Ergebnis der Gesellschaft haben könnte.[887]

(2) Stellungnahme

Der Auffassung ist nicht zuzustimmen. Die Vorgabe einer absoluten Risikogrenze, die der Vorstand nicht überschreiten darf, stiftet mehr Schaden als volkswirtschaftlichen Nutzen. Unklar ist schon was unter „übergroßen Risiken" zu verstehen ist.

Die Business Judgement Rule räumt dem Vorstand einen Haftungsfreiraum ein, weil unternehmerische Entscheidungen ungewiss sind und nicht selten unter erheblichen Zeitdruck getroffen werden müssen. Die Manager sehen sich dabei einem Entscheidungsfeld gegenüber, das aus mehreren Handlungsoptionen mit unterschiedlich hohen Cashflows, Risiken und Wahrscheinlichkeiten besteht.[888] Obwohl sich das Risiko einer Investition zum Teil durch Risikomaße abbilden lässt, besteht für viele Unternehmen das Problem, dass sie vor einer Entscheidung auf Erfahrungswerte nicht zurückgreifen können. Bei unternehmerischen Entscheidungen handelt es sich oft um singuläre Entscheidungen für die historische

883 So *Krieger/Sailer*, in: Schmidt/Lutter, AktG, § 93 Rn. 13; *Schäfer/Zeller*, BB 2009, 1706, 1708; ähnlich *Mertens/Cahn*, in: KölnKomm. AktG, § 93 Rn. 86, der von „unverhältnismäßigen" oder „unangemessenen" Risiken spricht, jedoch unerwähnt lässt wann solche Risiken vorliegen; *Semler*, in: Semler/Peltzer, § 1 Rn. 211 ist sogar der Meinung, dass den Vorstand die Pflicht trifft *alle* Risiken von der Gesellschaft abzuwenden.

884 So OLG Jena, NZG 2001, 86, 87.

885 So Schüppen/Schaub/*Wiesner*, MAH Aktienrecht, § 19 Rn. 12.

886 *Mertens/Cahn*, in: KölnKomm. AktG, § 93 Rn. 86.

887 So *Mertens/Cahn*, in: KölnKomm. AktG, § 93 Rn. 87.

888 Vgl. auch *Fleischer*, in: FS Wiedemann 2002, S. 827, 831; *Easterbrook/Fischel*, S. 99: „Often managers must act now and learn later; delay for more study may be the *worst* decision".

Datensätze fehlen. Man denke etwa an die Einführung eines neuen Produkts oder die Eröffnung eines neuen Produktionsstandorts. Zu strenge Sorgfaltsmaßstäbe können die Investitionsbereitschaft der Unternehmen hemmen und ökonomische Schäden verursachen. Droht eine Haftung wegen des Eingehens „übergroßer Risiken", dann besteht die Gefahr, dass der Vorstand ertragreiche Projekte nicht mehr realisiert und zunehmend risikoavers handelt. Der Vorstand würde Projekte nicht nach der Höhe des Nettobarwerts auswählen, sondern danach wie sicher bzw. unsicher die Geschäfte sind. Ein solches Investitionsverhalten führt zu volkswirtschaftlichen Schäden und entspricht nicht dem Interesse der Anteilseigner: Rationale Aktionäre sind diversifiziert und in Bezug auf die Entscheidungen der Geschäftsleitung risikoneutral. Sie wollen, dass der Vorstand jede Investition tätigt, die einen positiven Kapitalwert aufweist. Muss sich der Vorstand zwischen mehreren Projekten entscheiden, soll er das Vorhaben mit dem höheren Nettobarwert wählen. Das gilt auch dann, wenn bei dem Vorhaben das Verlustrisiko höher ist als die Aussicht auf einen Gewinn. Auch kann es keine Pflicht zur Risikominimierung geben. Maßnahmen zur Risikominderung müssen sich stets nach Kosten-Nutzen-Erwägungen beurteilen, d.h. danach ob sie zu einer Steigerung des Projektwerts führen oder nicht. Da Aktionäre ihr Ausfallrisiko selbst minimieren können, ziehen sie keinen zusätzlichen Nutzen aus einer Risikovermeidungsstrategie des Vorstands.

Gegen die Vorgabe einer Risikogrenze spricht schließlich, dass ökonomische Entscheidungen im Nachhinein nur begrenzt überprüft werden können. Richter sind nicht die besseren Geschäftsleiter. Ihnen fehlt nicht nur die erforderliche Sachkompetenz, um die betriebswirtschaftliche Zweckmäßigkeit einer Entscheidung beurteilen zu können, sondern auch die Möglichkeit das Entscheidungsfeld nachträglich zu konstruieren.[889] Zudem besteht die Gefahr, dass Richter einer Rückschauverzerrung (*hindsight bias*) unterliegen und in Kenntnis des Vermögensschadens überhöhte Anforderungen an die Sorgfaltspflichten des Vorstands *ex ante* stellen. Der Psychologe *Fischhoff* hat in einer Reihe von Studien nachweisen können, dass Menschen, die die Ergebnisse von Handlungen kennen, im Nachhinein die Wahrscheinlichkeit erheblich überschätzen, mit denen sie

---

889 Vgl. *Bainbridge*, 57 Vand. L. Rev. 2004, 83, 114: „Decision makers tend to assign an erroneously high probability of occurrence to a probabilistic event simply because it ended up occurring. (…) Hence, there is a substantial risk that suing shareholders and reviewing judges will be unable to distinguish between competent and negligent management because bad outcomes often will be regarded ex post, as having been foreseeable and, therefore, preventable ex ante."; gute Darstellung des Hindsight Bias auch bei *Fleischer*, in: FS Wiedemann 2002, S. 827, 831 f.

die Ergebnisse prognostiziert hätten.[890] Beides trägt zur Risikoaversion des Vorstands und damit zur Gefahr bei, dass wertsteigernde Risiken nicht mehr getätigt werden.[891]

bb) „Bestandsgefährdende" Risiken

(1) Juristische Meinung

Nach herrschender Meinung handelt ein Vorstandsmitglied sorgfaltswidrig, wenn er Risiken eingeht, die, wenn sie sich verwirklichen, zur Insolvenz der Gesellschaft führen.[892] Unklar ist lediglich, ob das Verbot schon für abstrakte Bestandsgefahren gilt oder eine konkrete Gefahr voraussetzt.

Nach einer restriktiven Ansicht müssen Geschäfte schon dann unterbleiben, wenn von ihnen eine „abstrakte" Bestandsgefährdung ausgeht.[893] Bei *Lutter* heißt es: „Kein Manager, gleich ob Bankier oder Vorstand eines Industrie- oder Handelsunternehmens, handelt sorgfältig, wenn er Risiken für sein Unternehmen eingeht, die wenn sie sich verwirklichen, zum Untergang dieses Unternehmen führen können".[894] Potentiell insolvenzauslösend sei ein Risiko, wenn die Wahrscheinlichkeit des Eintritts hoch sei, und der zu erwartende Verlustbetrag das verfügbare Eigenkapital übersteige. Das gleiche gelte, wenn der Insolvenzeintritt nicht ausgeschlossen werden könne, und der Ausfallbetrag das verfügbare Eigenkapital deutlich übertreffe.[895] Die Übernahme eines solchen Risikos, mag

---

890 *Schäfer/Ott*, S. 106 mit Verweis auf *Fischhoff*, For those condemned to study the past: Reflections on historical judgment, in: Schweder/Fiske (Hrsg.), New Directions for Methodology of Social and Behavioral Science, (4) pp. 79-93. San Francisco: Jossey-Bass (1980).

891 Vgl. *Bainbridge*, 57 Vand. L. Rev. 2004, 83, 114 f: „If liability results from bad outcomes, without regard to the ex ante quality of the decision or the decision-making process, however, managers will be discouraged from taking risks."

892 So *Mertens/Cahn*, in: KölnKomm. AktG, § 93 Rn. 24; *Spindler*, in: MünchKomm. AktG, § 93 Rn. 47; *Lutter*, ZIP 2007, 841, 848; *ders.*, ZIP 2009, 197, 199; *Semler*, in: FS Ulmer 2003, S. 627, 635; *Baums*, ZGR 2011, 218, 254; einschränkend *Kort*, in: Großkomm. AktG, § 93 Rn. 82; OLG Düsseldorf, ZIP 2010, 28, 32; BGHZ 69, 207, 213 ff.; OLG Jena, NZG 2001, 86, 87; Hüffer/*Koch*, AktG, § 93 Rn. 27: „Dass existenzgefährdende Maßnahmen per se nicht im Unternehmensinteresse liegen [...], schießt über das Ziel hinaus. Entscheidend ist [eine] Einzelfallbetrachtung unter Berücksichtigung des Unternehmensgegenstands und der zur Risikobeherrschung ergriffenen Maßnahmen."

893 So *Lutter*, GmbHR 2000, 301, 305; *ders.*, ZIP 2009, 197, 199; *Jungmann*, in: FS K. Schmidt 2009, S. 831, 839, Fn. 53; *Baums*, ZGR 2011, 218, 254 ff.

894 So *Lutter*, ZIP 2009, 197, 199.

895 So *Baums*, ZGR 2011, 218, 254.

dessen Eintritt noch so fern liegend erscheinen und das Ertragspotential noch so verlockend sein, sei pflichtwidrig.[896] Ausgenommen seien nur Risiken, die wegen ihrer Seltenheit vernünftigerweise nicht in Betracht gezogen werden könnten, und solche, die ohnehin nicht vermeidbar seien.[897] Nehme der Vorstand eine abstrakte Bestandsgefahr in Kauf, dürfe er „vernünftigerweise nicht annehmen, zum Wohl der Gesellschaft zu handeln", § 93 Abs. 1 Satz 2 AktG.[898] Ausnahmen von diesem Grundsatz werden, soweit sie überhaupt diskutiert werden, lediglich erwogen bei „start-up"-Unternehmen[899] oder Sanierungsfällen, wenn das Risiko eine Chance biete, am Markt zu verbleiben, anstatt aufgeben zu müssen.[900]

Nach anderer Meinung müsse ein Geschäft erst unterbleiben, wenn der Insolvenzeintritt überwiegend wahrscheinlich sei.[901] Wahrscheinlich sei ein Verlust, wenn er eher eintreten als ausbleiben werde.[902] Ein schlichtes Kalkül, ob sich die Investition lohne, genüge nicht mehr. Je dünner die Eigenkapitaldecke und je konkreter die Bestandsgefahr sei, desto eher habe der Vorstand Rücksicht auf die Interessen der Gläubiger zu nehmen und risikoavers zu handeln. Die Bestandserhaltung sei in Insolvenznähe wichtiger als die Maximierung des Unternehmenswerts. Die Regel, dass der Vorstand im Rahmen seines Unternehmensgegenstands grundsätzlich alle Projekte mit positivem Erwartungswert ausführen dürfe, bedürfe bei konkreter Bestandsgefahr der Gesellschaft einer Einschränkung zum Schutz der Gesellschaftsgläubiger.[903] Zur Vermeidung einer Insolvenz könne die Sorgfaltspflicht den Vorstand dazu verpflichten, risikomindernde Aufwendungen zu tätigen, und zwar auch dann, wenn deren Aufwand höher sei als der damit verbundene Nutzen.[904]

(2) Stellungnahme

Weder kann der ersten noch der zweiten Meinung zugestimmt werden. Bestandsgefährdende Risiken sind, soweit sie einen positiven Kapitalwert haben,

896 So *Lutter*, GmbHR 2000, 301, 305.
897 So *Baums*, ZGR 2011, 218, 254 f.
898 So *Baums*, ZGR 2011, 218, 256; *Spindler*, in: MünchKomm. AktG, § 93 Rn. 47
899 *Semler*, in: FS Ulmer 2003, S. 627, 635.
900 So *Hopt*, in: Großkomm. AktG, § 93 Rn. 82.
901 So *Redeke*, ZIP 2010, 159, 160 und 164; ähnlich Spindler/Stilz/*Fleischer*, AktG, § 93 Rn. 81; *Fleischer*, NJW 2010, 1504, 1506: „Abstrakt bestandsgefährdende Maßnahmen sind nicht *per se* sorgfaltswidrig; vielmehr führt an einer konkreten Risikobeurteilung im Einzelfall wohl kein Weg vorbei".
902 So *Baums*, ZGR 2011, 218, 253, Fn. 134.
903 So *Baums*, ZGR 2011, 218, 253.
904 So *Baums*, ZGR 2011, 218, 254.

aus volkswirtschaftlicher Sicht grundsätzlich erwünscht.[905] Etwas anderes gilt nur, wenn von dem Geschäft systemische Risiken ausgehen und damit negative Externalitäten drohen. Im Übrigen bleibt es den Gesellschaftern unbenommen in der Satzung den Unternehmensgegenstand festzulegen und die Eingehung bestimmter Risiken zu untersagen.

Bei der Diskussion um die rechtliche Zulässigkeit bestandsgefährdender Geschäfte fällt auf, dass deren Gefahren überbetont und die Chancen ausgeblendet werden. „Bet-the-Company"-Entscheidungen haben, wie das Beispiel von IBM zeigt, dazu geführt, dass bessere Produkte auf den Markt gekommen und die Kosten von Vergleichsprodukten drastisch gefallen sind. Das Eingehen des Risikos hat, ökonomisch betrachtet, positive Externalitäten erzeugt, deren Nutznießer nicht nur die Aktionäre und Manager waren, sondern vor allem die Kunden, die Arbeitnehmer und die Volkswirtschaft insgesamt. Zwar lässt sich nicht leugnen, dass solche Entscheidungen auch fehlschlagen und eine Überschuldung oder Illiquidität auslösen können. Dass Geschäfte misslingen, ist jedoch jeder Wettbewerbsordnung immanent. Unternehmen, die Produkte anbieten, für die es keine Abnehmer gibt, müssen aus dem Wettbewerbsprozess ausscheiden. Was nützt es dem Hersteller von Kutschen, wenn er seine internen Abläufe oder sein Marketing verbessert, während der Markt Automobile verlangt. Nicht die Größe ist der relevante Maßstab für die Wettbewerbsfähigkeit eines Unternehmens, sondern das Anpassungsvermögen an sich ändernde Umweltbedingungen. Nur Unternehmen, die sich permanent hinterfragen, bleiben stabil. Ganz im Sinne von *Joseph Schumpeter*, der das Konzept von der schöpferischen Zerstörung prägte,[906] ist Wettbewerb Unordnung, die durch risikoreiche Unternehmer mit neuen Ideen in den Markt getragen wird. Aus diesem Durcheinander entstehen gesellschaftlicher Fortschritt und Wachstum. Aufgabe des Rechts muss es sein, Anreize für Innovationen zu setzen und nicht, ineffiziente Strukturen zu erhalten. Was ökonomisch richtig ist, sollte juristisch nicht falsch sein! Gegen das Insolvenzrisiko ihrer Vertragspartner können sich die meisten Gläubiger, vor allem Banken, effizient schützen. Soweit Gläubigergruppen aufgrund ihrer fehlenden Verhandlungsmacht nur mittelbar geschützt sind, ist dies hinzunehmen bzw. der Schutz

---

905 Ebenso *Lin*, 46 Vand. L. Rev. 1993, 1485, 1497: „Given the desirability of value maximization, this focus should not change when a corporation is in financial trouble. (...) In other words, directors should pursue projects that have positive net present value to the company as a whole and not just positive effect on either debt or equity. This rule puts corporate assets to their best use and minimizes the loss associated with financial setbacks".

906 *Schumpeter*, Die Theorie der wirtschaftlichen Entwicklung, 1911.

über spezialgesetzliche Regelungen zu suchen. Das Ziel einer Regulierung kann nicht darin bestehen, alle denkbaren nachteiligen Effekte zu unterbinden. Dies würde nämlich bedeuten, dass den Unternehmen Kosten auferlegt werden, die in keinem angemessenen Verhältnis zu dem dadurch bewirkten ökonomischen Nutzen stehen.

Um beurteilen zu können, ob eine Bestandsgefährdung ökonomisch effizient ist, muss man die Grenzkosten der Risikovermeidung (GKA) den externen Grenzkosten (EGK) gegenüber stellen. Die EGK stellen den mit dem Risiko verbundenen sozialen Schaden dar. Die Kurve verläuft, wie in Abbildung 4 gezeigt wurde,[907] steigend, da der volkswirtschaftliche Schaden umso höher ist, je ausgeprägter die Externalität ist. Eine zu starke Risikobereitschaft, die auch die Eingehung von Geschäften mit negativen Nettobarwerten umfasst, führt zu mehr Insolvenzen und belastet die Sozialsysteme und führt zu Mindereinnahmen des Staats, weil ihm Einkünfte, z.B. aus der Körperschaftssteuer, fehlen. In extremen Fällen, wie bei der Pleite von Lehmann Brothers, muss der Staat bzw. die Notenbank sogar finanziell eingreifen, um eine Ansteckung anderer Unternehmen und einen Kollaps des Finanzsystems zu verhindern. Die GKA kennzeichnen die Grenzkosten der Risikovermeidung. Die Kurve misst die Kosten, die einem Unternehmen zusätzlich entstehen, wenn es bestimmte Risiken nicht eingeht. Sie verläuft fallend, da die Grenzkosten kaum ins Gewicht fallen, wenn das Unternehmen sein Risikoniveau nur unwesentlich zurückfährt. Senkt das Unternehmen seine Risikobereitschaft aber erheblich, dann gehen zwar die externen Grenzkosten zurück, weil weniger Insolvenzen zu beklagen sind. Allerdings erhöhen sich in diesem Fall auch die Grenzkosten der Risikovermeidung. Zum einen begibt sich das Unternehmen der Chance, einen Mehrwert aus einem Geschäft zu generieren und Wettbewerbsvorteile zu erzielen. Je höher der Nettobarwert eines nicht getätigten Projekts ist, desto schwerer wiegt der Nachteil. Zum anderen steigen die Kosten für das Risikomanagement. Ausfallversicherungen sind umso teurer, je intensiver der Versicherungsschutz ist.

Das „optimale Risikoniveau“ ist aus ökonomischer Sicht an dem Punkt erreicht, an dem die sozialen Grenzkosten den privaten Grenzkosten der Risikovermeidung entsprechen. Dies ist im Punkt E* gegeben, also dort, wo sich beide Kurven schneiden. Dürfte der Vorstand nur solche Risiken eingehen, die unter diesem Niveau liegen, dann führt dies zu Ineffizienzen. Den eingesparten externen Grenzkosten durch die Absenkung des Insolvenzrisikos stehen höhere Grenzkosten der Unternehmen gegenüber, weil diese keine wertsteigernden Investitionen mehr tätigen dürfen, die oberhalb des festgesetzten Niveaus liegen.

---

907 Siehe oben Teil 3:A.III.2.a)aa).

Dadurch steigen auch die sozialen Grenzkosten, weil positive Externalitäten in Form neuer Produkte nicht mehr erzeugt werden.

M.E. folgt hieraus folgendes: Der Haftungsfreiraum des § 93 Abs. 1 Satz 2 AktG sollte dem Vorstand nur dann entzogen werden, wenn ihm bekannt oder ihm zumindest erkennbar ist, dass er das „optimale Risikoniveau" überschreitet. Ökonomisch betrachtet, ist grundsätzlich jedes Geschäft erwünscht, das einen positiven Nettobarwert aufweist. Unerheblich ist dabei zunächst, ob von dem Projekt ein bestandsbedrohendes Risiko ausgeht oder nicht. Auf die Wahrscheinlichkeit des Insolvenzeintritts kann es allein nicht ankommen. Zum einen ist das Kriterium zu ungenau, um eine trennscharfe Abgrenzung zwischen erlaubten und unerlaubten Risiko zu garantieren und zum anderen ist die Eintrittswahrscheinlichkeit schon Bestandteil des Kapitalwertkriteriums. Die Business Judgement Rule steht dem Vorstand jedoch dann nicht mehr zur Seite, wenn er systemische Risiken eingeht. In diesem Fall darf er „vernünftigerweise nicht mehr annehmen, zum Wohle der Gesellschaft zu handeln" (vgl. § 93 Abs. 1 Satz 2 AktG). Vorstände systemrelevanter Institute müssen aus Gründen der Finanzmarktstabilität schärferen Anforderungen unterliegen als andere Unternehmensleiter. Sie dürfen existenzgefährdende Risiken selbst dann nicht eingehen, wenn der Nettobarwert des Projekts positiv ist. Entgegen der Ansicht *Lutters* besteht daher sehr wohl ein Unterschied zwischen Vorständen des Finanzsektors und solchen in der Realwirtschaft. Da das Systemrisiko ein spezifisches Risiko der Finanzwirtschaft ist, gilt dieses Gebot nicht automatisch bei großen Handels- und Industrieunternehmen. Bestandsgefährdende Risiken mit negativem Kapitalwert sind ökonomisch in jedem Fall unerwünscht und sollten weder von „normalen" noch von systemrelevanten Gesellschaften eingegangen werden.

cc) „Klumpenrisiken"

In der juristischen Literatur wird zudem diskutiert, ob bei Nichtkreditinstituten eine organschaftliche Pflicht des Vorstands zur Risikodiversifizierung bestehe bzw. ein Rechtsgebot, Klumpenrisiken zu vermeiden.

(1) Juristische Auffassung

Eine Pflicht zur Risikodiversifikation könnte sich aus dem Grundsatz zur Risikomischung des Investmentrechts ergeben (vgl. § 1 Satz 2 InvG). Risikomischung bedeute, dass die Anlage in einer größeren Zahl von Vermögensgegenständen (Bankguthaben, Wertpapiere, Derivate, Immobilien) erfolge.[908] Der Vermögens-

908 *Fleischer*, ZHR 173 (2009), 649, 667.

verwalter sei gehalten, das mit der Anlage verbundene Ausfallrisiko durch Diversifikation zu verringern. Ähnlich einem Fondsverwalter einer Kapitalanlagegesellschaft agierten Vorstandsmitglieder als Treuhänder ihrer Aktionäre.[909] Zwar gebe es nach § 93 Abs. 1 Satz 1 AktG keine allgemeine Pflicht zur Risikodiversifikation. Grenzen bestünden aber bei der Anlage frei verfügbaren Gesellschaftsvermögens. Die Übernahme von Klumpenrisiken sei zumindest rechtfertigungsbedürftig. Als mögliche Rechtfertigungsgründe kämen eine angemessene Risikoprämie oder eine gegenüber dem Markt überlegene Risikobeurteilung in Betracht.[910] Die Notwendigkeit einer Begründung beginne bei Überschreiten der Schwellenwerte von 5 bzw. 10 Prozent (§ 60 Abs. 1 InvG) und dürfte bei Übertreffen der Grenze von 30 Prozent (§ 4 Abs. 1 UBGG) nur selten noch erfüllt seien.[911] Zulässige Klumpenrisiken habe der Vorstand nach § 91 Abs. 2 AktG zu beobachten und gemäß § 93 Abs. 1 AktG zu steuern. Das ergebe sich aus einer partiellen Übertragung der Vorgaben nach § 25a KWG bzw. der MaRisk.[912] Die Großkreditvorschriften der §§ 13-13b KWG strahlten zwar nicht unmittelbar auf das Aktienrecht aus, jedoch müssten gewichtige Gründe vorliegen, wenn die Vorstandsmitglieder bei der Kreditvergabe an außenstehende Dritte die Großkrediteinzelobergrenze von 25 Prozent überschreiten.[913]

(2) Stellungnahme

Gegen eine Pflicht zur Risikodiversifikation sprechen mehre volkswirtschaftliche Gründe.[914] Zunächst ist der rationale Aktionär nicht schutzwürdig. Im Unterschied zu den Kleinanlegern, entscheidet er sich bei seiner Kapitalanlage bewusst für eine Investition in den Unternehmensgegenstand (§ 23 Abs. 3 Nr. 2 AktG). Dieser umschreibt das Anlagerisiko und kann die Eingehung von Klumpenrisiken sogar beinhalten, so z.B. bei Einprodukt- oder Projektgesellschaften.[915] Der Aktionär kann sein Risiko auch effizient steuern. Wie oben gezeigt, gelingt ihm dies durch Bildung eines diversifizierten Portfolios besser als dem Unterneh-

---

909 Auf dieses Argument hinweisend *Fleischer*, ZHR 173 (2009), 649, 674; BGHZ 129, 30, 34 („selbständige treuhänderische Wahrnehmung fremder Vermögensinteressen"); BGH NJW 2004, 1860, 1863.

910 Spindler/Stilz/*Fleischer*, AktG, § 93 Rn. 83.

911 So *Fleischer/Schmolke*, ZHR 173 (2009), 649, 687.

912 So *Fleischer/Schmolke*, ZHR 173 (2009), 649, 688.

913 So *Fleischer/Schmolke*, ZHR 173 (2009), 649, 688.

914 So auch Spindler/Stilz/*Fleischer*, AktG, § 93 Rn. 83.

915 *Fleischer/Schmolke*, ZHR 173 (2009), 649, 674; *dies.*, RiW 2009, 337, 341.

men, an dem er eine Beteiligung hält.[916] Sind die Wertpapiere nicht vollständig positiv korreliert, dann kann das Anlagerisiko unter den Wert des gewogenen Durchschnittsrisikos der einzelnen Wertpapiere gesenkt werden (Diversifikationseffekt). Je näher der Korrelationskoeffizienten an -1 liegt, desto größer ist der risikomindernde Effekt.[917] Besteht nicht die Gefahr einer Externalisierung von Kosten, sollten Vorstandsmitglieder aus ökonomischer Sicht stets risikoneutral handeln und jedes Projekt mit einem positiven Nettobarwert wählen. Das kann auch die Eingehung von Konzentrationsrisiken umfassen. Klumpenrisiken stellen im Bankenbereich eine schwer zu kalkulierende Verlustgefahr dar, die bei systemischen Instituten verheerende Folgen für die Gesamtwirtschaft haben können.[918] Eine bereichsspezifische Pflicht zur Risikostreuung bzw. Risikozerfällung ist hier aus ökonomischen Gründen nicht nur geboten, sondern geradezu angezeigt. Da diese Gefahr in der Realwirtschaft nicht existiert, besteht auch kein Bedürfnis bereichsspezifische Vorschriften in die allgemeinen Sorgfaltsanforderungen des Aktienrechts hineinzulesen.

c) Zwischenergebnis

§ 93 Abs. 1 Satz 2 AktG sichert den Vorstandsmitgliedern einen Haftungsfreiraum für unternehmerische Entscheidungen zu. Aus ökonomischer Sicht verdient die Norm Zustimmung: Zunächst wirkt sie einer übertriebenen Risikoaversion der Geschäftsleiter entgegen, die dem volkswirtschaftlichen Wachstum abträglich wäre. Zudem berücksichtigt sie, dass unternehmerische Entscheidungen unsicher sind und eine genaue Risikoabschätzung oftmals misslingt. Schließlich reduziert sie die Gefahr, dass bei der gerichtlichen Überprüfung wegen später eingetretener Tatsachen überzogene Anforderungen an die organschaftliche Sorgfaltspflicht gestellt werden (*hindsight bias*).[919]

So richtig diese Begründungen sind, so unbegreiflich ist es, dass in der Rechtswissenschaft der Versuch unternommen wird, eine absolute Risikogrenze vor-

916 Vgl. nur *Brealey/Myers/Allen*, S. 197: „Diversification is undoubtedly a good thing, but that does not mean that firms should practice it. If investors were *not* able to hold a large number of securities, then they might want firms to diversify for them. But investors *can* diversify. In many ways they can do so more easily than firms. Individuals can invest in the steel industry this week and pull out next week. A firm cannot do that. (…) If investors can diversify on their own account, they will not pay any *extra* for firms that diversify."

917 Vgl. *Fleischer/Schmolke*, ZHR 173 (2009), 649, 654.

918 Treffend *Sanio*, in: FS Rudolph 2009, S. 15, 22.

919 Spindler/Stilz/*Fleischer*, AktG, § 93 Rn. 60; *Redeke*, ZIP 2011, 59, 60.

zugeben, die ökonomische Erwägungen außer Acht lässt. Entscheidungen sind, entgegen der Behauptung vieler Juristen, nicht bereits deshalb sorgfaltswidrig, weil dadurch möglicherweise ein „übergroßes“ Risiko übernommen oder gar die Existenz des Unternehmens aufs Spiel gesetzt wird. Wie gezeigt wurde, können Geschäfte auch dann einen positiven Beitrag zur Unternehmenswertsteigerung leisten, wenn sie das Risiko in sich bergen, dass bei einem Fehlschlag das Unternehmen überschuldet oder zahlungsunfähig wird. Gegen den drohenden Ausfall von Forderungen können sich die Vertragsgläubiger, insbesondere die Banken, sehr gut schützen, so dass eine Externalisierung von Insolvenzkosten zumeist nicht zu befürchten ist. Kommt der Vorstand daher auf der Grundlage angemessener Informationen zu dem Ergebnis, dass das Geschäft voraussichtlich einen positiven Kapitalwert aufweist, dann darf er das Geschäft auch dann eingehen, wenn ein Insolvenzrisiko besteht. Ein Sorgfaltsverstoß ist erst dann angezeigt, wenn er entweder die Grenzen der Satzung nicht beachtet oder Geschäfte eingeht deren Kapitalwert negativ ist. Ein Vorstandsmitglied einer systemrelevanten Bank darf dagegen ein insolvenzbedrohendes Geschäft auch dann nicht eingehen, wenn der Kapitalwert positiv ist. Er muss die Transaktion vielmehr unterlassen oder durch Versicherungen oder Hedging-Geschäfte absichern. Anderenfalls sind negative Externalitäten zu befürchten, die den ökonomischen Nutzen des Geschäfts bei weitem übertreffen. Da Systemrisiken eine Besonderheit des Bankenbereichs sind, können die dortigen rechtlichen Anforderungen nicht auf das allgemeine Aktienrecht übertragen werden.

III. Haftung wegen Existenzvernichtung (§ 826 BGB)

In der juristischen Literatur wird zudem diskutiert, ob die Eingehung unvertretbarer Risiken zu einer Haftung der Gesellschafter wegen existenzvernichtenden Eingriffs nach § 826 BGB führen kann

1. Allgemeines

Der Anspruch wegen existenzvernichtenden Eingriffs wurde vor der Trihotel-Entscheidung des BGH im Jahre 2007 als Durchgriffshaftung der Gesellschaftsgläubiger gegenüber den Gesellschaftern verstanden. Nunmehr soll er allein der Gesellschaft zustehen (Innenhaftung) und auf den Ersatz des negativen Interesses gerichtet sein.[920] Die Gesellschaft ist so zu stellen, wie sie ohne das haftungsbegründende

920 BGH NZG 2007, 667, 668 f.; Staudinger/*Oechsler*, BGB, § 826 Rn. 324b.

Ereignis stünde.[921] Sie trägt die Darlegungs- und Beweislast für alle objektiven und subjektiven Tatbestandsmerkmale, und hat auch den vollen Kausalitätsbeweis zu erbringen.[922] Beweiserleichterungen, wie sie vor dem Trihotel-Urteil noch diskutiert wurden, sind nicht mehr angezeigt, weil sie sich durch den Umstand rechtfertigten, dass der Anspruchsteller keinen hinreichenden Einblick in die Sphäre der Gesellschaft haben konnte. Da die Gesellschaft nunmehr als Anspruchsinhaberin gilt, ist dieser Einwand insofern obsolet als der Insolvenzverwalter vollen Zugriff auf die Unterlagen der Gesellschaft hat.[923] Eine Haftung wegen existenzvernichtenden Eingriffs des mittelbaren Gesellschafters kommt in Betracht, wenn er auf den unmittelbaren Gesellschafter (und dadurch auch auf die Gesellschaft) einen beherrschenden Einfluss ausüben kann.[924] Der Gesellschafter soll sich seiner Haftung nicht dadurch entziehen können, dass er seine unmittelbare Beteiligung auf eine von ihm beherrschte Zwischenholding überträgt.[925]

Offen bleibt, ob in Ausnahmefällen auch eine Außenhaftung der Gesellschafter gegenüber den Gläubigern der Gesellschaft in Betracht kommt.[926] Für diese Sichtweise spricht ein Urteil des OLG Brandenburg aus dem Jahre 2009. Es hat entscheiden, dass jedenfalls in Fällen, in denen eine masselose GmbH aus dem Handelsregister gelöscht ist, es unzumutbar sein könne, die Gläubiger der Gesellschaft zunächst auf die Inanspruchnahme der GmbH zu verweisen, um ihnen im Rahmen der anschließenden Zwangsvollstreckung den Anspruch gegen die Gesellschafter wegen existenzvernichtendem Eingriff pfänden und überweisen zu lassen. Vielmehr komme in solchen Konstellationen eine unmittelbare Außenhaftung der Gesellschafter gegenüber den Gesellschaftsgläubigern in Betracht.[927]

Schon bislang war anerkannt, dass im Wege des existenzvernichtenden Eingriffs auch auf Aktionäre durchgegriffen werden konnte.[928] Daran hat sich durch die Trihotel-Entscheidung nichts geändert. Die Erwägungen, die der BGH zur GmbH anstellt, lassen sich auf die Aktiengesellschaft übertragen. Hier wie dort besteht ein System gesetzlich garantierten Kapitals, hier wie dort soll es den Ge-

921 Palandt/*Sprau*, BGB, Einf. v. § 823 Rn. 17.
922 BGH WM 2007, 1572, 1576.
923 *Liebscher*, in: MünchKomm. GmbHG, Anhang GmbH-Konzernrecht, Rn. 570.
924 BGH WM 2007, 1572, 1576.
925 *Diem*, § 47 Rn. 59.
926 *Hermann/v. Woedtke*, BB 2012, 255, 2259.
927 OLG Brandenburg, GWR 2009, 10 mit Anm. *Bödeker*; *Altmeppen*, NJW 2007, 2657, 2660; *Hermann/v. Woedtke*, BB 2012, 255, 2259.
928 Vgl. *Hüffer*, AktG, § 1 Rn. 25 m.w.N.; *Koppensteiner*, in: KölnKomm. AktG, Anhang § 318 Rn. 72 ff.

sellschaftern verwehrt sein, auch jenseits dieses Kapitalschutzes die Gesellschaft ihrer Fähigkeit zu berauben, ihre Verbindlichkeiten begleichen zu können.[929]

2. *Tatbestandsmerkmale*

Die Haftung wegen existenzvernichtenden Eingriffs nach § 826 BGB verlangt einen vorsätzlichen und sittenwidrigen Eingriff des Gesellschafters in das Vermögen der Gesellschaft, der zur Insolvenz geführt bzw. diese vertieft hat.

a) Eingriff

Als tatbestandlicher Eingriff gilt jeder betriebsfremden Zwecken dienende Entzug von Vermögenswerten, welche die Gesellschaft zur Begleichung ihrer Verbindlichkeiten benötigt, ohne angemessene Gegenleistung.[930] Die Eingehung unternehmerischer Risiken, auch wenn die entsprechenden Maßnahmen sich nachträglich als fehlerhaft und ungeeignet erweisen, löst grundsätzlich keine Haftung wegen existenzvernichtenden Eingriffs aus.[931] Gleiches gilt für Fälle der sog. „Aschenputtel-GmbH“, in der Risiken gebündelt werden, während eine Schwestergesellschaft das Betriebsvermögen hält.[932]

Anders soll dies jedoch sein, wenn Risiken eingegangen werden, die außer Verhältnis zu den Vermögensverhältnissen der Gesellschaft stehen und deshalb im Verwirklichungsfall die Gläubiger treffen müssen.[933] Das sei z.B. dann der Fall, wenn zu dem Geschäft eine deutliche Unterkapitalisierung hinzutrete.[934] Es sei das übermäßige oder unvertretbare Risiko im Unterschied zum „normalen" Scheitern, welches die Existenzvernichtung zum Haftungsfall mache. Es gelte Handlungsweisen einzugrenzen, die die Existenz der Gesellschaft zum Nachteil der Gläubiger mutwillig aufs Spiel setzen oder in einem Maße bedrohten, das über ein vernünftiges oder normales unternehmerisches Risiko deutlich hinausgehe. Charakteristisch hierfür sei das Attribut „Spekulieren auf Kosten der Gläubiger“.[935] Das Eingehen übergroßer Risiken sei vor dem Hintergrund der vorhandenen Kapitaldeckung zu beurteilen,[936] so wie auch der Vorwurf des Spe-

---

929 *Kölbl*, BB 2009, 1194, 1199.

930 BGH WM 2007, 1572, 1576; *Hermann/v. Woedtke*, BB 2012, 2255, 2258.

931 Vgl. BGH NZG 2005, 214, 215; *Vetter*, BB 2007, 1965, 1966.

932 *Kölbl*, BB 2009, 1194, 1196; *Vetter*, BB 2007, 1965, 1966; a.A. OLG Düsseldorf, ZIP 2007, 227 ff.

933 Vgl. BGH ZIP 2000, 494; *Lutter/Banerjea*, ZGR 2003, 402, 414.

934 *Benecke*, BB 2003, 1190, 1194.

935 *Lutter/Banerjea*, ZGR 2003, 402, 415; *Bitter*, WM 2001, 2133; BGH NJW 1994, 447.

936 *Lutter/Banerjea*, ZGR 2003, 402.

kulierens auf Kosten der Gläubiger davon abhänge, wieweit noch Eigenkapital auf dem Spiel stehe und wieweit Fremdkapital mehr oder minder bedenkenlos aufs Spiel gesetzt werde. Anders ausgedrückt: Je besser die Eigenkapitalausstattung, ein desto höheres Unternehmensrisiko sei erlaubt, je stärker die Unterkapitalisierung, desto weniger dürfe das zur Schuldendeckung erforderliche Vermögen gesteigerten Risiken ausgesetzt werden.[937]

b) Insolvenzverursachung

Der Eingriff muss weiterhin die Insolvenzreife der Gesellschaft herbeigeführt oder vertieft haben. Eine bloße Bestands- oder Liquiditätsgefährdung reicht dagegen nicht aus.[938] Das ist anzunehmen, wenn der Gesellschaft Vermögenswerte entzogen wurden, die sie zur Erfüllung ihrer Verbindlichkeiten benötigt.[939] Der Entzug muss allein oder zusammen mit anderen Maßnahmen unmittelbar zur Insolvenzreife der Gesellschaft geführt haben.[940]

c) Sittenwidrigkeit

Sittenwidrig ist der Eingriff, wenn er sich als planmäßigen Entzug von Gesellschaftsvermögen im Sinne einer Verringerung der Zugriffsmasse zu Lasten der Gläubiger und zum eigenen Vorteil des Gesellschafters darstellt.[941] Das Schrifttum fordert, diese etwas unbestimmte Formel zu präzisieren: Ein Verstoß gegen die guten Sitten solle nur vorliegen, wenn der Entzug des Gesellschaftervermögens die Mindestmaßstäbe ordnungsgemäßen Verhaltens missachtet habe.[942] Die Kontrollfrage sei, ob es für den Eingriff des Gesellschafters in das Gesellschaftsvermögen eine vertretbare kaufmännische Rechtfertigung gebe.[943] Liegt ein Eingriff vor, wird die Haftung schwerlich am Merkmal der Sittenwidrigkeit scheitern.[944]

d) Vorsatz

In subjektiver Hinsicht muss der Gesellschafter mindestens mit *dolus eventualis* gehandelt haben. Maßgeblich ist hierfür die *ex-ante*-Sicht eines durchschnittli-

---

937 *Roth*, NZG 2003, 1081, 1083.

938 *Liebscher*, in: MünchKomm. GmbHG, Anhang zum GmbH-Konzernrecht Rn. 558; *Lutter/Banerjea*, ZGR 2003, 402, 417 f.

939 BGHZ 173, 246 ff.; BGH BB 2007, 1970.

940 *Diem*, § 47 Rn. 48.

941 BGHZ 173, 246, 255.

942 *Schröder*, GmbHR 2007, 927, 935.

943 *Schröder*, GmbHR 2007, 927, 935.

944 *Gehrlein*, WM 2008, 761, 763.

chen Geschäftsmanns.[945] Es genügt, wenn die Herbeiführung oder Vertiefung der Insolvenz aus der Perspektive eines durchschnittlichen Geschäftsmanns voraussehbar ist, und dies vom Gesellschafter als mögliche Folge seines Eingriffs billigend in Kauf genommen worden ist.[946]

3. *Ökonomische Analyse*

Die Übernahme bestandsgefährdender Risiken begründet grundsätzlich keine Haftung der Gesellschafter wegen existenzvernichtenden Eingriffs nach § 826 BGB. Auf die bloße Wahrscheinlichkeit des Insolvenzeintritts kann es nicht ankommen.

Kommt der Vorstand auf der Grundlage einer angemessenen Kalkulation zu dem Ergebnis, dass das Geschäft trotz seiner Bestandsgefahr einen positiven Nettobarwert aufweist, dann darf er diese Transaktion auch tätigen, unabhängig davon, ob sich im Nachhinein das Risiko realisiert und die Gesellschaft insolvent wird. Das Insolvenzrisiko des Projekts wird durch den positiven Kapitalwert aufgewogen, mit der Folge, dass es an einem tatbestandsrelevanten Eingriff in das Gesellschaftsvermögen fehlt. Anders liegt es dagegen, wenn ein Projekt mit einem negativen Kapitalwert ausgewählt wird. Hier wird man einen Eingriff bejahen müssen, weil das Projekt nicht geeignet ist, den Unternehmenswert zu steigern. Ist den Gesellschaftern dies bewusst und nehmen sie eine Insolvenz der Gesellschaft gleichwohl in Kauf, kann der Gesellschaft im Insolvenzfall ein Schadensersatzanspruch nach § 826 BGB zustehen. Ebenso kann ein Direktanspruch der Gläubiger gegeben sein, zu deren Lasten die Spekulation geht. In der Praxis dürfte es gleichwohl schwierig sein, nachzuweisen, dass ein bestimmtes Geschäft im Zeitpunkt seiner Vornahme einen negativen Kapitalwert aufgewiesen hat und den Handelnden bzw. den Gesellschaftern dieses bewusst gewesen ist.

Auch bei systemrelevanten Instituten kommt eine Außenhaftung der Gesellschafter gegenüber den Gläubigern in Betracht. Gehen Unternehmen, die eine systemische Bedeutung für die Volkswirtschaft haben, bestandsgefährdende Risiken ein, dann besteht die Gefahr, dass bei einer Insolvenz der Gesellschaft Kosten auf die Allgemeinheit externalisiert werden. Da eine Internalisierung dieser Gefahren durch den Markt weitgehend ausfällt, bedarf es bestimmter institutioneller Absicherungen, wozu auch eine Außenhaftung der Gesellschafter nach § 826 BGB gehören kann. Die Darlegungs- und Beweislast dürfte jedoch auch hier

945 *Liebscher*, in: MünchKomm. GmbHG, Anhang zum GmbH-Konzernrecht Rn. 564; *Hermann/v. Woedtke*, BB 2012, 255, 2259; *Vetter*, BB 2007, 1965, 1966.

946 *Kölbl*, BB 2009, 1194, 1198; *Hermann/v. Woedtke*, BB 2012, 255, 2259.

dazu führen, dass realiter ein Anspruch wegen existenzvernichtenden Eingriffs nicht erfüllt sein dürfte. Eine Internalisierung der negativen externen Effekte sollte darüber hinaus bereits im Vorfeld einer möglichen Schädigung ansetzen. Dem Anreiz Insolvenzrisiken auf Dritte zu verlagern, wird im Bankenbereich mit der Auferlegung von Kosten, wie etwa der Verpflichtung zur Etablierung eines Risikomanagementsystems, begegnet. Unterstützend kann eine drohende Haftung des Managements nach § 93 Abs. 2 AktG bzw. der Gesellschafter nach § 826 BGB hinzutreten.

IV. Ergebnis

Nach der hier vertretenen Ansicht erfordert § 91 Abs. 2 AktG nur ein Minimalprogramm. Gefordert wird nur die Einrichtung eines Früherkennungs- und Überwachungssystem. Die Regelung fordert dagegen nicht die Erstellung eines Risikostatus, d.h. die systematische Identifikation und Quantifizierung aller wesentlichen Ausfallrisiken mittels hierfür geeigneter Methoden sowie eine darauf abgestützte Prüfung der Risikotragfähigkeit der Gesellschaft.[947] Eine solche Auslegung würde zu einer Überforderung der meisten Gesellschaften führen und Kosten verursachen, die völlig außer Verhältnis zu dem dadurch bewirkten Nutzen stehen. Es geht auch nur um das frühzeitige Erkennen von bestandsgefährdenden „Entwicklungen". Mit dem Begriff meint der Gesetzgeber Prozesse und Veränderungen. Nicht gemeint sind Risikozustände als solche, sondern erst deren nachteilige Veränderungen. Es müssen daher auch nicht alle punktuellen Risiken aus den Einzelgeschäften systematisch erfasst werden. Äußerst seltene eintretende Risiken (*black swans*), wie z.B. Naturkatastrophen oder Weltwirtschaftskrisen, zählen nicht zu den bestandsgefährdenden „Entwicklungen" i.S.d. § 91 Abs. 2 AktG. Ebenso wenig wird der Vorstand dazu verpflichtet, bestandsgefährdende Risiken zu vermeiden oder zu bewältigen. Ob der Vorstand hierzu verpflichtet ist, kann sich allenfalls aus den allgemeinen Vorschriften der §§ 76, 93 AktG ergeben bzw. ihm per Satzung oder Geschäftsordnung vorgegeben sein.

Entgegen der herrschenden Meinung in der Rechtswissenschaft ist eine Investition nicht schon deshalb sorgfaltswidrig und dem Haftungsprivileg der Business Judgement Rule gemäß § 93 Abs. 1 Satz 2 AktG entzogen, weil sie geeignet ist, die Insolvenz des Unternehmens herbeizuführen. Aus ökonomischer Sicht ist vielmehr entscheidend, dass durch das Vorhaben keine negativen Externalitäten drohen. Verfügt das Projekt nach der vertretbaren Einschätzung des Vorstands über einen positiven Kapitalwert, dann darf und sollte der Vorstand dieses Vor-

947 Treffend *Baums*, ZGR 2011, 218, 250.

haben auch eingehen. Etwas anderes gilt dagegen, wenn das Risiko außer Verhältnis zu dem dadurch bewirkten ökonomischen Nutzen steht, wie das etwa bei Systemrisiken der Fall ist. Unternehmen, die eine systemische Bedeutung für die Volkswirtschaft haben, dürfen keine bestandsgefährdenden Risiken eingehen. Eine Internalisierung der negativen externen Effekte geschieht im Bankenbereich vor allem dadurch, dass man die Finanzinstitute mit Kosten belastet, die sie davon abhalten entweder systemisch zu werden oder Risiken zu Lasten der Allgemeinheit einzugehen. Hierzu gehört auch das nach § 25a KWG einzurichtende Risikomanagementsystem. Da eine ähnliche Gefährdung von Unternehmen der Realwirtschaft nicht ausgeht, verbietet sich eine Übertragung der bereichsspezifischen Vorschriften des Bankenaufsichtsrechts auf das allgemeine Aktienrecht.

Eine Haftung der Gesellschafter wegen existenzvernichtenden Eingriffs nach § 826 BGB wegen der Eingehung bestandsgefährdender Risiken ist grundsätzlich nicht angezeigt. Lediglich bei Projekten mit negativem Kapitalwert bzw. bei systemrelevanten Unternehmen kann es eine Haftung geben. Einer erfolgreichen Inanspruchnahme wird in solchen Fällen jedoch meistens die Darlegungs- und Beweislast im Wege stehen.

Teil 5: Zusammenfassung der Ergebnisse

1. „Risiko" bezeichnet die Möglichkeit der Zielverfehlung. Während nach engem Verständnis lediglich negative Zielabweichungen erfasst werden, betrachtet ein weites Verständnis die gesamte Streuung des Erfolgs um ihren Erwartungswert. Risiko ist danach die Möglichkeit, dass es sowohl schlechter als auch besser kommen kann als erwartet. Diese Definition beinhaltet nicht nur Verlustgefahren, sondern auch Gewinnchancen und berücksichtigt damit, dass unternehmerische Entscheidungen ungünstig aber auch günstig ausfallen können. Risiko und Chance sind zwei Seiten ein- und derselben Medaille. Bestandsgefährdend ist ein Risiko, wenn es geeignet ist im Falle seiner Verwirklichung, die Überschuldung oder Illiquidität der Gesellschaft herbeizuführen.
2. Die Bestandserhaltung eines Unternehmens kann aus volkswirtschaftlicher Sicht kein Selbstzweck unternehmerischen Handelns sein. Das Ziel des Vorstands muss es vielmehr sein, den Wert des Unternehmens zu steigern. Die Geschäftsleitung sollte grundsätzlich jedes Projekt auswählen, das einen positiven Kapitalwert (*net present value*) aufweist. Stehen mehrere Projekte zur Auswahl, sollte das Projekt mit dem höchsten Kapitalwert gewählt werden. Diese Handlungsmaxime entspricht nicht nur dem rationalen Interesse der Eigenkapitalgeber, sondern führt auch dazu, dass die soziale Wohlfahrt insgesamt wächst. Die Vorgabe einer absoluten Risikogrenze ist aus ökonomischer Sicht abzulehnen. Auch kann es keine Pflicht zur Existenzsicherung geben. Das Eingehen von Risiken ist vielmehr jeder Wettbewerbsordnung immanent und volkswirtschaftlich geradezu angezeigt, um den sozialen Wohlstand zu mehren. Innovationen und Fortschritt verlangen oft Entscheidungen, die den Bestand von Unternehmen gefährden. In der englischsprachigen Literatur spricht man auch von „Bet-the-Company-Decisions". Beispiele aus der Vergangenheit, wie die Entwicklung des Systems 360 von IBM, belegen, dass bestandsgefährdende Entscheidungen zu enormen Erfolgen führen können. Umgekehrt besteht zwar auch die Möglichkeit, dass ein Unternehmen infolge solcher Entscheidungen insolvent geht und Vermögenswerte vernichtet werden. Ein mündelsicheres Wirtschaften wird es in einer Wettbewerbsordnung jedoch nicht geben können. Wird nur die Insolvenzgefahr dieser Projekte betrachtet und die gewaltigen Chancen ausgeblendet, dann besteht die Gefahr, dass werthaltige Investitionen nicht getätigt und Unternehmen auf einem suboptimalen Investitionsniveau geführt werden.

3. Eine Aktiengesellschaft lässt sich als ein Geflecht von Verträgen zwischen Aktionären, Managern, Gläubigern und Arbeitnehmern deuten. Aus ökonomischer Sicht führt eine freie vertragliche Vereinbarung dazu, den beiderseitigen Nutzen der Vertragspartner zu erhöhen („pareto-optimal"). Durch den Vertrag werden die Ressourcen in die jeweils höherwertige Verwendung geführt. Rationale Parteien werden die Rechte und Pflichten so verteilen, dass ein möglichst hohes Nutzenniveau erzielt wird. Das Ziel des Gesellschaftsrechts besteht aus ökonomischer Sicht darin, das Prinzip der Vertragsfreiheit zu etablieren und die Durchsetzung vertraglicher Leistungsversprechen zu garantieren. Sind diese Bedingungen erfüllt, wird sich auf vollkommenen Märkten eine Allokationseffizienz von selbst einstellen. Zwingende Rechtsregeln sind erst dann erforderlich, wenn die Formel „kein Beteiligter steht schlechter und mindestens einer besser als vor der Transaktion" trotz Vertragsschlusses nicht aufgeht. Dazu kann es z.B. kommen, wenn die Informationen zwischen den Transaktionspartnern ungleich verteilt sind (Informationsasymmetrien) oder die Kosten und Risiken des Vertrags kompensationslos auf Dritte überwälzt werden (Externalitäten).
4. „Risikomanagement" umfasst alle Maßnahmen, die von der Risikoerkennung bis zur Risikosteuerung reichen. Die Unternehmensführung soll bei der Risikohandhabung unterstützt und der Bestand des Unternehmens gesichert werden. Im Bankenbereich soll darüber hinaus verhindert werden, dass durch eine Schieflage eines Instituts erhebliche Nachteile für die Gesamtwirtschaft herbeigeführt werden. Die Aufgabe des Risikomanagements liegt somit darin *negative Externalitäten*, die sich aufgrund der Geschäfts- und Risikopolitik der Institute ergeben können, zu internalisieren. Das Systemrisiko im Bankenbereich stellt eine Form der negativen Externalität dar. Gemeint ist damit die Gefahr, dass bei einer Schieflage eines Instituts gesunde Banken in Mitleidenschaft gezogen werden und ein „Dominoeffekt" ausgelöst wird. Ähnlich wie eine Fabrik die schädlichen Umweltfolgen seiner Produktion nicht beachtet, ignoriert ein Finanzinstitut die Auswirkungen seiner Geschäftspolitik auf die Stabilität des Finanzsystems. Die Gefahr einer Externalisierung von Kosten steigt mit der Größe des Finanzinstituts. Je größer die Bilanzsumme eines Instituts ist und je stärker es mit anderen Instituten vernetzt ist, desto eher besteht die Gefahr, dass bei einer Insolvenz das gesamte Finanzsystem in Mitleidenschaft gezogen und die Liquiditätsversorgung gefährdet wird. Finanzinstitute neigen sogar dazu, besonders groß und systemrelevant zu werden, weil dadurch die Wahrscheinlichkeit steigt, dass im Schadensfall der Staat einspringt und einen Teil der privaten Kosten übernimmt. Systemisch

relevante Finanzinstitute haben zudem einen Anreiz, besonders riskante Geschäfte zu realisieren: Erweist sich eine Transaktion als Erfolg, dann fällt der Gewinn dem Finanzinstitut bzw. seinen Eigentümern zu. Führt das Geschäft zu einem bestandsgefährdenden Verlust, dann trägt das Institut nur einen Teil davon, weil die öffentliche Hand für einen Großteil des Verlusts aufkommen wird, um einen Kollaps des Finanzsystems zu vermeiden.

5. Die Gefahr einer Externalisierung von Risiken besteht bei Unternehmen der Realwirtschaft im Unterschied zum Bankensektor nicht. Zwar setzt die beschränkte Haftung der Aktionäre auch hier Anreize besonders riskante Projekte einzugehen. Erweist sich das Projekt als ein Erfolg, dann profitieren hiervon primär die Gesellschafter, weil Ihnen nach Abzug der Verbindlichkeiten der Überschuss zufällt. Die Aktionäre haften auch nur begrenzt, weil sie für die Gesellschaftsschulden nur bis zur Höhe ihrer Einlage aufkommen müssen. Anders als die Inhaber von Festbetragsansprüchen (z.B. Darlehensgeber oder Warenlieferanten) haben Aktionäre einen größeren Risikoappetit und tendieren grundsätzlich zu jedem Projekt mit einem positiven Kapitalwert. Das Ausfallrisiko ist für sie von nachrangiger Bedeutung, weil sie es selbst relativ leicht durch ein diversifiziertes Portfolio eliminieren können. Je stärker der Verschuldungsgrad einer Gesellschaft ist und je weniger Eigenkapital noch vorhanden ist, desto eher sind Aktionäre daran interessiert, dass der Vorstand Projekte mit breiter Streuung wählt. Da in Insolvenznähe ihr Eigenkapitalbeitrag weitgehend aufgezehrt ist, neigen sie sogar zu Projekten mit negativem Kapitalwert. In dieser Situation besteht für die Gesellschafter ein Anreiz mit dem Gesellschaftsvermögen auf Kosten der Gläubiger zu spekulieren.
6. Zu einer Gläubigerübervorteilung kommt es in der Praxis jedoch nur selten. Banken sichern sich dagegen vor allem durch den Einsatz von Covenants ab. Einer groben Einteilung nach unterscheidet man positive, negative und financial Covenants. Das gemeinsame Ziel dieser Vertragsklauseln besteht darin, Informationsasymmetrien abzubauen und der Gefahr einer Risikoverlagerung durch eine riskantere Geschäftstätigkeit des Schuldners entgegenzuwirken. Die Unsicherheit, ob sich der Schuldner gemäß den eigenen Erwartungen verhält, bezeichnet man als Moral Hazard. Nach der Valutierung des Kredits kann der Kreditgeber nicht ohne weiteres kontrollieren, ob sich der Kreditnehmer an die im Kreditvertrag festgelegten Abreden hält. Nachträglich eintretende Umstände können verschwiegen oder die Mittel für andere, risikoreichere Projekte eingesetzt werden. Diese Unsicherheit gefährdet den Rückzahlungsanspruch und beeinflusst das Ausfallrisiko des Kreditgebers. Werden Covenants verletzt, droht dem Schuldner die Kreditkündigung oder

eine Erhöhung seiner Kapitalkosten. Dieses Drohmoment bewirkt, dass der Schuldner einen Anreiz hat, sich vertragskonform zu verhalten und Handlungen zu unterlassen, die das Ausfallrisiko des Kreditgebers erhöhen. Nicht anpassungsfähige Vertragsgläubiger, wie Warenlieferanten oder Arbeitnehmer, verfügen zwar nicht über die gleiche Verhandlungsmacht wie Banken, sind jedoch mittelbar durch die Covenants vor einer Ausbeutung geschützt.

7. Die bankenaufsichtsrechtlichen Anforderungen an das Risikomanagement erweisen sich als effektive Instrumente zur Internalisierung negativer externer Effekte. § 25a KWG gibt der Geschäftsleitung auf, ein Risikomanagement zu etablieren, damit die Risikotragfähigkeit des Instituts laufend sichergestellt ist. Das Ziel dieser Vorgabe besteht darin, eine Insolvenz der Bank zu verhindern und die anvertrauten Vermögenswerte sowie die Funktionsfähigkeit des Finanzmarkts zu schützen (vgl. § 6 Abs. 2 KWG). Durch das aufsichtsrechtliche Prinzip der „doppelten Proportionalität" wird zudem gewährleistet, dass sich der Pflichtenumfang sowie die Überwachungsintensität der BaFin nach dem Risikoprofil und der Geschäftstätigkeit des Instituts richten. Institute, die besonders groß sind oder deren Geschäftsaktivitäten durch eine besondere Komplexität, Internationalität oder Risikoexponierung geprägt sind, haben weitergehende Vorkehrungen zu treffen, als kleinere Institute mit weniger risikoreichen Geschäftsmodellen. Banken können damit Zusatzkosten auferlegt werden, die ihnen im Idealfall genau den Vorteil nehmen, systemisch relevant zu sein. Je größer die Gefahr einer Externalisierung von Kosten ist, desto höhere Anforderungen gelten hinsichtlich des Risikomanagements. Gleiches gilt für die Regelung des § 54a KWG.
8. § 91 Abs. 2 AktG fordert ein Früherkennungs- und Überwachungssystem. Die Regelung verlangt dagegen nicht die Erstellung eines Risikostatus, d.h. die systematische Identifikation und Quantifizierung aller Risiken sowie die Überprüfung der Risikotragfähigkeit. Ebenso wenig ist § 25a KWG bei der Auslegung von § 91 Abs. 2 AktG zu beachten. Risikomanagementsysteme sind zuvorderst ein Phänomen der Finanzwirtschaft. Sie tragen der besonderen volkswirtschaftlichen Bedeutung der Kreditwirtschaft Rechnung und dienen dazu negative externe Effekte zu internalisieren. Eine Pflicht zur Etablierung eines umfassenden Risikomanagementsystems würde zu einer Überforderung der meisten Gesellschaften führen und Kosten verursachen, die völlig außer Verhältnis zu dem dadurch bewirkten Nutzen stehen. Dem Wortlaut nach geht es auch nur um das frühzeitige Erkennen von bestandsgefährdenden „Entwicklungen". Mit dem Begriff meint der Gesetzgeber Prozesse und Veränderungen. Nicht gemeint sind Risikozustände als solche, sondern erst

deren nachteilige Veränderungen. Es müssen daher auch nicht alle Risiken erfasst werden. Äußerst seltene Risiken (*black swan events*) zählen nicht zu den bestandsgefährdenden „Entwicklungen" i.S.d. § 91 Abs. 2 AktG. Der Vorstand wird über § 91 Abs. 2 AktG auch nicht dazu verpflichtet, bestandsgefährdende Risiken zu vermeiden oder zu bewältigen.

9. Eine Investition ist nicht schon deshalb sorgfaltswidrig, weil eine Insolvenzgefahr besteht. Aus ökonomischer Sicht ist vielmehr entscheidend, dass keine Kosten externalisiert werden. Verfügt ein Projekt nach der vertretbaren Einschätzung des Vorstands über einen positiven Kapitalwert, dann darf er dieses auch eingehen, unabhängig davon ob eine Insolvenzwahrscheinlichkeit besteht. Viele Märkte, wie z.B. die Informationstechnologie, verlangen sehr riskante Entscheidungen. Handeln Manager zu risikoavers, dann besteht die Gefahr, dass die Unternehmen aufgrund des Wettbewerbsdrucks den Markt verlassen müssen oder keinen Zutritt zu diesen Märkten erhalten (z.B. „Start-Up"-Unternehmen). Eine Externalisierung der bestandsgefährdenden Risiken findet grundsätzlich nicht statt, weil sich die Vertragsgläubiger der Gesellschaft gegen die erhöhte Ausfallgefahr absichern können (z.B. Covenants). Da diese Möglichkeit im Finanzsektor nicht gegeben ist, besteht hier ein Bedürfnis zur Regulierung. Indem das KWG den Finanzinstituten Kosten, in Form von verpflichtenden Risikomanagementsystemen auferlegt, werden sie davon abgehalten entweder systemisch zu werden oder Risiken zu Lasten der Allgemeinheit einzugehen. Je größer ein Institut ist, desto größer ist die Gefahr einer Kostenexternalisierung und desto höhere Anforderungen sind an das Risikomanagement zu stellen. Da eine ähnliche Gefährdung von Unternehmen der Realwirtschaft nicht ausgeht, verbietet sich eine Übertragung der bereichsspezifischen Vorschriften des Bankenaufsichtsrechts auf das allgemeine Aktienrecht.
10. Eine Haftung der Gesellschafter wegen existenzvernichtenden Eingriffs nach § 826 BGB wegen der Eingehung bestandsgefährdender Risiken ist zu verneinen. Lediglich bei Projekten mit negativem Kapitalwert bzw. bei systemrelevanten Unternehmen kann es zu einer Haftung kommen. Einer erfolgreichen Inanspruchnahme wird jedoch meistens die Darlegungs- und Beweislast, die beim Anspruchsteller liegt, im Wege stehen.

Schriftenreihe Ökonomische Analyse des Rechts
Law and Economics

Herausgegeben von Michael Adams

Band 1 Michael Adams: Ökonomische Theorie des Rechts. Konzepte und Anwendungen. 2., korrigierte und ergänzte Auflage. 2004.

Band 2 Till Tolkemitt: Die deutsche Glücksspielindustrie. Eine wirtschaftswissenschaftliche Analyse mit rechtspolitischen Schlussfolgerungen. 2002.

Band 3 Jens Maßmann: Nonproftis. Analyse, Entwicklung und Rechtspolitik. 2003.

Band 4 Claus C. Roggatz: Informationspflichten von Investmentgesellschaften. Analyse der gesetzlichen Publizitätsvorschriften zur Verbesserung der investmentrechtlichen Transparenz und des Anlegerschutzes. 2003.

Band 5 Maja Kraas: Produkthaftung und Warnhinweise. Eine rechtsökonomische Analyse am Beispiel von Coca-Cola. 2004.

Band 6 Christian Eilinghoff: Ökonomische Analyse der Religion. Theoretische Konzepte und rechtspolitische Empfehlungen. 2004.

Band 7 Henning Curti: Vertragsvermittler und opportunistisches Verhalten. Ein Lösungsvorschlag aus Sicht der ökonomischen Analyse des Rechts. 2005.

Band 8 Carsten Merten: Die Bewertung des menschlichen Lebens im Haftungsrecht. 2007.

Band 9 Julian de Grahl: Die Durchsetzung von Urheberrechten im digitalen Zeitalter. Analyse und Rechtspolitik. 2008.

Band 10 Tobias Effertz: Kindermarketing. Analyse und rechtliche Empfehlungen. 2008.

Band 11 Jan-Philipp Rock: Ökonomische Analyse des Betrugs in gegenseitigen Vertragsverhältnissen. 2013.

Band 12 Die ökonomische Analyse des Rechts. Entwicklung und Perspektive einer interdisziplinären Wissenschaft. Festschrift für Michael Adams. Herausgegeben von Henning Curti und Tobias Effertz. 2013.

Band 13 Christina Kaiser: Grundsätze angemessener Vorstandsbezüge. 2015.

Band 14 Kjell Jacobsen: Die Pflicht zum Risikomanagement im Aktienrecht. 2015.

www.peterlang.com